加強判解研究
推進司法改革

肖揚
二〇〇六年
七月一日

2024年第2辑
总第108辑

判解研究

中国人民大学民商事法律科学研究中心　主办
王利明·主编

人民法院出版社

图书在版编目（CIP）数据

判解研究. 总第108辑 / 王利明主编. -- 北京 : 人民法院出版社, 2025. 5. -- ISBN 978-7-5109-4495-6

Ⅰ. D920.5-55

中国国家版本馆CIP数据核字第2025PV8039号

判解研究

总第 108 辑（2024 年第 2 辑）

中国人民大学民商事法律科学研究中心　主办

王利明　主编

策划编辑　兰丽专
责任编辑　路建华　　杨　洁
执行编辑　贾舒琪
出版发行　人民法院出版社
地　　址　北京市东城区东交民巷 27 号　邮编　100745
电　　话　（010）67550682（责任编辑）　67550558（发行部查询）
　　　　　　65223667（读者服务部）
客服 QQ　2092078039
网　　址　http：//www.courtbook.com.cn
E - mail　courtpress@sohu.com
印　　刷　三河市国英印务有限公司
经　　销　新华书店
开　　本　787 毫米×1092 毫米　1/16
字　　数　236 千字
印　　张　16
版　　次　2025 年 5 月第 1 版　　2025 年 5 月第 1 次印刷
书　　号　ISBN 978-7-5109-4495-6
定　　价　68.00 元

《判解研究》丛书编委会

目录 CONTENTS

【建设工程法律前沿论坛专题】

工程挂靠中的连带责任研究*

姚 辉** 郑亚灵***

一、问题的提出

（一）两则案例

案例一：发包人甲公司与挂靠人乙、被挂靠人丙公司、被挂靠人丁公司建设工程施工合同纠纷案①

甲公司与丙公司签订建设工程施工劳务分包合同，约定甲公司将某综合楼工程的劳务扩大部分分包给丙公司，乙代表丙公司签名。为了通过住建局的备案审查，乙联系丁公司帮忙，甲公司遂又与丁公司签订建设工程施工劳务分包合同。案涉工程的施工与投资由乙组织，丙公司、丁公司均未参与。之后，甲公司因超额向乙支

---

* 本文系教育部人文社会科学重点研究基地重大项目“民法典与法治体系研究”（2022JJD820017）的阶段性研究成果。

** 中国人民大学民商事法律科学研究中心主任，法学院教授。

*** 中国人民大学法学院民法学博士研究生。

① 案件经过处理，已简化案情，案件审理经过参见黑龙江省高级人民法院（2019）黑民再371号民事判决书。

付工程款向法院起诉，请求乙、丙公司、丁公司共同返还甲公司向乙超额支付的劳务费。

一审法院认为，丙公司允许乙借用资质施工，故应承担连带责任；甲公司和丁公司签订的劳务分包合同虽然无效也未履行，但合同签订过程中双方均存在过错，若无丁公司进行合同备案，乙也不能继续施工，故丁公司对上述款项承担连带责任。丁公司不服，提起上诉并主张不承担连带责任。二审法院认为，丁公司出借资质存在过错，故应承担连带责任。检察院抗诉认为，案涉当事人仅就工程款的给付数额产生争议，并未就工程质量问题发生纠纷，与建筑法第66条规定的连带责任适用情形不符。再审判决认为，丙公司和丁公司仅需对建筑工程质量不合格的损失承担连带责任，甲公司超额支付工程款与丙公司和丁公司出借资质并无必要关联，不符合法律规定承担连带责任的情形。

案例二：挂靠人乙与发包人甲公司、被挂靠人丙公司建设工程施工合同纠纷案①

某日，甲公司与丙公司签订《续建工程补充协议》，约定丙公司承包H大厦续建工程，工程总造价3500万元；同日，乙、丙公司、甲公司签订《H大厦续建工程补充协议》，约定丙公司将该项目工程全权委任给乙。上述协议中，丙公司的签约代表均为乙。上述工程由乙出资和施工，其中合同内价值约250万元的工程没有完成，关于该工程的质量问题，据鉴定意见，有11处工程项目不合格。工程经监理公司验收后，丙公司向乙支付工程款合计997万余元。乙向法院起诉并请求丙公司和甲公司对合同内工程款承担连带清偿责任。

一审法院和二审法院判决甲公司和丙公司共同向乙支付工程款。检察院抗诉认为，甲公司是发包人，乙为实际承包人，丙公司和乙之间是挂靠关系，发包人甲公司具有付款的义务，被挂靠人丙公司仅具有不截留工程

---

① 案件经过处理，已简化案情，案件审理经过参见广东省高级人民法院（2016）粤民再499号民事判决书。

款、协助乙取得工程款的义务。某中级人民法院再审认为，丙公司和乙之间是挂靠关系。然而，我国法律法规及司法解释并没有明确规定被挂靠人是否应与发包人承担共同责任或连带责任，二审法院依据合同关系认定丙公司对甲公司欠乙的债务承担共同清偿责任无法律依据。某高级人民法院再审亦认为，不应当依据合同关系认定丙公司对甲公司的债务承担共同清偿责任。

（二）可供讨论的问题

上述两则案例均涉及工程挂靠纠纷中连带责任的适用问题，虽然出于题旨的需要而对案件进行了筛选，但至少也在一定程度上体现出司法实践中连带责任被扩张适用并非孤例。就笔者所接触的裁判实践而言，两则案例仍然具有典型性和代表性。

由此引发的讨论是：第一，工程挂靠纠纷案件中，连带责任被扩张适用的可能原因是什么？第二，工程挂靠连带责任背后的法理基础是什么？第三，结合现行法律和司法解释的规定，应如何界定工程挂靠连带责任的责任范围？第四，裁判实践中，如何避免工程挂靠连带责任规则被扩张适用？

二、工程挂靠的私法规制和司法观察

工程挂靠，指单位或者个人借用其他有资质的建筑施工企业名义参与投标、订立合同、办理有关施工手续、从事施工等承揽工程活动的行为。[①]挂靠现象常见于实行严格经营资质准入的行业，其产生的根源乃民间资源

① 工程挂靠的法律术语为“借用资质”。“挂靠”一词首次出现在规范性文件中是在2014年住房和城乡建设部发布的《建筑工程施工转包违法分包等违法行为认定查处管理办法（试行）》（已失效）中，2019年住房和城乡建设部发布的《建筑工程施工发包与承包违法行为认定查处管理办法》第9条延续了上述办法第10条的规定。由于在建设工程领域通常将借用资质表达为挂靠行为，为行文的方便，下文将借用资质者称为挂靠人，出借资质者称为被挂靠人。

充渥与国家资质管理之间的巨大张力。[①] 建筑市场施工的巨大需求与建筑资质相对稀缺的矛盾，加上经济利益的驱动，致使工程挂靠现象屡禁不止。工程挂靠的核心要素在于：挂靠人为规避资质许可限制而以具有相应资质的被挂靠人的名义承揽工程，且挂靠人和被挂靠人之间并不存在劳动关系或隶属关系。[②] 须指出的是，结合建筑法第26条第2款、《建筑工程施工发包与承包违法行为认定查处管理办法》第9条和第10条之规定，挂靠并不限于无资质的实际施工人借用有资质的建筑施工企业名义承揽工程的情形，有资质的实际施工人借用建筑施工企业名义承揽工程的行为亦属挂靠。

（一）私法上的行为规制和责任规制

工程挂靠被认为违反建筑施工企业资质管制规定，扰乱建筑市场秩序，一向为我国法律法规所禁止。就私法层面来看，对工程挂靠的规制主要体现在两个方面。[③] 其一，否定合同效力，以实现行为层面的规制。《最高人民法院关于审理建设工程施工合同纠纷案件适用法律问题的解释（一）》（法释〔2020〕25号，以下简称《建设工程施工合同解释》）第1条规定，没有资质的实际施工人借用有资质的建筑施工企业名义缔结的建设工程施工合同因违反强制性规定而无效。招标投标法第54条第1款规定，投标人以他人名义投标骗取中标的，中标无效。其二，设立法定连带责任，以实现责任承担层面的规制。建筑法第66条规定，建筑施工企业转让、出借资质证书或者以其他方式允许他人以本企业名义承揽工程的，对因该项承揽工程不符合规定的质量标准造成的损失，建筑施工企业与使用本企业名义的单位或者个人承担连带赔偿责任。《建设工程施工合同解释》

---

① 参见彭钊：《建设工程法律实务热点问题研究》，法律出版社2021年版，第190页。

② 参见最高人民法院民事审判第一庭编著：《最高人民法院新建设工程施工合同司法解释（一）理解与适用》，人民法院出版社2021年版，第80-81页。

③ 建筑法第66条规定，工程挂靠亦会招致行政处罚，但本文聚焦民事责任意义上的工程挂靠中的法定连带责任，相关行政处罚并非讨论的重点，故主要在私法层面探讨工程挂靠行为的法律规制。

第7条规定，缺乏资质的单位或者个人借用有资质的建筑施工企业名义签订建设工程施工合同，发包人有权请求出借方与借用方对建设工程质量不合格等因出借资质造成的损失承担连带赔偿责任。

（二）工程挂靠连带责任规则的扩张适用现象

工程挂靠纠纷案件往往涉及多方主体，法律关系较为复杂，此类案件的法律适用存在一定的难度。工程挂靠纠纷案件中，扩张适用连带责任的趋势较为明显，主要表现为两方面：其一，扩大连带责任的适用场景和适用范围，将原本并不属于连带责任者解读为连带责任。例如，依照法律规定，挂靠人和被挂靠人仅就工程质量损失向发包人承担连带责任。但在案例一中，一审、二审法院均在案涉当事人对工程质量问题并无争议的前提下，判决挂靠人和被挂靠人对发包人向挂靠人超额支付的工程款承担连带责任。其二，混淆连带责任的承担主体，将本不应连带的主体予以连带。例如案例二中，一审、二审法院依据合同关系认定被挂靠人和发包人向挂靠人承担连带责任，然而法律仅规定了挂靠人和被挂靠人向发包人承担连带责任，并未规定发包人和被挂靠人须向挂靠人承担连带责任。

工程挂靠连带责任规则被扩张适用的原因是多方面的。规范层面的模糊性导致了司法适用层面的不确定性。建筑法第66条规定，对因承揽工程不符合规定的质量标准造成的损失，挂靠人和被挂靠人承担连带赔偿责任；《建设工程施工合同解释》第7条规定，发包人有权主张挂靠人和被挂靠人对建设工程质量不合格等因出借资质造成的损失承担连带赔偿责任。较之于前者，后者不但明确连带债务的债权人为发包人，而且从因果关系层面将连带责任范围限定于因出借资质导致的损失。另须注意的是，《建设工程施工合同解释》采用“建设工程质量不合格等因出借资质造成的损失”的表述。然而，“等”的范围不明，其所指向意涵亦存在不确定性，这易导致工程挂靠连带责任适用场景实质性地被扩张。

此外，基于挂靠行为的违法性和对挂靠行为的负面评价，法院会在很大程度上倾向于对被挂靠人课以连带责任。挂靠行为具有形式合法性、隐蔽性和复杂性的特征，意在规避国家法律和政策对资质许可的限制和监管，构成对合法社会关系或者社会秩序的背离。不仅如此，工程挂靠行为还会产生诸多负面影响，如提高施工风险、扰乱建筑市场秩序、涉及对公共安全等重大公共利益的侵害等。鉴于被挂靠人系挂靠现象的风险引入人，且挂靠行为可能引发诸多负面影响，法官在处理工程挂靠纠纷案件时，容易产生基于被挂靠人存在过错而判决其承担连带责任的冲动。例如，在案例一中，一审法院即认为，被挂靠人出借资质的行为存在过错，若无被挂靠人出借资质，挂靠人无法进行备案，也就不能继续施工，故被挂靠人应承担连带责任。这种想法在司法实践中颇具代表性。在案例二中，一审法院和二审法院判决被挂靠人就发包人欠付的工程款向挂靠人承担连带责任。形式上，被挂靠人作为中间人，既与发包人存在合同关系，又与挂靠人存在合同关系。而且，被挂靠人通常具备较强的经济实力。因此，在纠纷发生时，挂靠人或者发包人为自身利益的最大化，常倾向于主张被挂靠人承担连带责任。

有必要指出的是，在观念层面，受害人同情主义也极易导致连带责任的扩张适用。建设工程具有造价高、资金投入多以及风险因素大的特点，工程挂靠纠纷案件中的原告往往遭受高额损失。在受害人同情主义观念之下，法院易判决全部责任人向受害人整体承担责任，以实现对受害人利益的充分保护。在案例二中，一审法院和二审法院即以合同关系的存在为由，判决发包人和被挂靠人就发包人欠付的工程款向挂靠人承担连带责任，而未严格遵循连带责任法定规则。

当然，从法律适用的角度来看，工程挂靠纠纷案件中法定连带责任频频被扩张适用，究其根本还是在于工程挂靠连带规则本身不甚明晰。司法解释不乏关于挂靠人和被挂靠人就工程质量不合格等损失承担连带责任之规定，尽管从损害赔偿层面明确了责任形态，但责任适用范围仍不够清楚。有鉴于此，在厘清工程挂靠连带责任法理基础之后，解释相关条文并归纳司法适用规则，不仅具有理论意义，更具有司法实践价值。

三、工程挂靠连带责任的法理基础

（一）游离于侵权责任和合同责任之间的学说

工程挂靠情形下，关于发包人就建设工程质量不合格等因出借资质造成的损失主张连带责任的请求权基础，理论界和实务界大致存在以下几种观点。

1. 共同侵权连带责任说

一种颇具影响力的观点认为，无效合同不会导致违约责任的产生，挂靠方借用资质签订的建设工程施工合同因违反法律的强制性规定而无效，表明挂靠人和被挂靠人承担连带责任的基础并非违约责任①，而是基于共同侵权②。发包人和被挂靠人是建设工程施工合同的当事人，挂靠人是建设工程施工合同的实际履行者，工程质量问题与挂靠人的实际履行行为和被挂靠人的出借资质行为存在必然的因果关系。③ 挂靠人和被挂靠人合谋与发包人签订无效施工合同，属于有意思联络的主观共同侵权。对于建设工程质量损失，被挂靠人负有监管层面的过失，其与存在故意或过失的挂靠人一同就质量问题构成共同侵权，从而应向发包人承担连带赔偿责任。④

2. 特殊侵权连带责任说

另有观点认为，基于共同侵权而生的连带责任为一般侵权连带责任，然而，工程挂靠的挂靠人和被挂靠人承担连带责任，事实上与挂靠人和被挂靠人是否具有共同过错无关，在性质上属于基于政策考量而生的特殊侵权连带责任，设立连带责任的目的在于惩治挂靠经营。具言之，被挂靠人

---

① 参见最高人民法院民事审判第一庭编著：《最高人民法院建设工程施工合同司法解释（二）理解与适用》，人民法院出版社 2019 年版，第 104 页。

② 参见谷昔伟、曹燕飞：《挂靠人工程价款请求权的类型化》，载《人民司法（应用）》2022 年第 19 期。

③ 参见最高人民法院民事审判第一庭编著：《最高人民法院新建设工程施工合同司法解释（一）理解与适用》，人民法院出版社 2021 年版，第 84-85 页。

④ 参见牛富文、严慧勇等：《建设工程施工合同审判要素解析》，法律出版社 2022 年版，第 60 页。

并不实际参与挂靠经营而仅将经营资质有偿对外出租的行为，构成对市场准入条件的违反和对管理秩序的扰乱，可能引发严重的社会后果，具有明显的违法性。挂靠人和被挂靠人之所以对外承担侵权连带责任，是因为两者联合实施违法行为，而与其是否存在共同过错无关。①

3. 连带违约责任说

司法解释起草者将发包人、被挂靠人和挂靠人三者的法律关系解读为：被挂靠人为名义承包人，挂靠人为实际承包人，被挂靠人之名和挂靠人之实共同构成承包人。故在对外关系上，挂靠人和被挂靠人作为一个整体向发包人承担责任。② 有论者据此认为，挂靠人和被挂靠人系基于违约而承担连带损害赔偿责任。同时，允许发包人向与之不存在合同关系的挂靠人主张连带违约损害赔偿责任，意味着司法解释对挂靠形成的建设工程合同有效性的默许。③

4. 缔约过失连带责任说

另有观点认为，建设工程施工合同因挂靠行为之存在而无效，就工程不符合质量标准而造成的发包人财产损失，挂靠人和被挂靠人承担连带责任的基础为缔约过失责任。具体而言，若因挂靠导致建设工程施工合同无效，则挂靠人和被挂靠人的串通行为存在过错，两者对于发包人因合同无效所遭受的损失，应承担连带赔偿责任。与此同时，发包人若在订立合同时明知挂靠事实的存在，亦应承担相应的责任。④

上述解释路径差异的根源在于对挂靠形成的建设工程施工合同效力认识的不同。由于工程质量不合格造成的损失系由合同履行行为所致，若对挂靠形成的建设工程施工合同的效力持肯定态度，则发包人对工程质量不

---

① 参见张平华：《侵权连带责任的现实类型》，载《法学论坛》2012年第2期。

② 参见刘敏、谢勇等：《〈关于审理建设工程施工合同纠纷案件适用法律问题的解释（二）〉的理解与适用》，载《人民司法（应用）》2019年第4期。

③ 参见石佳友：《〈民法典〉建设工程合同修订的争议问题》，载《社会科学辑刊》2020年第6期。

④ 参见史智军：《建设工程领域因挂靠关系引发的民事责任问题研究》，载《山东法官培训学院学报》2018年第4期。

合格等损失主张违约损害赔偿责任乃理所当然。若倾向于否定挂靠形成的建设工程施工合同效力，就难言挂靠人和被挂靠人系基于违约而承担连带损害赔偿责任，唯有另辟解释路径。

（二）工程挂靠法律关系之厘清

界定工程挂靠连带责任法理基础的前提，是要厘清工程挂靠法律关系。发包人、被挂靠人、挂靠人之间的合同关系和合同效力，是理解工程挂靠法律关系的关键所在。尽管《建设工程施工合同解释》第1条已规定无资质的实际施工人借用有资质的建筑施工企业名义订立的建设工程施工合同无效，但笔者认为，将发包人与被挂靠人缔结的建设工程施工合同一律认定为无效仍难谓妥当。原因在于：首先，建筑法第26条规制的对象乃挂靠行为，所针对的主体是挂靠人和被挂靠人，并未规制和评价发包人和被挂靠人之间的合同行为，所针对的主体亦非发包人和被挂靠人。其次，违法分包可能以挂靠形式出现，但在违法分包情形下，基于合同相对性原则，发包人与承包人的合同并不当然无效，① 由此，可能产生逻辑上的偏差。再次，就合同无效的后果而言，认定合同无效并不利于保护诚信一方的合法利益，也不利于实现建筑法的立法目的。具体来说，建设工程施工合同无效情形下，在实体层面，发包人仅能参照合同约定支付款项，而无法主张违约责任，在程序层面，发包人若主张损害赔偿责任还须承担举证责任。② 合同相对人却能以合同无效为由而逃避承担违约责任，合同无效制度可能形成制度反噬，沦为合同相对人谋求不正当利益的工具。最后，承包人资质乃发包人应考量的问题，将缺乏资质作为合同无效理由有越俎代庖之嫌。③

---

① 参见曾祥龙：《建设工程挂靠施工合同研究》，载《中国不动产法研究》2015年第2期。

② 参见龚雪林：《转包、分包和借用资质情形下的建设工程施工合同效力分析——兼论建设工程施工合同司法解释有关效力规定》，载《法律适用》2014年第12期。

③ 参见孟勤国、余卫：《"一带一路"与建设工程合同国际化》，载《江西社会科学》2016年第2期。

鉴于《建设工程施工合同解释》第1条已明确规定没有资质的实际施工人借用有资质的建筑施工企业名义订立的建设工程施工合同无效，基于对司法解释的尊重，原则上应否定发包人和被挂靠人缔结的合同的效力。但结合上述理由和当前审判实践情况，至少在以下两种情形下，肯定建设工程施工合同的法律效力更为妥当。其一，发包人在签订建设工程施工合同时不知道挂靠事实。① 也有法院另辟蹊径，认为若现有证据不能证明发包人同意或者明知工程系由实际施工人施工，不应认定承包人和实际施工人之间形成挂靠关系，而应认定为非法转包关系，发包人和承包人之间缔结的建设工程施工合同也并不因此而无效。② 鉴于建设工程施工合同无效将直接导致发包人无法主张违约损害赔偿责任，对于作为诚信一方当事人的发包人极为不利，于此种情形应认定合同有效。其二，有资质的实际施工人借用其他企业名义缔结的建设施工合同。③ 从目的解释出发，建筑法禁止不具有相应资质的建筑施工企业承揽工程的目的，在于保障工程质量安全和维护社会公共利益。具有相应资质的挂靠人借用其他企业资质订立建设工程施工合同，实际上并不会对施工安全和工程质量造成威胁，亦不违反建筑企业资质管理制度的规范目的。④ 此时，合同履行对社会公共利益的影响显著轻微，且认定合同无效将致使案件处理结果有失公平，结合《最高人民法院关于适用〈中华人民共和国民法典〉合同编通则若干问题

---

① 参见林州某集团建设有限公司、郑州某中天置业有限公司建设工程施工合同纠纷案，最高人民法院（2021）最高法民申1584号民事裁定书。

② 参见大庆某安装集团有限责任公司、大庆某房地产开发有限责任公司建设工程施工合同纠纷案，黑龙江省高级人民法院（2018）黑民终214号民事判决书。

③ 参见龚雪林：《转包、分包和借用资质情形下的建设工程施工合同效力分析——兼论建设工程施工合同司法解释有关效力规定》，载《法律适用》2014年第12期。

④ 参见唐倩：《挂靠施工合同的效力分析》，载《法律适用》2019年第5期。

的解释》第16条第1款第1项之规定,[①] 可不认定合同因违反强制性规定而无效。

工程挂靠的本质乃借名行为,[②] 可运用借名行为理论梳理工程挂靠情形下发包人、被挂靠人和挂靠人的法律关系。基于建设工程施工合同相对人和建设工程施工合同效力的不同,可将工程挂靠的具体情形区分为三种。第一种情形,发包人缔结合同时对于挂靠事实并不知情。此时,法律行为对出名人发生效力,建设工程施工合同的当事人为发包人和被挂靠人,同时,基于上述分析,建设工程施工合同应为有效。第二种情形,有资质的挂靠人借用被挂靠人名义且发包人缔结合同时知晓挂靠事实。从借名实施法律行为的效果角度分析,若第三人知道或者应当知道行为实施者系借用他人名义,法律行为不能在出名人和第三人之间成立。原因在于,出名人本身不具有与第三人缔结合同的意思表示,而且,第三人并无值得保护的信赖,基于意思自治原则和信赖原则,法律行为不能在出名人和第三人之间成立。[③] 至于合同效力,在挂靠人具有相应资质而借用资质订立施工合同的情形,实际并不违反建筑企业资质管理制度的规范目的,合同履行对社会公共利益的影响显著轻微,且认定合同无效将致使案件处理结果有失公平。据此,此种情形下建设工程施工合同的当事人为发包人和挂靠人,而非发包人和被挂靠人,且建设工程施工合同有效。第三种情形,

---

① 《最高人民法院关于适用〈中华人民共和国民法典〉合同编通则若干问题的解释》第16条规定:"合同违反法律、行政法规的强制性规定,有下列情形之一,由行为人承担行政责任或者刑事责任能够实现强制性规定的立法目的的,人民法院可以依据民法典第一百五十三条第一款关于'该强制性规定不导致该民事法律行为无效的除外'的规定认定该合同不因违反强制性规定无效:(一)强制性规定虽然旨在维护社会公共秩序,但是合同的实际履行对社会公共秩序造成的影响显著轻微,认定合同无效将导致案件处理结果有失公平公正……"

② 工程挂靠的法律内核为资质借用行为,同时,建筑施工企业资质的唯一性致使"借用资质"和"借用名义"在工程挂靠语境之下具有相同含义。参见唐倩:《挂靠施工合同的效力分析》,载《法律适用》2019年第5期。

③ 参见杨代雄:《使用他人名义实施法律行为的效果——法律行为主体的"名"与"实"》,载《中国法学》2010年第4期。

发包人在缔结合同时知晓挂靠事实或者追求挂靠结果，且挂靠人并无相应资质。此时，与第二种情形相同，建设工程施工合同当事人为发包人和挂靠人。同时，发包人和挂靠人之间的合同因违反强制性规定而无效，这一点与第二种情形有所不同。显然，第三种情形是最为常见和典型的挂靠形态。

不同情形下建设工程施工合同效力状态的差异，致使发包人的请求权基础也会不同。合同有效时，发包人请求权基础为违约责任；合同无效时，发包人请求权基础变成缔约过失责任。同时，在工程质量损失致使发包人固有利益受损时，发包人的请求权基础还可以是侵权责任。发包人请求权基础并非单一的，而应当区分不同情形分别予以讨论。此外，尽管于合同有效时，发包人请求权基础系违约责任，然而，据此认定挂靠人和被挂靠人承担违约连带责任亦有所不妥。原因在于，建筑法第66条将挂靠人和被挂靠人承担连带责任的范围限于不符合规定的质量标准造成的损失，而违约责任的范围显然不限于工程质量损失。同理，尽管合同无效时，发包人请求权基础系缔约过失责任，然而，据此认定挂靠人和被挂靠人承担缔约过失连带责任亦有所不妥，因为缔约过失责任的赔偿范围与工程质量损失的赔偿范围并不等同。由此，认定挂靠人和被挂靠人承担违约连带责任或者缔约过失连带责任，恐有扩大连带责任范围之虞。

另须回应的是，工程挂靠连带责任的法理基础并不在于共同侵权。鉴于建设工程施工合同的标的建筑产品乃涉及公共安全的特殊产品，关于被挂靠人交付质量不合格的建筑产品是否构成侵权，可在瑕疵给付和加害给付理论框架下加以讨论。① 一方面，当工程质量不合格仅致使建筑物本身价值减少，而未构成加害给付时，因发包人固有利益并未遭受损害，不宜将合同履行的后果解读为侵权责任乃至共同侵权责任；另一方面，在工程质量不合格致使发包人固有利益受损害时，尽管可成立侵权责任，但解释

① 依照损失范围的不同，工程质量不合格造成的发包人损失可分为两种：一种是建筑工程本身的损失；另一种是建筑工程本身损失之外的人身损害和财产损害。

为共同侵权仍有些牵强。原因在于，共同侵权要求挂靠人和被挂靠人之间存在意思联络。挂靠人和被挂靠人之间虽存在借用资质的合意，但借用资质的合意并不等同于挂靠人和被挂靠人之间存在实施共同侵权的意思联络。由于挂靠人和被挂靠人承担连带责任主要基于特殊的政策考量，而非基于共同侵权，责任性质上界定为特殊的侵权连带责任更为妥当。①

（三）基于特殊法政策考量的责任设置

挂靠者与被挂靠者就工程质量问题承担连带责任的规范，已在我国延续了相当长的时间，展现出强大的立法惯性。② 然而，无论从合同责任视角，还是侵权责任视角，挂靠人和被挂靠人仅就工程质量损失承担连带责任，都并非法理逻辑的自然推演。

就合同责任层面而言，工程挂靠连带责任规则之设立毫无疑问构成对合同相对性原则的突破。合同相对性包括合同主体的相对性、合同内容的相对性和合同责任的相对性。其中，合同责任的相对性指缔约过失责任和违约责任仅能发生在特定的当事人之间，合同之外的第三人不承担合同责任。③ 上述三种情形之下，挂靠人和被挂靠人就工程质量承担连带责任的法律基础有所不同，但都构成对合同相对性原则的突破。

具体来说，在第一种情形，被挂靠人基于有效合同而应就工程质量损失向发包人承担违约责任，但挂靠人并非合同相对人，若恪守合同相对性原理，挂靠人本不必向发包人承担违约责任。第二种情形则正好相反，挂靠人基于有效合同固然应就工程质量向发包人承担违约责任，但被挂靠人并非合同相对人，若依合同相对性原则，被挂靠人本不必向发包人承担连

① 参见张平华：《侵权连带责任的现实类型》，载《法学论坛》2012 年第 2 期。

② 1997 年建筑法第 66 条规定，建筑施工企业转让、出借资质证书或者以其他方式允许他人以本企业名义承揽工程的，责令改正，没收违法所得，并处罚款，可以责令停业整顿，降低资质等级；情节严重的，吊销资质证书。对因该项承揽工程不符合规定的质量标准造成的损失，建筑施工企业与使用本企业名义的单位或者个人承担连带赔偿责任。而后，2011 年建筑法第 66 条、2019 年建筑法第 66 条亦承继了这一规定。

③ 参见张民安、王红一主编：《合同法》，中山大学出版社 2003 年版，第 109 页。

带责任。但法律规定不区分发包人对挂靠事实是否知情，而一律规定挂靠人和被挂靠人须向发包人承担连带责任。这意味着在发包人对挂靠事实知情时，被挂靠人的责任被加重；在发包人对挂靠事实不知情时，挂靠人的责任被加重。上述两种情形都构成对合同相对性原则的突破。

在第三种情形，发包人和挂靠人之间合同虽成立但无效，因违约责任以合同关系成立且有效为前提，① 发包人向作为合同相对人的挂靠人主张的损害赔偿责任，就责任性质而言，为缔约过失责任。然而，此处缔约过失责任赔偿范围具有特殊性。具体而言，交付质量合格的工程属于建设工程施工合同的主给付义务而非先合同义务，交付质量不合格的工程显然系对主给付义务的违反，据此承担的责任系典型的违约责任。从这一点上看，对工程质量损失承担责任，系对履行利益而非信赖利益的救济，应属违约责任范畴而并非缔约过失责任所能囊括。当然，对于缔约过失责任，我国现行法上在个别场合也承认了履行利益的损害赔偿。② 对此，可能的解释是，囿于建设工程施工合同已成立的事实状态，且出于保障建设工程质量的特殊目的，缔约过失责任的救济方式向违约责任扩张，在责任承担层面吸收了违约责任的合理性，以解决缔约过失责任保护范围不足的问题。在此种情形下，因发包人本身不具有与被挂靠人缔结合同的意思表示，理论上缔约过失责任仅能在挂靠人和发包人之间发生，但立法规定被挂靠人也须就工程质量损失向发包人承担连带责任，此亦构成对合同相对性原则的突破。

就侵权责任层面而言，工程挂靠连带责任之设立构成对自然事实的超越和对一般归责原则的否定。当建设工程质量不合格导致发包人固有利益受损失时，会产生侵权责任。但在侵权责任的承担上，对于工程质量不合格产生的损失，挂靠人和被挂靠人本不属于同一层面。前者直接实施侵害

---

① 《建设工程施工合同解释》第1条已明确没有资质的实际施工人借用有资质的建筑施工企业名义的建设工程施工合同因违反强制性规定而无效。此外，挂靠人和被挂靠人缔结的挂靠协议亦因违反强制性规定而无效。

② 参见崔建远主编：《合同法》（第7版），法律出版社2021年版，第92页。

行为，居于主导地位；后者间接实施侵害行为，居于补充地位。[①] 在事实因果关系层面，被挂靠人出借资质的行为并不必然或者直接导致工程质量的不合格，而仅为挂靠人施工作业的开展提供了条件；但挂靠人作为实际施工人，其不当施工行为直接导致了工程质量的不合格。从这一意义上说，挂靠人为主要责任人，被挂靠人为次要责任人，挂靠人和被挂靠人责任构成的整体性不强，本不应归入连带责任。逻辑上，即使被挂靠人出借资质的过错与挂靠人不当施工的过错相结合共同造成工程质量不合格等损失，也仅意味着被挂靠人和挂靠人系共同责任人，其间的责任形态可以是按份责任、补充责任等，而非必然为连带责任。然而，纵然被挂靠人仅间接实施侵权行为且居于补充地位，法律仍规定被挂靠人就工程质量不合格的损失承担连带责任。可见，从侵权法角度考量，工程挂靠连带责任并不是基于法技术而成立的连带责任，[②] 而是基于法政策的考量。学理上，此谓建构性连带责任，即基于特殊政策考量而超越自然事实，拟制其整体性，从而建构连带责任。原则上，仅在行为具有严重违法性时，方能为特定政策目标的实现而建构连带责任。工程挂靠行为具有严重违反性，与建构性连带责任的一般规则相契合。另外，从侵权责任层面观之，工程挂靠连带责任例外地构成对自然连带责任以及实际经营者承担责任的一般归责原则的否定。[③]

涉及工程质量损失时，立法不惜突破合同相对性原则，也不惜超越自然事实和否定一般归责原则，而将挂靠人和被挂靠人拟制为一个整体，对外承担连带责任，主要是基于保障工程质量的法政策考量，只是规则适用后果间接令发包人受益。由规范目的维度观之，建筑工程领域立法围绕保

---

① 参见张平华：《侵权连带责任的现实类型》，载《法学论坛》2012 年第 2 期。

② 典型的基于法技术而设立的连带责任，乃无意思联络的数人在原因力不可分时承担的连带责任。此时由数人承担连带责任，是因数人行为原因力不明而不得已为之，非基于法政策的考量。参见丁海俊、吴克孟：《论作为法律技术的连带责任——兼评我国〈侵权责任法草案（二次审议稿）〉第 12、13 条及相关条文》，载《政法论丛》2009 年第 4 期。

③ 参见张平华：《连带责任的弹性不足及其克服》，载《中国法学》2015 年第 5 期。

障“工程质量”展开，建筑工程质量是建筑工程领域立法重点保护的法益，规范工程质量是立法的首要目的。① 有法官指出，在建设工程施工合同纠纷的司法裁判中，尽管面临多重价值取向，但首要价值仍是保障工程质量安全。② 建筑活动形成的建筑产品乃涉及公共安全的特殊产品。工程质量不仅关乎合同当事人利益，也涉及不特定第三人的人身安全和财产安全，甚至关系国家基础设施建设、国计民生和社会稳定，与社会公共利益休戚相关。因此，尽管建设工程合同为承揽合同的一种特殊形态，但建设工程合同领域的立法干预程度远强于一般承揽合同，建设工程合同中意思自治空间受到极大的压缩。挂靠人和被挂靠人须就工程质量损失承担连带责任有两方面的益处：一方面，有利于促使被挂靠人和挂靠人在工程建设的过程中承担更高的注意义务，以保证工程质量、预防工程事故的发生，促使交付质量合格的建设工程；另一方面，连带责任的引入直接扩充了工程质量损失的责任承担主体。实践中，被挂靠人往往具有较强的经济实力，将被挂靠人纳为连带责任的承担方无疑更有利于完成对工程的质量修复。换言之，无论从工程质量损失预防还是工程质量损失承担角度，连带责任的适用均有利于实现保障建筑工程质量安全的规范目的。

在涉及工程质量损失的情况下，由挂靠人和被挂靠人作为责任共同体而对发包人承担连带责任，乃贯彻建筑业资质管理制度与惩治工程挂靠现象的法政策之体现。在监管和追责的双重压力之下，监管机构长期以来依赖审批管制，至今仍将准入许可作为最安全可靠的市场监管方式。③ 在涉

---

① 例如，建筑法第 1 条规定：“为……保证建筑工程的质量和安全……制定本法。”《建设工程质量管理条例》第 1 条指出，制定条例的目的，在于加强对建设工程质量的管理，保证建设工程质量，保护人民的生命和财产安全。招标投标法第 1 条规定：“为了规范招投标活动……保证项目质量，制定本法。”

② 次要价值是保护建筑工人等弱势群体的利益，以实现实质公平。参见刘敏、谢勇等：《〈关于审理建设工程施工合同纠纷案件适用法律问题的解释（二）〉的理解与适用》，载《人民司法（应用）》2019 年第 4 期。

③ 参见王克稳：《论涉企经营许可的立法后评估》，载《苏州大学学报（法学版）》2023 年第 1 期。

及不特定人人身安全的建筑行业领域，挂靠经营具有明显的违法性，为保证建筑业资质制度的有效运行，建筑法就工程挂靠行为规定了一系列行政处罚措施和刑事责任。民事连带责任也不例外，具有强化监管、预防损害和全面补偿的功能，① 工程挂靠连带规则有利于强化监管，与保障建筑业资质管理制度运行，以及取缔和遏制工程挂靠现象的公共政策相契合。基于规范挂靠经营的公法层面的需求，而在私法层面规定挂靠人和被挂靠人承担连带责任，实质乃运用连带责任这一私法工具，实现公法层面强化建筑业资质管理制度和惩治工程挂靠现象的目的，同时亦可增进法律体系的统一性和协调性。

四、工程挂靠连带规则的司法适用

（一）责任适用的审慎性

从工程挂靠连带责任产生基础维度观之，工程挂靠连带责任作为法定连带责任，其产生基础主要是立法者意志。民法典第 178 条明确连带责任的成立须以当事人约定或者法律规定为前提。其中，意定连带责任产生的基础乃意思自治，法定连带责任产生的基础可能为肇因原则，但更大程度上是基于立法者意志。② 工程挂靠连带责任适用场景的限定，无疑乃立法者对特殊法政策考量的凝练。但基于其加重责任的属性，适用时须严守法定性。原因在于，当连带责任的成立欠缺事实上的整体性，而系基于特殊的公共政策而设立时，由于同一政策考量之下也可能因违法程度的差异而创设不同的规则，为反映政策衡量的多元性和变动性，连带责任的法定性更应得到坚守。③ 工程挂靠连带责任作为基于法政策考量的例外性规定，在适用时须坚持严格法定的原则，其适用场景不能被任意扩大，以避免过度冲击一般规则以及既有法律体系。

---

① 参见张平华：《连带责任的弹性不足及其克服》，载《中国法学》2015 年第 5 期。
② 参见张定军：《连带债务发生明定主义之反思》，载《法学研究》2023 年第 2 期。
③ 参见张平华：《连带责任的弹性不足及其克服》，载《中国法学》2015 年第 5 期。

首先，从公平维度观察，连带责任的适用直接导致责任承担者遭受损失风险的上升。连带责任使权利人在起诉时倾向选择“深口袋”，即具有更强偿付能力者为被告，即便具有强偿付能力者可能仅具有微小的过错。[①] 挂靠情形下，较之于挂靠人，被挂靠人往往具备更强的经济实力，当挂靠人无力承担损失时，被挂靠人易成为责任的终局承担者。但被挂靠人并未参与工程管理和工程施工，而仅收取“资质借用费”或者“管理费”，由被挂靠人终局承担损失，易导致被挂靠人权利和义务的不对等。基于连带责任的加重责任属性，以及其适用对债务人的不利益，须审慎认定连带责任成立。[②]

其次，从效率和功能维度来看，连带责任并非一剂治理挂靠现象的灵丹妙药，须辩证地看待工程挂靠连带责任规则的现实意义。不可否认，理论上，连带责任的适用能够增强威慑性，对于风险的预防和工程挂靠行为的禁止具有一定的积极作用。但内部关系层面，连带责任规则的适用也将责任承担者联结为责任共同体和利益共同体，从而强化违法当事人合谋对抗监管的意愿并促进法律规避行为的持续，这无疑会加大监管的难度。[③] 工程挂靠连带责任规则致使原本应由挂靠人承担的损失最终可能转换为被挂靠人的损失，从而对被挂靠人的行为选择产生实质性的影响，强化被挂靠人与挂靠人合作的意愿，并最终增加监管的难度。

最后，从体系角度观察，合同关系中本应奉行合同自由和合同相对性原则。在合同当事人并未约定连带责任的前提下，基于特殊的政策性考量而设立法定连带责任，构成对合同自由原则的突破；另外，将合同当事人以外的第三人作为连带责任的承担者，还构成对合同相对性原则的突破。

---

① 参见黄薇主编：《中华人民共和国民法典总则编释义》，法律出版社2020年版，第467页。

② 参见郑玉波：《民法债编总论》，中国政法大学出版社2004年版，第391页。

③ 参见董淳锷：《法律规避下的契约私人治理研究——以建筑工程违法分包现象为切入点》，载《法制与社会发展》2011年第2期；董淳锷：《法律实施激励机制的基本原理及立法构造》，载《法学》2023年第9期。

基于对合同自由、合同相对性原则的维护以及合同法体系融贯性的考量，工程挂靠连带责任作为合同自由原则和合同相对性原则的例外情形，其适用必须限定在严格的边界之内。

（二）责任范围的法定性

建筑法第 66 条和《建设工程施工合同解释》第 7 条均规定，就工程质量不合格导致的损失，挂靠人和被挂靠人须承担连带责任。实践中，建设工程质量不合格的损失通常包括因工程质量问题产生的修复费用①、工程质量隐患的整改费用②、因工程质量不合格导致工程拆除重建的费用③、工程鉴定费以及因质量不合格导致的发包人的固有损失④。另外，在案涉工程修复费用较高，且案涉工程已无必要修复时，工程造价可以作为质量损失认定的依据。⑤

即便对于工程质量不合格导致的损失，被挂靠人也并非当然地承担连带责任。挂靠人和被挂靠人就工程质量损失向发包人承担连带责任系由法律所明确规定。对于其他损失，发包人若请求挂靠人和被挂靠人承担连带

---

① 参见张某与新疆某市政工程有限公司、家渠市某房地产开发有限公司建设工程施工合同纠纷案，新疆维吾尔自治区高级人民法院生产建设兵团分院（2024）兵民申 222 号民事裁定书；霍市某公司、张某某等建设工程施工合同纠纷案，内蒙古自治区通辽市中级人民法院（2023）内 05 民终 3296 号民事判决书；杜某、任某等建设工程施工合同纠纷案，新疆维吾尔自治区乌鲁木齐市中级人民法院（2023）新 01 民终 5614 号民事判决书；广州某交通科技有限公司、张某等建设工程分包合同纠纷案，广东省佛山市中级人民法院（2023）粤 06 民终 6875 号民事判决书。

② 参见高某、固原某公司等建设工程施工合同纠纷案，宁夏回族自治区固原市中级人民法院（2024）宁 04 民终 533 号民事判决书；杨某、杨某春与松桃某置业有限公司、重庆某建设集团有限公司等建设工程施工合同纠纷案，贵州省高级人民法院（2022）黔民申 5687 号民事裁定书。

③ 参见孙某英、泰安市某泰金属材料有限公司等建设工程施工合同纠纷案，山东省泰安市中级人民法院（2023）鲁 09 民终 4657 号民事判决书。

④ 参见联城某工程有限公司与老河口某口腔医院、张某文等追偿权纠纷案，湖北省襄阳市中级人民法院（2023）鄂 06 民终 5000 号民事判决书。

⑤ 参见福建省某建设有限公司、兰某平与中共某县委党校建设工程施工合同纠纷案，福建省南平市中级人民法院（2022）闽 07 民终 1953 号民事判决书。

责任，则须举证证明该损失乃因借用资质而产生的，即借用资质行为和损害后果之间存在因果关系。① 实践中，工程质量不合格的原因可能并非单一的。由于建筑法第 66 条之规定实际上对被挂靠人课以了较重的负担，司法解释对挂靠施工违法后果有所限定，将被挂靠人承担连带责任的前提限定于因出借资质导致工程质量不合格的情形。② 据此，即便损害系工程质量不合格导致的损害，发包人也须证明工程质量不合格与被挂靠人出借资质具有因果关系，否则，被挂靠人不应承担连带责任。例如，有法院就准确指出，因合同日期倒签致使建设工程施工合同实际签订的日期晚于合同落款的日期，被挂靠人与发包人实际签订建设工程施工合同时案涉工程已停工的，工程质量与被挂靠人出借资质并无因果关系，由被挂靠人就工程的加固维修费用承担连带责任缺乏法律依据。③

另外，关于工程质量不合格之外的损失，挂靠人和被挂靠人是否应向发包人承担连带责任？对此，建筑法第 66 条和《建设工程施工合同解释》第 7 条的规定存在差异。若依前者之规定，挂靠人和被挂靠人承担连带责任的范围限于工程质量不合格造成的损失；若依后者之规定，挂靠人和被挂靠人承担连带责任的范围为出借资质造成的损失，既包括因建设工程不合格造成的损失，也包括其他因借用资质造成的损失。一方面，司法解释运用因果关系对建筑法第 66 条的规定进行了限缩，殊值赞同；另一方面，"等"这一开放性的表述，又意味着挂靠人和被挂靠人承担连带责任的范围不再限于工程质量损失，还可能扩张至其他损失。

《建设工程施工合同解释》公布的时间晚于建筑法，为建筑法部分规范的具体化。原则上，在适用的优先级层面，《建设工程施工合同解释》的规定应优先于建筑法的规定。然而，就挂靠施工的连带责任承担问题而

---

① 参见最高人民法院民事审判第一庭编著：《最高人民法院新建设工程施工合同司法解释（一）理解与适用》，人民法院出版社 2021 年版，第 85 页。

② 参见唐倩：《挂靠施工合同的效力分析》，载《法律适用》2019 年第 5 期。

③ 参见陈某华、兰州悦某商业管理有限责任公司等建设工程施工合同纠纷案，最高人民法院（2023）最高法民终 330 号民事判决书。

言，《建设工程施工合同解释》条文中“等”这种具有开放性和不确定性的表达，致使连带责任边界不甚清晰，易导致司法裁判结果的不统一。裁判实践中，有法院认为，《建设工程施工合同解释》对于被挂靠人承担连带责任的情形并未局限于建设工程质量不合格的情形，被挂靠人将资质出借给不具有施工资质的挂靠人，应对案涉工程施工过程中挂靠人负担的债务承担连带责任。① 另有法院认为，被挂靠人仅对挂靠人完成的工程质量问题承担连带赔偿责任，对于欠付工程款，被挂靠人和挂靠人并不承担连带责任。② 此外，有法院指出，司法实践中工期延误的损失通常也被认为属于因出借资质造成的损失。③ 但另有法院认为，对于发包人遭受的工期延期损失，被挂靠人并不承担连带责任。④

可见，司法裁判者关于“等”的解读直接关系连带责任成立与否。事物之间的因果链条可以无限延伸，被挂靠人借用资质的行为可能引发一系列的后果。但即便资质借用行为受法律的否定性评价，也不意味着被挂靠人所承担的责任是无限度的。⑤ 换言之，并非只要存在挂靠关系即可认定被挂靠人承担连带责任。按照建筑法第 66 条之规定，被挂靠人仅在因出借资质造成建设工程质量损失时，承担连带责任。司法解释却扩张了被挂靠

---

① 参见汪某珍、吴某等与黑龙江某市政工程有限责任公司建设工程分包合同纠纷案，黑龙江省鹤岗市中级人民法院（2023）黑 04 民终 266 号民事判决书。

② 参见马某强、秦某权与重庆某劳务公司、张某琼建设工程分包合同纠纷案，湖北省荆州市中级人民法院（2023）鄂 10 民终 2051 号民事判决书。

③ 参见刘敏、谢勇等：《〈关于审理建设工程施工合同纠纷案件适用法律问题的解释（二）〉的理解与适用》，载《人民司法（应用）》2019 年第 4 期。

④ 参见东莞智某贸易有限公司、欧某华等建设工程施工合同纠纷案，广东省东莞市中级人民法院（2020）粤 19 民终 6713 号民事判决书。

⑤ 最高人民法院民事审判第一庭认为，即便需要对被挂靠行为课以较严厉的责任，也不意味着被挂靠人的责任被无限扩大，发包人若对除工程质量之外的损失主张挂靠人和被挂靠人承担连带责任，则需要证明损失是由被挂靠人出借资质导致的，换言之，即出借资质与发包人遭受的损失之间具有因果关系。参见最高人民法院民事审判第一庭编著：《最高人民法院新建设工程施工合同司法解释（一）理解与适用》，人民法院出版社 2021 年版，第 85 页。

人承担连带责任的范围。

建筑法第 66 条之规定系合同关系中的法定连带责任规范，还构成合同相对性原则的例外情形。有鉴于此，司法解释不宜对该规范进行扩张性解释，而只能进行限缩性解释。原因在于：其一，从规范目的角度而言，建筑法第 66 条中的法定连带责任系基于特殊政策考量而创设，目的在于保障工程质量。因此，对于工程质量不合格之外的其他损失，不宜由被挂靠人和挂靠人承担连带责任，否则将超出建筑法第 66 条的规范目的。其二，按照民法典第 178 条第 3 款的规定，连带责任须由法律规定或者当事人约定。同时，结合民法典第 465 条之规定，在合同领域应以合同相对性为原则，而以对合同相对性原则的突破为例外，涉及合同相对性原则的突破须以法律的明文规定为限。鉴于连带责任法定以及合同相对性原则例外法定的双重规定，在合同关系中适用法定连带责任且已构成对合同相对性原则突破的情形，有权设立连带责任的规范宜限于狭义的法律，司法解释仅能进行补充和说明，而不能创设合同关系中适用法定连带责任的新类型。更进一步说，因法定连带责任之设立不利于责任人，司法解释对合同关系中法定连带责任进行补充和说明时，仅能对连带责任的适用主体、适用范围和适用限度进行限缩，而不宜进行扩张解释，① 扩张连带责任适用的范围。有鉴于此，笔者认为，《建设工程施工合同解释》第 7 条中关于限缩连带责任适用范围的表达宜继续保留，而扩张连带责任适用范围的表达宜舍弃。换言之，挂靠人和被挂靠人仅对因出借资质造成的建设工程质量不合格的损失，向发包人承担连带责任。如此，不仅可增强体系上的融贯性，还可统一裁判标准，促进司法公正的实现。

裁判实践中，应当严守法定连带责任的适用范围和限度，尤其必须重点关注法律和司法解释对法定连带责任成立范围的限缩。有法院准确指出，连带责任的意义乃增加责任主体的数量，强化对债权人的保护并确保

---

① 参见姚辉、郑亚灵：《论合同关系中的法定连带责任》，载《福建师范大学学报（哲学社会科学版）》2024 年第 6 期。

债权得到清偿，故连带责任是一种较为严厉的责任方式，除当事人有约定外，应由法律作出明确规定。现行法律并未明确规定，在挂靠施工的情形下，被挂靠人与挂靠人应对施工过程中除质量问题之外的其他债务承担连带责任。[①] 因此，被挂靠人不应就工程质量之外的损失承担连带责任。发包人要求被挂靠人就发包人向挂靠人多支付的工程款承担返还的连带责任，不属于质量损失赔偿责任，在缺乏合同约定的情形下，合同依据和法律依据均有不足。[②] 联系本文所举案例，在案例一中，二审法院在当事人对工程质量问题并无争议的情况下，判决挂靠人和被挂靠人对发包人超额支付的工程款承担返还的连带责任，与法律规定的连带责任的适用范围确有不符。

（三）责任承担主体的法定性

工程挂靠纠纷案件中，连带责任承担主体须坚持严格法定原则，避免将本不应连带的主体予以连带。在当事人未约定承担连带责任的情形下，连带责任的承担主体须以法律的明确规定为依据。建筑法第66条仅规定挂靠人以被挂靠人的名义与发包人订立建设工程施工合同，被挂靠人与挂靠人应当对工程质量承担连带责任，对于被挂靠人是否应与发包人一同承担连带责任，我国法律法规及司法解释并没有明确。法院不宜在欠缺法律依据的情形下认定连带责任的成立。在案例二中，挂靠人所施工的工程存在质量问题，但原告乃挂靠人而非发包人，诉讼请求与工程质量问题也并不相关，案件系挂靠人主张被挂靠人和发包人就工程款承担连带责任。一审法院和二审法院却依据合同关系认定被挂靠人和发包人应就工程款向挂靠人承担连带责任。问题是，在挂靠关系中，挂靠合同内容通常表现为被挂

---

① 参见胡某与新疆某路桥（集团）有限责任公司等建设工程施工合同纠纷案，新疆维吾尔自治区高级人民法院（2023）新民申875号民事裁定书。

② 参见新疆某房地产开发有限公司、晏某俊等建设工程施工合同纠纷案，新疆维吾尔自治区高级人民法院（2023）新民申1116号民事裁定书；李某威、兴宁市某建筑工程公司等建设工程施工合同纠纷案，广东省兴宁市人民法院（2022）粤1481民初1611号民事判决书。

靠人出借资质的合同义务和收取管理费的合同权利，以及挂靠人借用资质的合同权利和支付管理费的合同义务。即便挂靠人和被挂靠人约定由被挂靠人代收工程价款，这也仅意味着被挂靠人具有不得截留工程款、按时将其代收的工程款交付至挂靠人的义务。换言之，基于挂靠协议的性质和内容，被挂靠人不负有向挂靠人支付工程款的义务，也就更加不会就发包人欠付挂靠人的工程款承担连带责任。案例二中，法院显然不应依据合同关系认定被挂靠人就发包人欠付挂靠人的工程款，与发包人一同向挂靠人承担连带清偿责任。

同理，在挂靠人未向材料供应商、设备租赁商等发包人之外的第三人支付款项时，被挂靠人原则上亦不对此承担连带责任。因为法律和司法解释仅规定，被挂靠人基于与发包人的合同关系和出借资质的过错，在工程质量范围内与挂靠人承担连带责任，并未规定对挂靠人在工程施工中未能按约定向材料供应商、设备租赁商等拖欠款项情况一概承担连带责任。根据合同相对性原则和自己责任原则，挂靠人与发包人、被挂靠人之外的第三方发生的诸如上述拖欠款项原因引起的民事责任，应当由挂靠人承担。①

综上所述，工程挂靠连带责任规则乃基于特殊的法政策考量而设，同时，基于公平角度、效率角度和体系融贯性角度的综合性考量，工程挂靠连带责任应审慎适用，此种审慎性以严守责任范围的法定性和责任承担主体的法定性为圭臬。

五、结语

我国建筑市场施工的高需求与建筑资质相对稀缺所造成的不匹配性，加上经济利益的驱动，致使工程挂靠现象屡禁不止。为遏制工程挂靠现象和保障工程质量，立法和司法解释确立了工程挂靠连带责任规则。然而，出于责任扩张的冲动，涉工程挂靠纠纷类案件中，连带责任频频被法院突

---

① 参见类乌齐县某塑钢门市部、张某等劳务合同纠纷案，西藏自治区高级人民法院（2022）藏民申192号民事裁定书。

破适用。笔者认为，连带责任规则尽管对于工程挂靠行为具有一定的威慑性，但并非治理工程挂靠现象的灵丹妙药。辩证地看待，工程挂靠连带责任规则具备强烈的政策属性，规则的适用更将构成对合同相对性原则的突破，乃合同相对性原则的例外情形。司法实践中，应审慎适用工程挂靠连带责任规则，坚持责任范围和责任承担主体的双重严格法定，避免肆意扩张其适用场景。

（本文仅代表作者个人观点）

建设工程价款优先受偿权：定性、实现及规则适用

杨劭禹*

一、引言：关于建设工程价款优先权的争议

建设工程价款优先受偿权（以下简称建工优先权）发端于1999年合同法（已失效）第286条，是指在发包人欠付工程价款且逾期不支付时，承包人有权就所建工程折价或者拍卖价款优先受偿。除文字上的微调外，2020年颁布的民法典第807条基本保留了全部内容，从发生条件（“发包人未按照约定支付价款的”）、客观要件（“除根据建设工程的性质不宜折价、拍卖外”）、实现方式（“与发包人协议将该工程折价”或者“请求人民法院将该工程依法拍卖”）及担保效果（“建设工程的价款就该工程折价或者拍卖的价款优先受偿”）四个

* 贵州省贵阳市中级人民法院员额法官。

方面对建工优先权作出概括性界定。[①] 本条款属于完全规范，可独立作为承包人主张建工优先权的请求权基础。另外，2002 年发布的《最高人民法院关于建设工程价款优先受偿权问题的批复》（已失效）确定了这一权利称谓，并沿用至今。

建设工程纠纷中，承包人常会提起享有建工优先权的诉讼请求，以保障工程价款在执行环节获得清偿，相关实践问题也随之涌现和细化。鉴于民法典第 807 条立法技术的概括性，《最高人民法院关于审理建设工程施工合同纠纷案件适用法律问题的解释（一）》（以下简称《建设工程施工合同解释》）采用八个条文对建工优先权的权利顺位、价款范围、行使期限等问题作出了延伸阐释和说明。但是，《建设工程施工合同解释》未厘清建工优先权的性质和实现程序，导致司法实务中涉建工优先权主体、客体及行权方式等争议问题的分歧较大。譬如，对于建工优先权是否随着建设工程价款债权一并转让的问题，各地高级人民法院实务问答的观点截然相反。[②]

职是之故，本文遵循请求权基础的检视层次（规范性质—成立要件—行使方式），从界定建工优先权的性质出发，探析客观要件中“建设工程的性质不宜折价、拍卖”的认定标准，以及能否通过以物抵债协议行使建工优先权，最终回应建工优先权的司法适用规则：主体上，实际施工人、勘察人、设计人和债权受让人等是否应当享有建工优先权；客体上，划定不宜折价、拍卖的建设工程范围；行权上，探讨以物抵债行使建工优先权的法律效果。

---

① 民法典第 807 条规定：“发包人未按照约定支付价款的，承包人可以催告发包人在合理期限内支付价款。发包人逾期不支付的，除根据建设工程的性质不宜折价、拍卖外，承包人可以与发包人协议将该工程折价，也可以请求人民法院将该工程依法拍卖。建设工程的价款就该工程折价或者拍卖的价款优先受偿。”

② 参见《重庆市高级人民法院、四川省高级人民法院关于审理建设工程施工合同纠纷案件若干问题的解答》第 17 条，《湖南省高级人民法院关于审理建设工程施工合同纠纷案件若干问题的解答》第 20 条。

二、建工优先权的权利性质和特征

(一)建工优先权的定性:法定担保物权

建工优先权的性质之争未决。理论界与实务界目前主要有四类观点:一是留置权说,江平教授认为合同法突破了留置财产仅为动产的局限,承包人可以行使不动产留置权;① 二是法定抵押权说,梁慧星教授提及在合同法起草阶段,草案曾明确规定"承包人对建设工程有法定抵押权",尽管最终未被采纳(因为考虑"直接规定其内容、效力和实现方式,更有利于法律适用"),但立法者对于建工优先权系法定抵押权的性质无任何异议;② 三是优先权说,建工优先权与船舶、民用航空器优先权类似,是法律基于立法政策和保护特定利益的需要为承包人设定的,无须登记即生效;③ 四是法定担保物权说,崔建远教授认为"建设工程价款优先受偿权在本质上是法定担保物权,其不同于留置权,亦非法定抵押权"。④

上述学说中,留置权说存在明显"硬伤",留置权的客体以动产为限,且要求留置权人占有标的物,但建设工程是不动产,在承包人主张工程款时,工程已竣工验收并交付给发包人,承包人无权以建工优先权为由继续占有。本文认为,建工优先权应定性为法定担保物权,理由如下。

第一,基于权利结构的复合性,优先权说的观点尚不完善。工程价款债权和建工优先权构成"债权"和"担保"两层法律关系,承包人在主张工程款的同时,有权要求就工程拍卖的价款优先受偿,也就是作为"物"的工程为债的履行附加"担保"属性,从而使承包人的权利具有对世效

---

① 参见江平主编:《中华人民共和国合同法精解》,中国政法大学出版社1999年版,第223页。

② 参见梁慧星:《合同法第二百八十六条的权利性质及其适用》,载《山西大学学报(哲学社会科学版)》2001年第3期。

③ 参见常设中国建设工程法律论坛第八工作组:《中国建设工程施工合同法律全书·词条释义与实务指引》(第2版),法律出版社2021年版,第451页。

④ 崔建远:《论建设工程价款优先受偿权》,载《法商研究》2022年第6期。

力，能够对抗其他第三人，是一种对物的权利。然而，优先权可以是独立的法律关系。例如，商品房消费者的房屋交付请求权，仅包含请求债务人履行交付义务的单项权利，是具有优先效力的债权。又如，民法典第 734 条规定的房屋承租人的优先承租权、第 847 条规定的职务技术成果的完成人的优先受让权等，均属于立法者出于特定因素（如身份、人权、交易效率等）而赋予权利人较为优先的地位，除主债权以外无辅助担保。因此，建工优先权固然满足优先权的定性，但如此定性过于宽泛，无法凸显不动产标的物的担保属性。

第二，基于比较法域的多样性，法定抵押权说的理由略显片面。部分支持法定抵押权说的观点，“来源于我国台湾地区以及国外立法先例（如德国、瑞士）的借鉴经验”①。但实际上，各国对承包人享有优先的权利定性并不一致。一是法国和日本都确定了存在于债务人特定财产上的不动产优先权，法国赋予建造、修缮不动产的建筑人优先的权利，日本称之为先取特权，就承揽人关于债务人之不动产所做之工事费用，存在于该不动产上；② 二是德国、瑞士将其定性为法定抵押权，因承揽工程产生的债权，对定作人的不动产得请求抵押权；③ 三是美国模式的建筑担保物权（Construction Lien）则影响了加拿大、澳大利亚、新西兰等英美法系国家的立法，允许在承包人完成的财产上设定担保，以防范承揽人债权偿付风险。④ 因此，仅依赖某域外立法作为定性依据存在片面性，无法适用于具有中国特色的建工优先权制度。

第三，基于立法体系的协调性，法定抵押说与抵押权规范体系产生冲突。法定抵押权说与法定担保物权说均认可建工优先权具备担保物权属性，只是对建工优先权应归属于哪类担保物权存在分歧。界定为法定抵押

---

① 郜飞燕：《建设工程价款优先受偿权研究》，博士学位论文，西南政法大学，2021，第 17 页。

② 参见法国民法典第 2103 条、日本民法典第 327 条。

③ 参见德国民法典第 648 条、瑞士民法典第 837 条。

④ 参见美国统一建筑担保物权法。

权的不合理之处在于：一方面，我国采用“合意+公示”的物权变动模式，合意是双方当事人就设立抵押权达成的意思一致，公示是指不动产抵押登记，是抵押权设立的必要前提。然而，建工优先权的设定既无须达成合意，也不需要登记，显然违背了设立抵押权的基本原则。另一方面，因司法解释已明确建工优先权的清偿顺位优先于抵押权，若定性为法定抵押权，会导致未公示的建工优先权优先于公示的抵押权，有违公示优先的基本原则。相反，如果将建工优先权置于与质权、抵押权、留置权等平行的担保物权体系中，则各项权利之间的优先顺序能够保持清晰且不会产生冲突。

第四，基于权利设定的可行性，担保物权范畴不是封闭空间。反对将建工优先权定性为担保物权的主要论据就是违反了物权法定原则，① 即当事人不可通过合同自由创设物权的种类和内容。但即便是物权法定主义者也认识到，“社会总是在不断发展的，一概不承认对物的新型利用需求会妨碍社会资源的最优配置”②。特别是民法典施行后，部分法律法规、司法解释已作出适度的变通：一是允许通过意思自治，债权人享有约定的担保物权，如《最高人民法院关于适用〈中华人民共和国民法典〉有关担保制度的解释》规定的非典型担保，对于让与担保、融资租赁的债权人，可以“参照民法典关于担保物权的有关规定就该财产优先受偿”。二是可以依照法律规定设立担保物权，如船舶抵押权、土地经营权抵押等。由此，将建工优先权认定为担保物权项下的子权利，在工程质量合格、建设工程宜折价和拍卖等其他条件符合的情况下，建工优先权系欠付工程价款的法定担保，无须当事人于建设工程合同中特别约定，而是由法律自行设定。

综上所述，建工优先权的定性应避免与民法典制度体系产生逻辑冲突，建工优先权融合了债的优先顺序和担保物权元素，后者在清偿时具有

---

① 参见汪治平：《建设工程价款优先受偿权的若干问题》，载《人民司法》2002年第8期。

② 熊丙万：《法定物权的自由展开：经济分析与法律教义》，载《中国法学》2023年第6期。

决定性作用，在缺乏统一优先权制度的背景下，优先权的定性不能体现建工优先权对工程价款的担保之效，法定抵押权则需要在抵押权体系之上额外设置诸多特殊规则，皆非最优解释路径。而建工优先权完全契合民法典第 386 条关于担保物权的定义，即承包人作为担保物权人，在发包人欠付工程款之时，享有就担保财产优先受偿的权利。由此，将建工优先权定性为法定担保物权，既能明晰权利体系结构，担保物权是上位概念，建工优先权和质权、抵押权、留置权以及非典型担保等同属于并列的下位概念，又能调和应然理论和实然规定的矛盾，无须再遵循抵押权意定、登记等特有规定。

（二）建工优先权的特征：参照担保物权

由民法典第 807 条单一规范调整所有建工优先权法律关系，存在规范供给不足的困境。法定担保物权的定性，意味着建工优先权可参照适用民法典关于担保物权的一般规定（第 386 条至第 393 条），从而将其纳入体系解释的基本框架，实现法律漏洞填补之功能。换言之，建工优先权的实现机制、权利主体、顺位规则等实质内容须适用担保物权的共性规则予以补充。以下是建工优先权的基本特征。

第一，法定性，即建工优先权源于法律规定。有观点认为，建工优先权属于担保物权，主债权无效，担保物权随之无效。① 这混淆了法定担保物权与约定担保物权。约定担保物权是当事人在主合同之外，单独签订担保物权合同，无效是法律对约定创设权利的评价，而建设工程施工合同不存在主合同、从合同之分，且合同中往往不包含关于建工优先权的约定，因此不存在对法律规定的权利进行无效评价的情形。另外，根据民法典第 793 条的规定，合同无效导致承包人的权利性质由契约上的请求权转化为不当得利返还请求权，② 主债权并未消灭，而是转化为另一种形式的请求

---

① 参见孙科峰、杨遂全：《建设工程优先受偿权主体的争议与探究——〈合同法〉第 286 条之分析》，载《河北法学》2013 年第 6 期。

② 参见刘力、禄劲松、杨劭禹：《论无效建设工程施工合同的折价补偿——〈民法典〉第 793 条第 1 款评释》，载《法律适用》2022 年第 2 期。

权，建工优先权依然有效。需要注意的是，法定性强调民法典第 807 条规定是建工优先权的基本规范，司法适用不可超越其解释射程。

第二，从属性，即建工优先权从属于主债权。除了效力从属性的例外，建工优先权遵循发生、处分以及消灭从属性的基本原则。(1) 发生从属性。民法典第 387 条规定的“为保障实现其债权”体现为建工优先权的产生以主债权先行或者同时存在为前提，结合工程价款连续发生的特点，随着工程施工量、材料投入、人工成本逐步累积而得，而非在工程竣工验收且质量合格时才一次性产生，因此，优先权的成立时间应早于行使时间。通俗地讲，只要承包人持续履行工程建设义务，工程价款债权及担保物的价值就会不断扩大。(2) 处分从属性。承包人既是债权人也是担保物权人，建工优先权不可与工程价款债权分离而单独转让，若主合同的权利义务转让，则担保物权一并转让。由此，承包人不可单独将债权转让给第三人而保留建工优先权或者单独保留工程价款债权。(3) 消灭从属性。建工优先权在主债权消灭时亦应随之消灭。

第三，优先性，既建工优先权权利顺位上的优先性。《全国法院民商事审判工作会议纪要》(以下简称《九民纪要》) 和《最高人民法院关于商品房消费者权利保护问题的批复》(以下简称《商品房消费者权利保护批复》) 明确了破产案件、执行异议之诉纠纷中所涉各项权益的优先顺位。基于生存至上理念，消费者的物权期待权最为优先。建工优先权、抵押权次之。最后，一般不动产买受人的物权期待权仅可对抗普通债权，以免动摇抵押权的优先地位。① 另外，《商品房消费者权利保护批复》完全采纳该权利顺位，第 1 条重申建工优先权优先于抵押权和其他债权，第 2 条将消费者的物权期待权置于建工优先权之前。本文参考《最高人民法院关于人民法院办理执行异议和复议案件若干问题的规定》起草者的方式②，用数学符号梳理出了权利顺位：物权>消费者的物权期待权>建工优先权>

① 参见《九民纪要》第 126 条规定和《建设工程施工合同解释》第 36 条规定。

② 参见江必新、刘贵祥主编：《最高人民法院关于人民法院办理执行异议和复议案件若干问题规定理解与适用》，人民法院出版社 2015 年版，第 431-432 页。

抵押权>一般不动产买受人的物权期待权>普通债权。

第四，代位性，即担保物权责任范围的扩张。一是物上代位性。民法典第 390 条规定，“担保物权人可以就获得的保险金、赔偿金或者补偿金等优先受偿”。此处的“等”字表明除了灭失后财产，代位物的外延并非封闭。在德国民法典中，担保责任扩及租金债权，但租金不是永远潜在地承担担保责任，债权到期后的十二个月，租金将从中解脱。① 同时，民法典第 412 条规定了抵押财产在被扣押之后，抵押权人有权收取孳息，其中包括出租人收取的租金。二是债权人的代位权。根据民法典第 535 条关于代位权的规定，债权人可代位行使次债权人对债务人（发包人）的权利，“但是该权利专属于债务人自身的除外”。《最高人民法院关于适用〈中华人民共和国民法典〉合同编通则若干问题的解释》（以下简称《民法典合同编通则解释》）将专属权利界定为具有特定人身属性的权利，包括抚养费、赡养费、人身损害赔偿、劳动报酬请求权和最低生活保障等。因此，建工优先权不属于专属于承包人的人身债权，其债权人有权代位行使优先权。

须强调的是，民法典关于担保物权的一般规定和《建设工程施工合同解释》的规定应为一般法和特别法的关系，若两者冲突，应遵循特别法优先的原则，这为建工优先权独立于担保物权发展提供了空间。例如，建设工程价款优先受偿的范围仅限定于本金，不包括利息、违约金、损害赔偿金。

三、建工优先权的实现条件和方式

（一）“建设工程的性质不宜折价、拍卖”的认定标准

民法典第 807 条设置了建工优先权的客体要件“除根据建设工程的性质不宜折价、拍卖外”。对该要件的理解，若仅依赖于法院在个案中的价值评判，将加剧类案裁判的冲突。有鉴于此，本部分旨在探讨相对统一的认定标准，以期为客体的类型化梳理奠定基础。

---

① 参见德国民法典第 1123 条。

首先，“折价、拍卖”的本质是所有权变动。两者的区别在于所有权变动的程序：折价是发包人和承包人私下达成协议，对建设工程估值后由承包人成为所有权人；拍卖是由法院公开拍卖不动产，由竞价高者获得所有权，拍卖所得用于清偿工程债权。由此，民法典关于不动产物权变动的规定是解读“折价、拍卖”的基础规范。“区分原则是我国物权法的基本原则，也是物权变动的基本指导原则。”① 详言之，不动产过户登记不影响当事人之间物权变动合同的效力，过户登记是履行合同内容的行为，将合同效力和物权公示程序明确区分。但是，“折价、拍卖”的核心目的是要实现不动产物权变动的结果，不能办理过户登记，或者物权变动合同无效都会导致“折价、拍卖”不能实现。因此，“折价、拍卖”要同时满足不动产转让合同有效且能够办理不动产物权登记两个要件。

其次，发包人（被告）是建设工程所有权人。其清偿判决所确认的工程价款债权的行为构成对发包人财产的处分，原因行为有效是物权变动效果的必要条件。若建设工程施工合同纠纷的被告非发包人，例如，委托代建、BT合同等情况，业主方和建设方分离，建设工程在竣工验收之后，所有权转移给建设工程施工合同以外的第三人，那么，折价、拍卖的行为实质上构成了无权处分，即使能够认定无权处分的债权合同有效，但由于承包人对无权处分知情，也不能发生物权变动的效果。即折价、拍卖程序中不存在善意取得制度，若允许折价的双方当事人擅自处分他人财产，将极大地增加失信风险，引发虚假诉讼。法院拍卖被执行人财产的前提是该财产属于被执行人的责任财产。

最后，判定“不宜折价、拍卖”的双重因素。由于工程的特殊性质和用途，不适宜转让。② 一方面，建设工程须是可流通物，凡是能用金钱衡量且可以支配财产利益的有形物、无体物都可称为物，但建工优先权指向的是

---

① 王利明：《论债权形式主义下的区分原则——以〈民法典〉第215条为中心》，载《清华法学》2022年第3期。

② 参见曹文衔、宿辉、曲笑飞：《民法典建设工程合同章条文释解与司法适用》，法律出版社2021年版，第496页。

处分价值。社会生活中的禁止流通物有两类：一类是其转让合同本身无效，如涉及器官、毒品等买卖的契约；另一类则是转让该物将损害社会公共利益，如天然气输送管道、高速公路及公共设施的转让。因禁止流通物不可转让，物权转让的变动效果便无法发生，即债权原因行为无效或者无法办理过户登记的，不能成为建工优先权的标的物。另一方面，建设工程应是宜流通物。相较于“不”的概念，“不宜”的表述更为宽泛，即某些工程虽然可以流通，但出于实际效用或建设目的的考虑，不宜进行处分。例如，为特殊路段修建的大桥、浮游设施，若进行转让或分割拆除，将严重减损其实际效用，甚至变成“废品”，其拍卖价格将远低于原始修建成本。同时，还需注意两点：一是添附后的一体性规则。中央空调、玻璃幕墙、装饰件、电梯等独立物，因建设安装置于工程后已成为建设工程的组成部分，承包人主张建工优先权时，则应将添附物或者从物与建设工程作一体化考虑，整体处置或者折价。二是不动产可以独立登记。以商业住宅小区为例，不动产可分为建筑物专有部分和共有部分，对于共有部分，如公共车位、绿地、道路、消防设施、楼梯间等均属于业主共同所有，不能单独登记在某业主或者房地产开发单位名下，不能成为建工优先权之标的物。

（二）“承包人与发包人协议将工程折价”的竞合结构

民法典第 807 条规定了实现建工优先权的两种方式，即承包人与发包人协议将工程折价和请求法院拍卖工程。在探讨协议折价时，自然会引出一个问题——协议折价和以物抵债协议存在何种关联？是否为同一法律行为在不同语境的不同表述？具体分析如下。

首先，期后以物抵债协议的两类观点。建设工程施工合同纠纷中，发包人支付工程款的条件成就后，承包人和发包人约定将其修建的工程折价抵偿，用于替代支付工程款的协议，称为期后以物抵债协议（以下简称以物抵债协议）。现行法律对其中承包人享有何种性质的权利有两种解读：一是新债清偿。《最高人民法院公报》案例通某建总公司与兴某公司建设工程施工合同纠纷案提出了新债清偿的观点，双方约定用通某建总公司承揽的某大厦工程折抵兴某公司应当支付的工程款。最高人民法院认为，

“基于保护债权的理念，债的更改一般需有当事人明确消灭旧债的合意，否则，当事人于债务清偿期届满后达成的以物抵债协议，性质一般为新债清偿。在新债清偿情形下，旧债务于新债务之前不消灭，旧债务和新债务处于衔接并存的状态”①。该观点被《民法典合同编通则解释》采纳，该司法解释第 27 条规定，债务人未按照约定履行以物抵债协议的，债权人有权选择请求履行原债务或者以物抵债协议。二是优先权的实现方式。民法典第 807 条规定了承包人行使建工优先权的两种方式：承包人可以与发包人协议将该工程折价，也可以请求人民法院将该工程依法拍卖。以物抵债协议约定的“以承包人修建的建设工程折抵工程款”和第 807 条规定的“协议折价”在客观上并无实质差异，承包人通过以物抵债协议获得的不仅是债权，也是对特定工程的建工优先权。

其次，以物抵债协议构成请求权竞合。协议折价不是独属于建工优先权的实现方式，民法典在担保物权体系（第 410 条抵押权、第 436 条质权、第 453 条留置权）中多处规定，权利人可与义务人协议将特定财产折价来优先受偿。例如，民法典第 410 条第 1 款第 1 句规定：“债务人不履行到期债务或者发生当事人约定的实现抵押权的情形，抵押权人可以与抵押人协议以抵押财产折价或者以拍卖、变卖该抵押财产所得的价款优先受偿。”并且，司法解释起草者进一步明确“折价”就是指以物抵债协议，由权利人获得特定财产所有权。就建工优先权而言，合同法和民法典均认可双方当事人协议折价后，将工程的所有权转移给承包人，以清偿建设工程价款。即建设工程合同纠纷中，承包人和发包人达成的以物抵债协议等同于协议折价。因此，两种实体法规范分别对建设工程合同纠纷的以物抵债协议进行调整而产生两种权利：承包人就其承建工程的价款优先受偿和请求发包人转移不动产登记的债权，发生新债清偿和行使优先权的请求权竞合，参照民法典第 186 条关于违约与侵权请求权竞合的规定，承包人有权

① 最高人民法院（2016）最高法民终第 484 号民事判决书，载《最高人民法院公报》2017 年第 9 期。

选择行使任一权利。

最后，请求权竞合的行使要素之拆分。一是行使权利时必须具备明确的意思表示，仅凭发包人将承包人修建的不动产过户登记至承包人名下的行为，并不能推断出双方存在不动产物权变动的共同意愿，单纯的过户登记行为可能出于其他目的，如管理需要或暂时性的安排。二是以物抵债协议无须履约完成。实践中常见的交易模式是“工抵房”，发包人与承包人签订以物抵债协议后，不会直接将不动产转移变更登记至承包人名下，而是销售后变更至购房业主名下。在这种情况下，承包人在建设工程纠纷的起诉阶段无法主张其为案涉不动产的所有权人，而只能主张对案涉不动产享有建工优先权。因此，协议折价是仅需有以物抵债的意思表示还是要履行完毕？本文认为，双方达成以物抵债的意思表示时，协议折价生效，能够认定建工优先权实现。该观点的依据来源于对以物抵债协议性质的剖析，司法实践和学理讨论已趋于统一，采取诺成性质说。最高人民法院倾向性意见认为，我国现行法未规定代物清偿制度，且在当事人未明确约定以债权人受领抵债物作为成立要件的情况下，应将以物抵债协议认定为诺成合同。[①]《民法典合同编通则解释》第 27 条第 1 款亦规定债务人或者第三人与债权人在债务履行期限届满后达成以物抵债协议，且不存在影响合同效力情形的，人民法院应当认定该协议自当事人意思表示一致时即生效。因此，当双方达成以物抵债的意思表示时，协议折价生效，能够行使建工优先权。

四、建工优先权的规则适用和解释

（一）主体层面：建工优先权的权利人范围

1. 关于实际施工人是否享有建工优先权的问题

在涉及实际施工人的诉讼中，建工优先权议题对实际施工人权益具有

---

① 参见最高人民法院民事审判第二庭编著：《〈全国法院民商事审判工作会议纪要〉理解与适用》，人民法院出版社 2019 年版，第 237 页。

深远影响。观点一认为，实际施工人不属于“与发包人订立建设工程施工合同的承包人”①，不应享有建工优先权；观点二认为，借用资质的实际施工人可享有建工优先权；② 观点三认为，实际施工人可以代位行使承包人、转包人的建工优先权。③ 本文的观点是，要从主体上区分享有权利和行使权利，实际施工人不应享有建工优先权，但实际施工人可代位行使承包人的建工优先权。此观点的理由如下。

第一，基于法定性的特征，实际施工人不享有建工优先权。民法典第807条将权利主体限定于承包人。在建设工程合同章中，承包方的称谓多样，如总承包人、承包人、勘察人、设计人、施工人等，故争议在于承包人与施工人的概念是否混用。施工人出现于民法典第801条，施工人应对建设工程质量承担民事责任，建筑法第55条规定了分包人和分承包人被视为施工人，并需对分包工程质量承担责任，以及建筑法第66条、《建设工程施工合同解释》第7条亦明确，出借资质的被挂靠人和挂靠人须承担连带赔偿责任。故作为施工人承担责任的主体包括分包人、分承包人、违法分包的承包人和挂靠人等。另外，民法典第791条进一步体现了对实际施工人与承包人的严格区分，承包人不得将工程转包或者支解分包给第三人，将实际施工人纳入第三人范畴。因此，民法典中的承包人应被解释为与发包人签订建设工程施工合同且具有相应工程施工承包资质的单位，施工人则泛指参与工程建设的承包人、合法专业分包人和实际施工人，故观点一将享有建工优先权的权利主体限定于承包人符合“法定性”的要求。

第二，基于代位性的特征，实际施工人可代位行使优先权。《建设工程施工合同解释》为实际施工人主张权利提供了两种路径：一是第43条直接突破合同相对性，二是第44条规定的代位权诉讼。两者在权利范围上存在差异，前者不包括利息、违约金等衍生债权和从权利，而后者则概括继受承

① 参见最高人民法院民事审判第一庭2021年第21次专业法官会议纪要。
② 参见最高人民法院（2019）最高法民申6085号民事判决书。
③ 参见唐倩：《实际施工人的建设工程价款优先受偿权实证研究》，载《中国政法大学学报》2019年第4期。

包人的主债权和从权利。最高人民法院倾向性意见认为，“实际施工人无权代位行使优先受偿权”，理由是发包人与实际施工人无合同关系，且赋予实际施工人该权利对发包人不公。① 本文认为，该观点混淆了“享有”和“行使”的概念，建工优先权作为特殊主体承包人独享的权利，并非基于人身关系产生的专属请求权，而是允许第三人代位行使的，这亦符合担保物权可代位行使的裁判规则。况且，实际施工人是在承包人已享有建工优先权的前提下行使该权利，不会给发包人增加负担。部分案例亦表明了支持态度，譬如，(2018) 最高法民终 524 号案件中，最高人民法院认为，“实际施工人在总承包人或者转包人不主张或者怠于行使工程价款优先受偿权时，有权就其承建的工程在发包人欠付工程价款范围内主张工程价款优先受偿权”。

2. 关于勘察人、设计人是否享有建工优先权的问题

支持建工优先权的主体涵盖勘察人、设计人的观点的论据是没有勘察、设计文件，就无法完成工程建设。② 本文认为，除施工总承包模式外，勘察人、设计人不应享有此权利。反驳理由为：第一，不符合“法定性”特征，依据民法典第 807 条的规定，建工优先权主体应限于承包人，且民法典明确区分了工程价款和设计费用，承包人完成履行工程建设义务的对价是工程价款，勘察人、设计人完成履行工程勘察、设计义务的对价是勘察、设计费用；第二，法定担保物权的行使应以实际建设的工程实体为基础，不能仅凭“无某方参与则无工程”的逻辑来判定权利主体，否则将导致权利主体范围无限扩大，如材料供应商、金融借贷银行等都是间接贡献者。然而，在设计—采购—施工（EPC）总承包模式下，情况有所不同。总承包人从勘察、设计阶段便开始统一采购与分配资源，设计行为贯穿施工过程始终，且总承包人向发包人交付的是整体工程成果，设计、勘察工作通过施工得以转化为实体。因此，在 EPC 总承包模式下，总承包人对勘

① 参见最高人民法院民事审判第一庭编著：《最高人民法院新建设工程施工合同司法解释（一）理解与适用》，人民法院出版社 2021 年版，第 364 页。

② 参见崔建远：《论建设工程价款优先受偿权》，载《法商研究》2022 年第 6 期。

察、设计费用主张建工优先权应得到支持。①

3. 关于债权受让人是否享有建工优先权的问题

关于建设工程价款债权转让后，受让人是否享有建工优先权的问题争议极大，《建设工程施工合同解释》起草者直言“现行解释中尚无定论”②。持肯定说的观点认为，工程款债权作为可流通转让的财产权，其附属的建工优先权亦应随主债权一并转让；③ 持否定说的观点认为，建工优先权的设立初衷在于保护建筑工人劳动报酬、工资，不能通过受让债权取得。④ 本文认同肯定说，理由如下。

第一，基于从属性的特征，在债权转让时，优先权应一并转让。此外，民法典第547条规定，除非从权利专属于债权人自身，否则债权转让时，受让人取得与债权有关的从权利。建工优先权并非专属权利，且无须登记，因此其随主债权转让的法律效果不受物权公示程序的影响，但受让人享有的建工优先权范围应限于债权实际转让价格。在《最高人民法院公报》案例陕西某公司与中建某局建设工程施工合同纠纷案中，最高人民法院持相同观点。⑤ 第二，有利于建筑市场的发展，建工优先权的设立初衷在于保护建筑工人的劳动报酬，但其实现逻辑依赖于承包人通过行使优先权保障建设工程价款债权的清偿，进而间接保护建筑工人利益。若受让人不享有优先权，将影响建设工程价款转让、保理及资产收购市场的活跃

---

① 参见最高人民法院（2017）最高法民终894号民事判决书。

② 参见最高人民法院民事审判第一庭编著：《最高人民法院新建设工程施工合同司法解释（一）理解与适用》，人民法院出版社2021年版，第365页。

③ 参见《山东高院民一庭关于审理建设工程施工合同纠纷案件若干问题的解答》第12条，《江苏省高级人民法院关于审理建设工程施工合同纠纷案件若干问题的意见》第20条，《湖南省高级人民法院关于审理建设工程施工合同纠纷案件若干问题的解答》第20条。

④ 参见《重庆市高级人民法院、四川省高级人民法院关于审理建设工程施工合同纠纷案件若干问题的解答》第17条，《河北省高级人民法院建设工程施工合同案件审理指南》第37条。

⑤ 参见最高人民法院（2007）民一终字第10号民事判决书，载《最高人民法院公报》2007年第12期。

度，降低债权转让价格，甚至可能导致债权被当作不良资产处理，最终损害建筑工人的利益。[①] 综上所述，建工优先权“从属而不专属”，承认债权受让人享有建工优先权，既符合法律规定，又有利于保护承包人背后的建筑工人利益，推动行业良性健康发展。

（二）客体层面：建工优先权的标的物类型

1. 不宜折价、拍卖建筑物的类型化

上文已厘清判定“宜折价、拍卖”的四项构成要件：其一，案涉工程能够完成物权变动；其二，发包人（被告）是建设工程所有权人；其三，建设工程须是可流通物；其四，建设工程应是宜流通物。按此规则，梳理司法实务中常见的不宜折价、拍卖的建筑物类型如下。

（1）违章建筑。本文为简化判定将违章建筑界定为未取得或未按建设工程规划许可证规定建设的建筑物。关于违章建筑能否成为建工优先权标的物，少数支持的观点认为，在该建设工程被拆除之前，标的物和建工优先权都客观存在；[②] 多数是反对的观点，最高人民法院民事审判第一庭认为，因违章建筑无法完成流转，故不宜折价、拍卖。[③] 本文赞同多数观点，理由是：第一，违章建筑不满足第一个要件，违章建筑无法办理初始和转移登记，不符合物权变动的公示公信原则，受让人无法获得所有权，相关抵押及以物抵债合同均无效；第二，违章建筑不满足第四个要件，建设工程涉及公共安全，需严格遵循资质和质量要求。司法机关必须警惕违章建筑带来的安全事故风险，在手续未修正前，不应支持其任意流转，群众生命安全利益远高于承包人的债权保障利益。

（2）公益设施。民法典第 399 条第 3 项规定禁止抵押的财产包括“学校、幼儿园、医疗机构等为公益目的成立的非营利法人的教育设施、医疗

---

① 参见最高人民法院（2021）最高法民再 18 号民事判决书。

② 参见仲伟珩：《建设工程价款优先受偿权若干疑难问题分析》，载最高人民法院民事审判第一庭编：《民事审判指导与参考》总第 43 集，法律出版社 2011 年版，第 89 页。

③ 参见最高人民法院民一庭 2021 年第 21 次法官会议纪要。

卫生设施及其他公益设施”。公益设施不能作为建工优先权的标的物，理由是不满足“可流通”要件，其建设初衷是服务社会不特定多数人，而非追求经济价值，如果折价、拍卖则会导致社会基本医疗、教育服务供给缺位，直接影响群众的基本生活保障。换言之，此类建设工程注重为群众提供使用价值，而非处分价值。因此，民生项目、高速公路、市政工程、天然气管道、城市绿化公园、输水、供电设施等，同样因其特殊的公益性质，不适宜成为建工优先权的客体。

（3）具有特殊功能价值的建筑物。该类建设工程不属于流通物，例如，国防设施、国家机关办公用房、军事建筑，承载着国家利益，是国家发展和维护主权安全的客观基础，当然不可被折价、拍卖。

（4）购房业主共同所有的建筑物。例如，绿化工程、公共车位、消防设施、楼梯间、楼顶等。不同于装饰装修工程，共同所有工程的权利结构随着房屋销售的不同阶段而发生变化：在房屋预售前，共同所有工程所有权属于发包人；预售后，则转为小区业主和发包人共同所有；房屋售罄后，所有权则完全归属于全体业主。在预售阶段及该阶段以后进入诉讼，拍卖共同所有工程将侵害全体业主利益，故不宜折价、拍卖。但若在房屋预售前将整个工程项目整体打包处置，承包人在承建工程价款范围内可享有建工优先权。

2. 宜折价、拍卖建筑物的类型化

鉴于建设工程种类繁多、情况复杂，全面列举所有宜折价、拍卖的建筑物并不现实，本文重点探讨两个争议问题。

（1）高速公路收费权。高速公路不属于流通物，无法直接成为建工优先权的客体已是司法共识。① 但高速公路造价成本高昂，一旦发包人陷入债务困境，承包人将面临巨大的经济损失。对此，最高人民法院答复称，车辆通行收费权作为公路经营权的核心内容，在执行过程中可以通过转让收费权或直接从收费中提取款项的方式来实现，施工单位有权从提取的款

---

① 参见最高人民法院（2016）最高法民申1281号民事裁定书。

项中优先受偿。① 该规定的合理性源于法定担保物权的代位性特征，将车辆通行费用视为租金，从而作为担保物权的代位物。

（2）分部、分项工程。一种观点认为，分部、分项工程“无法独立存在且在分割后影响主建筑使用功能”；② 另一种观点认为，分部、分项工程在建筑物因分部、分项的增加价值范围内优先受偿③。本文的观点是，承包人完成分部、分项工程建设的，工程价款债权和建工优先权同时产生。最典型的案例是《最高人民法院公报》案例中某公司与某房地产公司建设工程施工合同纠纷案，承包人中某公司施工的是基坑支护、降水、土石方挖运工程，原审法院未支持优先权的诉请，但最高人民法院再审改判认为，享有建工优先权的工程不仅限于单独建筑物，分部、分项工程作为整体完工的前提，其完成的建筑材料和劳动力已物化到整个建筑物中，不可分割。④ 该案例直接论证了建工优先权发生从属性的特征，即工程建设不应被狭义地解释为“完成独立建筑物修建”，工程价款和建工优先权相伴而生，未完工工程、装饰装修工程、分部及分项工程、专业分包工程均可成为优先权的客体。另外，执行时应遵循“添附后的一体性规则”，整体处置建筑物，承包人可在对应价款范围内享有优先权，避免拆分所造成的不经济和价值破坏。

（三）行权层面：以物抵债协议的规则更新

1. 承包人就以物抵债协议提起诉讼的路径

竣工验收后，发包人与承包人达成以物抵债协议，约定将承包人修建的工程折价替代支付工程款。承包人可能采取两种诉讼请求方式：第一，要求发包人支付工程款并确认对工程享有建工优先权，承包人实际上是在新债（请求转移登记不动产）和旧债（支付工程款）并存的情况下，选择让发包

---

① 参见《最高人民法院关于公路建设单位对公路收费权是否享有建设工程价款优先受偿权以及建设工程价款优先权是否优于质权的请示的答复》。

② 参见最高人民法院（2019）最高法民申718号民事裁定书。

③ 参见最高人民法院（2019）最高法民申771号民事裁定书。

④ 参见最高人民法院（2021）最高法民再188号民事判决书，载《最高人民法院公报》2023年第3期。

人履行旧债，并同时主张建工优先权；第二，直接请求将工程转移登记至其名下，承包人选择让发包人履行新债。由于两种方式互斥，承包人须择一提起，采用第一种方式更为有利，因其既主张债权请求权，又涵盖优先权，且金钱的流通性通常大于固定资产，能够为承包人提供双重保障。

2. 以物抵债协议实现的法律效果

第一，构成建工优先权的行使。承包人与发包人在结算协议中约定以部分房屋折价支付工程价款的，该约定构成建工优先权的行使。该观点在人民法院案例库的参考案例海某建设公司诉丰某房地产开发公司建设工程施工合同纠纷案中得到印证：发包人丰某房地产开发公司与承包人海某建设公司达成协议，约定工程款和工程保证金都用于抵房，法院支持承包人享有建工优先权的理由就是以物抵债协议约定构成行使建工优先权。①

第二，优先权的行使时间提前。《建设工程施工合同解释》已大幅延长了优先受偿权的行使期限，仍需强调建工优先权行使时间的认定，以往建工优先权的行使时间多以起诉时间起算，很有可能导致行使时间已超过合理期限。若承包人和发包人达成了以物抵债协议，则应以达成协议之日作为建工优先权的起算时间，这会大大提高承包人在合理期限内主张建工优先权的概率。

3. 破产、执行异议之诉中的运用

承包人（案外人）能否基于以物抵债的约定提起不动产执行异议之诉，并据此主张排除强制执行？传统观点认为，如果以物抵债的权利人可以排除其他金钱债权的强制执行，则结果上赋予了以物抵债权利人优先顺位，违背了债的平等性要求。② 本文提出的更新观点是，基于优先性的特征，承包人依据以物抵债协议所享有的建工优先权，可以对抗抵押权、普通金钱债权，但无法对抗购房消费者的期待权。在（2020）最高法民再

---

① 参见山西省高级人民法院（2022）晋民再123号民事判决书。

② 参见陈祛华、司伟：《以物抵债受让人能否排除金钱债权强制执行》，载最高人民法院民事审判第一庭编：《民事审判指导与参考》总第78辑，人民法院出版社2019年版，第103页。

352 号执行异议之诉纠纷中，最高人民法院提审改判认为，承包人通过冲抵工程款的方式购买案涉房屋，实质上是通过协商折价抵偿的方式实现其在该项目房屋上享有的建工优先权。因此，承包人的工程款债权优先于申请执行人的普通债权得到受偿，并有权排除强制执行。① 同理，破产程序中承包人亦可优先受偿。

五、结语：理论赋能建设工程审判

习近平总书记指出，“加强对民事法律制度的理论研究，尽快构建体现我国社会主义性质，具有鲜明中国特色、实践特色、时代特色的民法理论体系和话语体系，为有效实施民法典、发展我国民事法律制度提供理论支撑”②。建工优先权是合同法保障农民工利益的时代产物，而在民法典框架下，将其定性为法定担保物权既能体现“优先+担保”的复合结构，亦可阐明四项基本特征：法定性、从属性、优先性和代位性。鉴于法定性，建工优先权的权利主体应严格限定于承包人，从属性意味着建工优先权随着主债权一并转让，代位性则解释了实际施工人可代位行使建工优先权。实现折价、拍卖的本质在于工程所有权的合法变动，故违章建筑、公益设施等不能作为建工优先权的客体。承包人签订以物抵债协议可认定为行使建工优先权，因其优先性可排除抵押权、普通金钱债权的强制执行。

（本文仅代表作者个人观点）

---

① 参见最高人民法院（2020）最高法民再 352 号民事判决书。

② 习近平：《充分认识颁布实施民法典重大意义依法更好保障人民合法权益》，载《求知》2020 年第 7 期。

【法学专论】

公平原则下情势变更制度的法理回溯与规范完善

龙翼飞* 陈佳举**

一、引言

情势变更制度不是对合同自由原则的“背叛”，而是对传统民法“契约必须严守”的补充，允许例外情形下对当事人意思自治的修正。① 近二十年来，“非典”、金融危机、新冠疫情等重大情势的出现致使合同难以履行，情势变更制度已成为重新平衡风险的重要手段。民法典第533条对情势变更制度进行了修正，不再严格区分不可抗力与情势变更，并引入了“再协商”规则，试图重新焕发这一制度的生机。《最高人民法院关于适用〈中华人民共和国民法典〉合同编通则若干问题的解释》

---

* 中国人民大学法学院教授，博士生导师。

** 中国人民大学法学院博士研究生。

① 参见王利明：《情事变更制度若干问题探讨——兼评〈民法典合同编（草案）〉（二审稿）第323条》，载《法商研究》2019年第3期。

(以下简称《民法典合同编通则解释》)第32条对其进一步予以细化，明确了因“政策调整”或者“市场供求关系等原因”致使的“商业风险的涨跌”属于“重大变化”，限缩了法院解除合同的裁量权，否认了当事人事先排除情势变更约定的效力。应当肯定，民法典和《民法典合同编通则解释》相关规定具有重要的进步意义，但其仍存在进一步雕琢和完善的空间，如法院裁判变更与解除合同的适用顺序①、“再协商”的法律性质②、情势变更的法律后果③等，现行立法和司法解释并没有予以明确，理论上仍存在激烈的争论，实践中亦存在不同的裁判标准。

公平原则是贯穿情势变更制度的根本原则，民法典第533条和《民法典合同编通则解释》第32条均将“继续履行合同对于当事人一方明显不公平的”作为情势变更的构成要件，并明确将公平原则确立为人民法院或仲裁机构变更或解除合同的依据。然而，在有关情势变更制度的研究文献中，不乏意思自治原则、诚信原则的身影，④ 但鲜有学者从公平原则视角对情势变更制度进行解读分析。这一做法忽略了公平原则的功能与价值，更有学者直言公平原则已经淹没于内涵和功能不断扩大的诚信原则中。⑤通过对既有学术文献和民法典实施后近三年司法裁判的梳理发现，在情势

---

① 参见刘善华：《日本和德国法上的再交涉义务及对我国合同法的启示》，载《山东大学学报（哲学社会科学版）》2013年第6期；［德］卡斯腾·海尔斯特尔、许德风：《情势变更原则研究》，载《中外法学》2004年第4期。

② 参见王洪、张伟：《论比较法研究域下的情势变更规则及其适用》，载《东南学术》2013年第3期；韩强：《情势变更原则的类型化研究》，载《法学研究》2010年第4期。

③ 参见尚连杰：《风险分配视角下情势变更法效果的重塑——对〈民法典〉第533条的解读》，载《法制与社会发展》2021年第1期。

④ 有关意思自治原则的探讨多体现在当事人事先约定的合意，参见韩富鹏：《合意漏洞填补视角下情势变更制度重塑》，载《清华法学》2024年第5期。而有关诚信原则的探讨则多体现在“再协商”开启的诚实磋商以及不诚实导致的损害赔偿，参见谷昔伟：《情势变更中重新协商的前置适用》，载《人民司法（应用）》2020年第10期。

⑤ 参见赵万一：《民法公平原则的伦理分析》，载《重庆社会科学》2004年第2期。

变更制度的构成要件和法律适用上，理论研究存在重大分歧，法院亦存在不同的裁判标准。对此，应对公平原则的内涵和价值进行溯源，并在此基础上对情势变更制度重新进行体系化思考。在行文思路上，本文首先对司法实践和理论研究中的争议焦点进行梳理，找出存在的问题；其次，在公平原则下对情势变更制度的起源、法律定位及法律适用进行分析，明确未来立法修订和完善的路径；最后，围绕情势变更制度存在的现实问题，分别从尊重当事人意思自治、建构“再协商”制度规则和完善情势变更责任规范三个层面出发，提出具体的完善建议。

二、理论和实践下的双重困境

法律具有本土化特征，法治的发展不能脱离本国的法治经验累积。① 当下，我国有关情势变更制度的理论研究成果丰硕，但缺乏对本土司法实践的关注。诚如约瑟夫·埃塞尔所言，“司法裁判是有创意的活动，其亦参与逐步自我实现的法秩序之发展及续造”②。法院在司法裁判中的每次解释都是一种成文法与未成文法的结合，借此才能创造出真正实证的规范。对司法裁判进行实证研究，有助于将司法机关对法律规范的认识和理解公开化，这种公开化有助于加深对法律规范的理解，明确行为规范的尺度，并有利于揭示法律的缺漏。③ 本文以民法典生效后近三年的裁判文书，即2020年1月1日至2023年8月1日共计136份为样本，④ 并结合我国学术理论，对情势变更制度在当下理论研究与司法实践中存在的问题和分歧进

---

① 参见王利明：《法律的本土化与国际化》，载民商法律网，https://www.civillaw.com.cn/bo/t/?id=29964，2024年8月18日访问。

② [德] 卡尔·拉伦茨：《法学方法论》，陈爱娥译，商务印书馆2003年版，第18-19页。

③ 参见张卫平：《重估司法裁判的价值》，载《司法改革论评》2013年第1期。

④ 本文利用威科先行数据库以“情势变更”加“民法典第533条”为关键词，时间限定为2020年1月1日至2023年8月1日，文书类型限定为裁判文书，获取一审和二审案例共计136份，并从情势变更与契约自由、重大情势认定标准、履行艰难考量指标、情势变更适用时间、重大情势可归责性、“再协商”法律性质及法律后果七个方面对情势变更制度的司法实践予以综合考察。

行梳理，试图揭示其面临的现实困境。

（一）情势变更与契约自由冲突

1. 理论与司法解释的不一致

契约自由是近代民法的一项基本原则，包括缔约的自由、对象选择的自由、内容的自由以及订立方式的自由。① 情势变更制度作为重大情势出现后对当事人意思的重新调整，一定程度上与契约自由产生了冲突。对此，有关当事人可否在订立契约时通过事先约定排除情势变更制度的适用成为争议的焦点。

理论上，诸多学者肯定了当事人事先约定排除情势变更条款适用的正当性，主要理由包括以下两方面：一是对意思自治优先的遵循，即缔约双方的自由意志才是合同的灵魂所在，故情势变更规则对合同关系的干预不能与缔约双方的自由协定相违背。② 二是法定风险分配规则的优先。情势变更制度是对未预料到的风险的再分配，对于此部分超出当事人预设的风险，在当事人不能达成合意时应由法律进行调整再分配。然而，《民法典合同编通则解释》第 32 条第 4 款规定，“当事人事先约定排除民法典第五百三十三条适用的，人民法院应当认定该约定无效”，由此引发了司法解释与既往学术理论的冲突。在理解上，《民法典合同编通则解释》第 32 条第 4 款存在两种解读：第一，当事人事先概括性约定排除情势变更制度即民法典第 533 条适用的约定无效，但允许当事人对具体风险进行特别约定。③ 这在性质上属于对当事人意思自治的限制，可以防范风险配置的失衡。第二，当事人不能事先排除情势变更的适用，即无论是概括式还是具

① 参见张民安：《法国民法中意思自治原则的新发展》，载《法治研究》2021 年第 4 期。

② 参见王洪、张伟：《情势变更规则适用要件的探究——以法释〔2009〕5 号第 26 条为中心的解释论》，载《云南民族大学学报（哲学社会科学版）》2014 年第 1 期。

③ 参见王利明、朱虎：《〈民法典〉合同编通则司法解释的亮点与创新》，载《法学家》2024 年第 1 期。

体列举式排除都不发生效力，即采取严格的家长主义立场，① 禁止风险的转嫁。这两种解读的本质仍在于协调契约自由与情势变更间的关系，前者坚持契约自由优先，后者主张法定风险分配优位，应采纳何种观点仍需进一步分析。

2. 司法实践中的个案衡量

在本文所整理的案件中，部分法院认可当事人事先对情势变更风险约定的效力，具体表现为以下几种情形：第一，固定商品销售或买卖的价格。有法院认为，采用这种方式对于买家来说，其目的在于锁定商品的价格，避免市场价格急剧上涨，而对于卖家而言，其目的则在于保障一定期限内的销量，以便于其向上游的生产商或其他经销商提前预订一个供货量，从而获得数量可观的“差价”盈利，因而采用固定价格应当视为双方都要承担从缔约到交货期间市场价格变动的风险，不构成情势变更。② 第二，固定承包合同总价。在此类案件中，有法院认为，当事人事先约定采用固定总价的模式，属于对利益和风险的事先约定，而情势变更制度的适用通常发生在未对意外风险特别约定的情形下，因而该类案件中的事先约定排除了民法典第 533 条的适用，故不构成情势变更。③ 第三，对履行费用或特别事由的专门约定。有法院在审理中认为，政府发布的政策规定构成情势变更，但由于当事人事先对特别事项有约定，因而产生的费用应当

① 法律家长主义是指法律为了更好地实现法律主体的合法权益而对法律主体或者其他个体的权利和自由进行限制的法律理念。法律家长主义的理论基础在于：在特定法律关系中作为有限理性的法律主体并不能对什么是自己需要的作出正确判断，即使法律主体在事实认知和自主意志上没有缺陷，但是受到客观因素的制约也无法完全保证其所接受外界信息的完整与准确及在此基础上意思表达的真实合理。这种观念进一步延伸的结论是：允许国家根据社会整体利益和公众的长远福利通过法律对个体权利进行干涉和限制。参见袁家熙：《法律主体理论的现代转向——有限理性视角下的法律家长主义》，载《吉林师范大学学报（人文社会科学版）》2012 年第 1 期。

② 参见浙江省绍兴市中级人民法院（2022）浙 06 民终 2083 号民事判决书。

③ 参见新疆维吾尔自治区高级人民法院（2023）新民申 1297 号民事裁定书。

按照事先约定而非依据情势变更进行调整。[①] 然而，并非所有的事先约定都会获得认可，仍需在公平原则下进行个案分析。在法院审理的一起土地租赁纠纷中，双方当事人在签订合同时，约定租金为每年每亩170元，并规定如遇国家政策出现重大调整时以国家政策为准。这表明双方在签订合同时，已经对重大情势作了专门约定。虽然近年来国家针对土地出台了一系列政策，但其中农业税减免和增加的农业支持补贴都由原告享受，原告作为主张情势变更的一方却并没有遭受损失，故而不宜按照事先约定调整土地租赁价格。[②] 因而，法院在司法实践中并非绝对承认当事人意思自治的效力，仍需在个案中进行考量，尤其是在公平原则下实质性地考量重大情势导致的风险负担，原则上承认当事人事先风险分配约定的效力，例外情形下不予支持。

（二）“再协商”法律性质不清

1. 理论研究上的观点纷呈

民法典将“再协商”写入第533条，顺应了国际立法的潮流、响应了国内理论研究多年的呼吁。然而，关于“再协商”的性质，我国理论界存在不同的声音，主要有权利说、附随义务说、法定义务说和不真正义务说四种理论。权利说可以进一步细分为形成权说和请求权说等不同观点。支持形成权说的学者主张借鉴《国际商事合同通则》第6.2.3条的规定，明确“再协商”的权利属性，将其界定为形成权，即当情势发生变更时，双方当事人均享有再交涉的权利，任何一方都可以行使，对方当事人必须履行义务。[③] 请求权说则认为，当情势发生变更后，仅处于不利地位的当事人一方享有请求对方当事人重新协商的权利。[④] 附随义务说则认为，再交涉义务是基于诚信原则派生出来的，为保证给付与对待给付之间的均衡所

---

① 参见福建省武平县人民法院（2021）闽0824民初312号民事判决书。

② 参见江苏省南京市浦口区人民法院（2020）苏0111民初4251号民事判决书。

③ 参见张素华、宁园：《论情势变更原则中的再交涉权利》，载《清华法学》2019年第3期。

④ 参见朱广新：《合同法总则研究》，中国人民大学出版社2018年版，第472页。

产生的附随义务，违反这一义务需要进一步承担一定的损害赔偿责任。① 法定义务说的提出主要是在民法典颁布以后，“再协商”被写入法典而使其地位从诚信原则、公平原则下的衍生义务转变为法律明确规定的法定义务。② 不真正义务说则是从违反“再协商”义务后果的角度出发将其与一般义务进行的区分，对于违反“再协商”义务的法律后果，我国学者认为并不当然承担损害赔偿责任，如果要承担这一责任，那么承担责任的基础究竟是违约责任还是缔约过失责任也很难界定，故将其定性为不真正义务，让违反该义务的当事人承担因此而产生的后果，主要表现为法院对合同的调整。③ 与此同时，近年来，理论界对于“再协商”也有了新的认识，鉴于再交涉的前提不一定充足、义务内容的不确定性、违反再交涉的法律效果不合理等方面的原因，有学者认为，再交涉是一个并无法律意义的构造，只是法律的一种倡导。④ 面对理论上的观点纷呈，《民法典合同编通则解释》并未就“再协商”的性质进行正本清源，留下了进一步讨论的空间，但这一做法给予了法院较大的自由裁量权，并且未能充分发挥“再协商”制度的功能和价值。

2. 司法实践中的认定不一

在所整理的案例中，不少法院并没有就“再协商”的法律性质进行释明，而仅是将“再协商”作为变更或解除合同的程序要件，没有经过“再协商”，无法适用情势变更制度。在具体的认定条件上，有法院认为，一方当事人的单方解除通知并不发生效力，需要双方实际开展协商。如双方当事人事先未就合同进行协商或变更，仅仅是由原告单方发出解除通知，

---

① 参见时明涛：《情事变更视域下再协商义务的理论构建》，载《西部法学评论》2020年第2期。

② 参见王利明：《情事变更制度若干问题探讨——兼评〈民法典合同编（草案）〉（二审稿）第323条》，载《法商研究》2019年第3期。

③ 参见杨宏晖：《论情事变更原则下重新协商义务之建构》，载我国台湾地区《台北大学法学论丛》2016年第97期。

④ 参见孙文：《情势变更下再交涉之解构》，载《法治社会》2020年第2期。

并不属于“再协商”，不符合情势变更适用的要求。① 同样的情形也发生在因“双减”政策引发的退租潮中，有法院认定，虽然案涉合同因“双减”政策的出台而目的不达，构成情势变更，但原告的单方通知解除行为并不符合法律规定，不能达到解除合同目的。② 但也有法院认定“再协商”后当事人即享有单方通知解除权，法院认为案涉合同因“双减”政策符合情势变更适用要求，当事人在无法协商一致的情形下就形成合同解除权，为单方法律行为，自通知到达对方时发生效力。③ 综合来看，法院往往绕开对“再协商”法律属性的认定，即其究竟是一项权利还是一项义务，抑或一项法律倡导，而是将其作为适用情势变更制度的程序要件，并在司法实践中对“再协商”提出了实质性的磋商要求，这一做法可能会提高情势变更制度适用的门槛。

（三）情势变更法律责任缺位

1. 理论研究上的争论不休

民法典对情势变更的法律后果并没有予以明确，保留了较为广阔的探讨空间。首先，我国有学者对情势变更制度与不可抗力制度进行了区分，认为不可抗力是合同不能履行的免责事由，其功能在于免除或减轻当事人的责任。与之相对，情势变更制度主要解决当事人权益得失的公平，言外之意，情势变更制度并不能成为免责事由。④ 对此，我国也有学者主张，情势变更制度本是一项调节意外风险的制度，在此种情形下，双方利益严重失衡，如果要求一方继续履行明显不公，因而应否认情势变更下受不利益一方的违约责任。⑤ 其次，在情势变更发生时，受不利益一方能否主张

---

① 参见浙江省绍兴市中级人民法院（2022）浙06民终3253号民事判决书。

② 参见江苏省常熟市人民法院（2022）苏0581民初2022号民事判决书。

③ 参见江苏省常州市钟楼区人民法院（2021）苏0404民初6209号民事判决书。

④ 参见王轶：《新冠肺炎疫情、不可抗力与情势变更》，载《法学》2020年第3期。

⑤ 参见崔建远：《合同法》（第3版），北京大学出版社2016年版，第126页；丁宇翔：《疫情不可抗力的司法认定及与情势变更的衔接》，载《人民司法（应用）》2020年第10期。

中止履行抗辩，我国也存在两种不同的观点。支持者认为，受情势变更不利益影响的一方应当享有中止履行抗辩权，这与我国司法实务中不支持当事人违约主张的做法存在一致性。[1] 反对的观点则主张，重新协商程序本身并不能自然产生合同义务中止履行的效力，受不利益影响的当事人在此阶段难谓有中止履行抗辩权。[2] 最后，在当事人一方要求变更合同而另一方要求解除合同，法院依据公平原则作出裁判时，究竟应秉持何种立场，理论界亦存有争议。有学者认为，在当事人协商不成时，由法院根据具体案情并援引公平原则来分担风险更具效率，符合法经济学的要求。[3] 还有学者对变更和解除的效力进行了划分，认为情势变更制度的适用是排除已经成立的法律关系上的不公平结果，原则上应在维持原有法律关系的前提下，仅就不公平之点予以变更，称之为第一次的效力。依上述办法尚不足以排除不公平结果时，才可进一步采取使其法律关系终止或消灭的办法，称之为第二次的效力。与之相对，有学者指出，民法总则已经删除变更权，情势变更制度下的变更权也存在违背当事人意思自治的弊端。[4] 还有学者对法院的自由裁量权提出担忧，认为如果是变更，就可以看作对合同的直接干预，法院在采用此种方式时应尽可能采用补充解释路径，即先从双方约定的条文出发作解释补充，有据可循，而不是直接援引公平原则。[5] 《民法典合同编通则解释》第32条未能就情势变更的责任后果予以明确，在合同变更或解除的顺位上，也仅仅是明确法院在当事人没有提出解除合同请求时不得解除合同，而在一方当事人请求解除合同而另一方当事人请

---

① 参见韩世远：《情事变更原则研究——以大陆法为主的比较考察及对我国理论构成的尝试》，载《中外法学》2000年第4期。

② 参见周恒宇：《关于〈民法典〉情势变更制度的若干重要问题》，载《中国应用法学》2022年第6期。

③ 参见宋春雨：《情势变更制度中的再交涉义务研究——以法经济学为分析视角》，载《新疆大学学报（哲学社会科学版）》2023年第1期。

④ 参见李宇：《民法典分则草案修改建议》，载《法治研究》2019年第4期。

⑤ 参见尚连杰：《风险分配视角下情事变更法效果的重塑——对〈民法典〉第533条的解读》，载《法制与社会发展》2021年第1期。

求变更合同时，法院仍需根据公平原则作出综合判断，给法院保留了一定的自由裁量权。

2. 司法实践中的合同解除和损失分担优位

在笔者所整理的136份裁判文书中，法官认定构成情势变更的案件共计40份，其中仅有14份判定变更合同，而余下的26份则判定解除合同。从所审理案件的说理来看，法院在判决变更抑或解除合同时，通常会考量两个因素：一是合同能否继续履行；二是当事人的意愿。在第一个因素上，当出现合同目的不能实现的情形时，法院多判决解除合同，如在“双减”政策颁布出台后，大量教育培训机构无法开展主营业务从而引发退租潮，法院多认定“双减”政策构成情势变更，在此情形下继续履行合同无法实现房屋租赁目的，多支持解除合同请求。① 在第二个因素上，当事人的意愿成为重要的考量因素。在此方面，受益一方通常具有继续履行合同的意愿，因而关注的重点往往在于受不利益一方。若受不利益一方具有继续履行的意愿，法院通常会考量变更合同重新平衡。② 然而，当受不利益一方无继续履行的意愿时，法院的裁判并非总是一致的，需要在个案中实质性地考量风险负担的分配。例如，在保险合同纠纷中，有的法院倾向于变更合同，维持保险合同效力，③ 从而平衡保险公司与被保险人的利益。而在劳务承揽合同关系中，有的法院认定重大情势发生后的合同继续履行明显不公平，支持解除合同。④

有关情势变更的法律后果，讨论的焦点在于当事人是否需要承担相应的违约责任。从笔者所整理的裁判案例来看，主要存在两种立场：一是肯

① 参见辽宁省沈阳市中级人民法院（2023）辽01民终2801号民事判决书、北京知识产权法院（2022）京73民终4494号民事判决书、湖南省长沙市开福区人民法院（2022）湘0105民初13893号民事判决书、江苏省常熟市人民法院（2022）苏0581民初13729号民事判决书。

② 参见山东省寿光市人民法院（2023）鲁0783民初1984号民事判决书。

③ 参见辽宁省盘锦市兴隆台区人民法院（2022）辽1103民初668号民事判决书。

④ 参见广西壮族自治区横州市人民法院（原广西壮族自治区横县人民法院）（2022）桂0181民初3120号民事判决书。

定情势变更下的违约责任承担；二是采用情势变更下的损失分担。在裁判数量上，采用第二种立场的裁判案例居多。坚持第一种立场的裁判案例，如在“双减”政策下，法院认为本案因国家发布的政策致使合同目的不能实现，故合同不能履行的责任不能完全归咎于被告，应当减轻其违约责任。① 采用第二种立场，即由双方分担损失的做法更为普遍，例如，因“双减”政策导致的情势变更，法院认为被告解除租赁合同不构成违约，不应承担违约责任。但与此同时，考虑到合同解除后产生的损失，应由被告对此部分损失予以合理分担，酌定由被告多支付一个月的租金。②

三、公平原则下情势变更制度的解构

民法基本原则是民法的主旨和基本准则，在法律规定不明确时，基本原则可以用于解释和指引。③ 情势变更制度在理论与实践上的分歧根源于立法规定的不明确，对此可以在公平原则下进一步完善。公平原则是进步和正义的道德观在法律上的体现，其对弥补法律规定的不足和在交易领域保证意思自治原则的实现，都具有重要意义。④ 实际上，情势变更制度发端于公平原则，是公平原则中矫正公平的具化。对公平原则的发展脉络进行梳理，有助于从本质上理解情势变更制度的深层机理，并与意思自治原则、诚信原则相协调发挥合力，最终促进立法设计的完善。

（一）公平原则与情势变更制度的发展缘由

在相当长的时期内，公正、正义和公平作为同义词替换，三者之间是一种替代、混用的状态，并没有进行严格区分，公平由此登上了价值序列

---

① 参见湖北省武汉市中级人民法院（2022）鄂01民终8446号民事判决书。

② 参见辽宁省沈阳市和平区人民法院（2022）辽0102民初3375号民事判决书。

③ 参见王利明、杨立新、王轶等：《民法学》（第6版），法律出版社2020年版，第35页。

④ 参见王轶：《论民法诸项基本原则和关系》，载《杭州师范大学学报（社会科学版）》2013年第3期。

的王座。[1] 作为古希腊思想的集大成者，亚里士多德对公平进行了系统性的阐述，将公平分为普遍的公平和特殊的公平。公平成为一种中间物，犹如法官是诉讼双方的居间者一样，它的所作所为是为了重建平等。[2] 此后，有关公平的哲学思辨灿若星辰，公平和正义整体上仍作为一体使用，但也出现了区分的趋势，例如，中世纪的阿奎那基本继承了亚里士多德的主张，将正义分为分配正义与矫正正义，公平原则是矫正正义的体现。[3] 罗尔斯在其著作《作为公平的正义：正义新论》中明确区分了公正、正义与公平，前者更关注结果，侧重于价值层面的正当性，后者则带有明显的工具性倾向，强调对待人或事要把握同一尺度、一视同仁。在外延上，正义、公正除了以公平作为核心内涵外，还包括自由、效率等。[4]

在实证法上，公平原则的内涵引发过理论上的激烈争论，但随着我国立法修订，其内涵得到明确并演化出多项制度，情势变更制度便是其中一项。在我国立法早期，对公平存在不同的看法，有学者认为，公平是基本法和一切部门法的指导思想，不宜将公平视作民法的基本原则，而应当通过平等原则和意思自治原则等基本原则加以表现。[5] 还有学者认为，公平是社会主体对民法最直接、最质朴的要求，应成为民法的最高原则，并指导和统率其他民法原则。[6] 这些观点实际上仍是将公平等同于正义，将其作为法律追求的最高价值。然而，民法学界的通说则强调公平与正义的区分，如有学者指出，公平原则是法律确立的以公平理念确定民事主体的民

---

① 参见［美］乔治·霍兰·萨拜因：《政治学说史》，盛葵阳等译，商务印书馆 1986 年版，第 22 页。

② 参见关淑芳：《论公平原则》，载《杭州师范大学学报（社会科学版）》2013 年第 3 期。

③ St. Thomas Aquinas, *Summa Theologica*, Cambridge University Press, 2006, pp. 73–75.

④ 参见石佳友、王焓：《产权保护法治框架中的公平原则》，载《苏州大学学报（法学版）》2022 年第 3 期。

⑤ 参见尹田：《论民法基本原则之立法表达》，载《河南省政法管理干部学院学报》2008 年第 1 期。

⑥ 参见赵万一：《民法公平原则的伦理分析》，载《重庆社会科学》2004 年第 2 期。

事权利、民事义务乃至民事责任的基本原则，① 从而主张公平原则为我国民法的一项基本原则。随着我国立法的完善，公平原则的内涵得到了明确，民法典第6条规定，“民事主体从事民事活动，应当遵循公平原则，合理确定各方的权利和义务”。这一原则反映在民法典多个条款中，如在法律行为中，对于欺诈、胁迫、乘人之危导致显失公平等情形，赋予一方享有撤销该行为的权利；在代理中，禁止自己代理、双方代理；在公平责任中，对见义勇为者进行公平补偿等。这些制度都旨在维护公平的价值诉求。此外，民法典第533条情势变更制度的设立，实质上也是公平原则具化的结果。情势变更制度是特定情形下对当事人通过合同确立的权利义务的再调整，这一行为的正当性源于法律的公平价值。如果按照公平原则适用的领域将其划分为交换公平、归属公平、矫正公平和分配公平，② 情势变更制度在公平价值内涵上应当属于矫正公平的化身，是对当事人权利义务的再次调整，发挥着衡平民事主体权利义务的重要作用。

（二）公平原则在情势变更制度中的法律定位

法律制度中蕴含着多元的价值追求，从民法典规定来看，我国至少确立了八项民法基本原则。在适用情势变更制度的过程中，难免存在法律原则间的碰撞，其中最为明显的就是公平原则与意思自治原则和诚信原则之间的冲突。对此，需要进一步对基本原则间的冲突进行协调，以确定法律规则的适用，明确情势变更制度的定位。

1. 公平原则与意思自治原则协调下的情势变更制度

在理论上，公平原则下的情势变更制度是在重大情势出现后，对民事主体原先通过合同约定的权利义务的重新调整，因此被视作合同严守原则的例外。在德国语境下，情势变更的适用具有补充性，是合同救济的最后选择。③ 上述表述暗示在适用情势变更制度时应遵循当事人意思自治的优

---

① 参见韩世远：《合同法总论》（第4版），法律出版社2019年版，第51页。

② 参见易军：《民法公平原则理论之检讨与反思》，载《浙江社会科学》2012年第10期。

③ 参见［德］卡斯腾·海尔斯特尔、许德风：《情势变更原则研究》，载《中外法学》2004年第4期。

先原则，尊重当事人事先约定。我国现行立法并没有对此予以明确，理论和实践中仍存有争议，这一争议的背后就是如何协调我国公平原则与意思自治原则间的关系。

结合理论和司法实践，情势变更制度中公平原则和意思自治原则冲突的焦点聚集于两个方面。第一，当事人事先对情势变更出现时责任分配的约定是否有效。这实际上就是探讨意思自治能否排除公平原则的适用。在此方面，考虑到公平原则是对意思自治的补充，原则上应先承认双方事先合意的效力，但也要对意思自治的范围进行限制，即双方应对重大情势作出“明确”约定，如战争、限购政策、恶劣天气因素等。反之，如果仅仅概括性地排除情势变更制度的适用，则不应一概承认约定的效力，防范公平原则被架空。第二，法院应优先解除合同还是优先变更合同。这一问题也涉及对当事人意思自治的保护。鉴于情势变更的补充性特征，应优先承认当事人的合意，维护合同关系而非解除或终止合同关系，在顺序上遵循当事人协商优先，法院裁判兜底。在此处需要强调的是，当法院决定适用公平原则对合同进行变更时，也应从当事人的合意出发，考量双方是否具有继续履行合同的意愿等，从而协调公平原则和意思自治原则间的冲突。

2. 公平原则和诚信原则协调下的情势变更制度

关于情势变更制度的指导原则曾有过争论。有学者认为，诚信原则才是情势变更制度的指导原则，因诚信乃法律道德化之表征，为法律之最高指导原则，情势变更应以诚信衡平说较为适宜。[①] 反对的学者则指出，域外将诚信原则作为最高的法律原则，是因其并没有承认公平原则，而是将有关公平的规则全部纳入诚信原则之下。鉴于我国立法明确规定了公平原则，因而应正本清源，使情势变更回归于公平原则之下。[②] 本文赞同第二种观点，应考虑我国国情，不宜直接照搬西方的理论经验。在我国语境下，应当对两项基本原则进行协调。近年来，由于诚信原则的内涵和功能

---

① 参见梁慧星：《中国民法经济法诸问题》，中国法制出版社 1999 年版，第 170 页。

② 参见杨秋林、马士鹏：《对“情势变更原则”的检讨》，载《理论探索》2008 年第 1 期。

无限扩大，有关当事人之间以及当事人与社会之间的利益平衡规范都被纳入其中，这使得公平原则似乎成为其下位概念，这一点必须予以纠正。在内容上，民法典将公平原则的内涵界定为“合理确定各方权利义务”，实际上是将衡平的重任交给了公平原则，因此应肯定公平原则是情势变更制度的最核心原则。相比之下，诚信原则的内涵则较为模糊，因而宜将其限缩为以诚信的方式履行义务、恪守承诺，从而与公平原则相区分。

具体到情势变更制度上，虽然本文认为公平原则是情势变更制度的最核心指导原则，但这并不意味着诚信原则无适用的余地。情势变更制度是合同在履行中遭受不可预见风险时的一种救济手段，是合同履行中的特殊规则，而诚信原则是合同中的“帝王原则”，贯穿于合同全过程，在合同履行场景中当然也发挥着重要的作用，自然可以适用于情势变更制度。因而，正确处理两个原则之间的方式，应是协调二者在情势变更制度中的具体应用。在违反“再协商”的责任承担上，现行立法并没有明确，理论上还存在违约责任和缔约过失责任之争。本文认为，应在公平原则下对“再协商”制度重新进行建构。鉴于“再协商”仅要求双方合理磋商而非以达成一致为目标，“再协商”过程中双方应秉持诚信履行义务而不得恶意侵害他人，在性质上应当认为是对诚信原则的遵循，如有违反则应当承担相应的缔约过失责任。① 由此，促进公平原则和诚信原则的良性互动。

（三）公平原则下情势变更制度的正确适用

情势变更制度是矫正公平的具象，可以从利益保护的视角对其进行解构：一是民事主体从事民事活动时应当维持当事人间的利益均衡；二是立法者和裁判者在民事立法和司法的过程中应维系民事主体间的多方利益。②

---

① 参见江必新、夏道虎主编：《中华人民共和国民法典重点条文实务详解》，人民法院出版社2020年版，第278页。

② 参见王轶：《论民法诸项基本原则及其关系》，载《杭州师范大学学报（社会科学版）》2013年第3期；关淑芳：《论公平原则》，载《杭州师范大学学报（社会科学版）》2013年第3期。

1. 民事主体应合理配置双方权利义务

公平原则第一层含义要求民事主体在从事民事活动的过程中，应当遵循公平正义，合理配置双方的权利义务，不得不当侵害他人利益。在现实生活中，虽然平等原则赋予了民事主体在法律主体资格上的形式平等，但在实际的缔约过程中，由于财产、地位、能力等多方面因素的原因，当事人之间的地位并不平等。具有优势地位的大企业、互联网巨头往往借助格式条款获取弱势相对人的“形式”同意。对于这种情形，公平原则成为矫正双方地位，保障合同正义的重要工具。一方民事主体滥用其优势地位在合同中不合理地配置双方权利义务，如减轻自己责任、加重相对方义务或排除其主要权利的，相应的格式条款会因为违反公平原则的要求而无效。这些制度都是公平原则对合同双方初次开展权利义务配置时的要求，在性质上具有补充性，是对当事人意思自治的后置保护。

然而，除了双方主体在订立合同时的初次配置，在履行合同的过程中，也存在二次权利义务配置的可能，尤其是在情势变更制度适用的场景，此时仍应当发挥公平原则合理调整民事主体间权利义务的作用。合同严守是现代合同法的基本原则，合同成立并生效后，双方应当按照合同规定履行。然而，当履行过程中出现了订立合同时不可预见的、非商业风险的重大情形，继续履行对于一方来说是明显不公平时，应采取什么样的立场，这是首先需要回答的。如果遵循合同严守要求继续履行，实际上就是要求遭受不利益的一方承受全部风险。这一做法的正当性被质疑。但如果要求直接解除合同，受不利益一方可能因此止损，但这也可能导致相对方利益的损失，承担其不应承受之重。因此，更为适宜的方式应是从公平原则出发，对民事主体的权利义务进行二次配置，合理分担风险。在此过程中，遵循当事人的意思自治是最优解，因公平原则下的利益再次配置是对当事人意思自治的补充，在当事人达不成一致时再进行干预。因而，应充分保障和发挥民法典第 533 条中“再协商”制度的作用。并且，若另一方在“再协商”过程中出现恶意磋商等消极懈怠行为，这实际上也是对公平原则下双方应合理再次配置权利义务的违反，应要求行为人承担相应的责任。

2. 立法者和裁判者应合理矫正权利义务失衡

公平原则第二层含义主要适用的场景不再局限于民事主体的一般民事活动，而是发生于立法和司法活动中，此时有关公平原则的立法设计和司法裁判就代表了法律的价值取向，具有决定性意义。公平原则在立法和司法中的典型应用，如公平责任作为我国特殊的一种责任承担方式，最初规定在民法通则第132条，其本意在于就双方无过错时的损害进行分担，避免由任何一方独自承担全部风险。然而，立法上的美好愿景并没有完全得到实现，司法实践中存在滥用公平责任的情形。① 为此，民法典第1186条进行了修正，对公平责任的适用进行了目的性限缩，将“可以根据实际情况”修正为“依照法律的规定”，从而保障公平的实现。因此，为充分发挥公平原则的价值，还需要立法和司法的协调一致。

在立法和司法层面讨论情势变更制度的实施，有三个方面是需要特别关注的。一是情势变更适用的补充性。诚如前述，情势变更是对当事人意思表示的补充，原则上应当遵循合同严守，不宜轻易介入干预当事人合意。因此，在情势变更制度的适用要件上必须从严。二是为“再协商”提供法律保障。当重大情势发生后，最优的衡平方式是由当事人重新协商一致，由其作为自身利益的裁判者最具合理性。然而，作为未遭受不利益的相对方往往缺乏动力，并常常抱有获利之心，此时就需要立法者进行制度设计，以法律之力推动协商的开展。三是法院裁量权的考量。民法典第533条将变更或解除合同的裁量权交由法院行使，从立法表述上看，二者之间并不存在适用上的先后顺序，法院在遇到仍具有可履行利益的合同时，究竟应优先解除合同还是变更合同继续履行，缺乏具体的裁判规则。公平原则是对当事人权利义务关系的矫正，其内含的逻辑前提即是维系当事人之间的法律关系，这一点从前述的格式条款中可以发现，公平原则下

① 参见王泽鉴：《民法学说与判例研究》（第6册），北京大学出版社2009年版，第229页。

的矫正并不以消灭全部法律关系为目的，仅是对严重失衡的条款效力进行排除。因而，在合同仍具有履行利益时，法院应优先变更合同，依据公平原则重新配置双方权利义务。

四、完善情势变更制度的规范设计

面对情势变更遭遇的理论和实践上的双重困境，从公平原则角度对情势变更制度进行溯源和剖析具有重要意义，为完善相应规定提供了法理依据。在价值导向上，情势变更制度是合同严守的例外，在适用上应尊重当事人合意的优先。并且，情势变更制度的实施涉及其他多项基本原则，相互之间可以协调一致发挥合力。在制度要求上，应完善“再协商”立法设计，发挥其功能和价值，保障当事人合意并救济受不利益一方。在法律责任上，从公平原则的内涵出发，在合同仍具有履行利益时，法院应优先变更合同，而在判决解除合同的场合，则应由双方合理分担损失。

（一）尊重当事人合意优先

情势变更制度并非对意思自治原则的背离，而是在重大情势出现后对合同双方权利义务失衡的矫正。在制度适用上，当重大情势出现后情势变更制度也非当然适用，而仍应尊重当事人的合意，这一特征又被称作情势变更的补充性。补充性具体体现在两个方面：一是当事人意思自治的优位；二是合同维系的优位。

1. 意思自治的优位

从根本上来看，当事人合意优位的背后即是意思自治原则优位的体现，是公平原则与意思自治原则协调后的结果。《国际商事合同通则》《欧洲合同法原则》等国际条约早已示范性地规定了“再协商”规则，将当事人事先协商作为法院判决的前置条件。民法典第 533 条将“再协商”明确写入，借鉴了这一规则。从立法目的上来看，遵从意思自治优位的根本原因在于对人格尊严的充分尊重。在立法者眼中，作为一个理性的人，通过其自由意志对权利义务进行的配置必然是最有利于个人的。① 法律出于对个人的保护，仅需承认和保护这一结果。在出现重大情势而使得合同初次权利义务配置失衡后，最优的做法自然也是由当事人再次作出有利于其利益安排的表示，这一行为的正当性已经被其自由意志所证成，由此奠定了意思自治的优先地位。

然而，意思自治的优位在特殊情况下仍应受到限制，如在当事人事先有关情势变更约定的效力认定上，应秉持原则上有效，例外无效的立场。理论上多数学者对于当事人事先约定的效力予以肯定，从笔者整理的司法裁判实践来看，法院通常也对当事人特别约定的效力予以认同。然而，《民法典合同编通则解释》第32条第4款否认了当事人预先排除情势变更条款约定的效力，禁止当事人事先排除情势变更的适用，引发了争议。对此，应当从公平原则角度进行解读。情势变更制度是矫正公平的体现，是对当事人未预见风险的调整，发挥着衡平的重要作用。对于当事人事先有关情势变更的约定，如笔者整理的裁判中的固定商品买卖价格、固定总价、对履行费用进行特别约定等情形，相应的风险实际上已经被当事人所预见并进行了分配，应肯定当事人约定的效力，这一点已被司法实践所肯定。但是，如果当事人事先仅作概括性约定，如“排除民法典第533条适用”“排除情势变更适用”或诸如此类的表述，其实际上是滥用意思自治，意图架空情势变更制度，磨灭矫正公平的价值。此类条款在实践中多以格式条款的形式出现，在解释论上可适用民法典第596条和第597条的规定，将此类条款视作“不合理地免除或者减轻其责任，加重对方责任、限制对方主要权利”或“排除对方主要权利”，以此否认相应条款的效力。在体系化解释下，《民法典合同编通则解释》第32条第4款应作狭义理解，仅否认概括性排除情势变更适用约定的效力。

2. 合同维系的优位

意思自治优先的第二种情形表现为维系当事人合同关系，这是从反面

---

① 参见王利明主编：《民法》(第5版)，中国人民大学出版社2010年版，第29-30页。

体现对当事人合意的尊重。在理论通说上，情势变更制度适用的第一效力在于维持原有法律关系，而在变更不足以排除不公平结果时方得使法律关系终止或消灭。① 在合同当事人未能达成合意，一方当事人请求解除合同而另一方当事人请求变更合同时，法院应优先变更还是解除合同，《民法典合同编通则解释》第 32 条第 2 款将这一问题交由法院在公平原则下进行裁量。从域外立法来看，德国民法典第 313 条“法律行为基础的障碍”已暗含了变更优先的理念，其第 1 款规定了重大情势变动下当事人一方请求改订合同的权利，而第 3 款则表述为“合同的改订为不可能或对一方来说是不能合理地期待的，受不利益的一方可以解除合同”。通过条款顺序安排为合同解除设置了前置条件，以此确立了变更优先适用的顺位。② 也有国家否认了合同变更的适用，例如，英国虽然没有专门的情势变更制度，但其通过判例发展形成的契约受挫制度涵盖了情势变更的情形，在符合相应条件时产生合同终止的效果，而非变更。③《国际商事合同通则》则对大陆法系和英美法系进行了调和，将合同的变更或解除进行并列，不作适用上的限制。从立法体系来看，大陆法系倾向于变更优先，而英美法系则偏向于解除合同，尚未形成统一的标准。④

本文认为，对于法院裁量权的限制还是宜回到公平原则下探讨。如前文所述，维系合同关系是尊重当事人意思自治的具体表现，法院在裁判中也应秉持相同的立场，在合同仍具有可履行利益时，应当以维护合同效力为首要目标，仅对重大情势下的不公平之处进行调整，尽可能尊重当事人合意。从我国立法规定来看，《民法典合同编通则解释》第 32 条第 2 款中

---

① 参见王利明：《合同法研究》(修订版)，中国人民大学出版社 2011 年版，第 337-338 页。

② 参见李昊主编：《不可抗力与情势变更学理评述、司法案例与法律政策》，北京大学出版社 2021 年版，第 46-50 页。

③ 参见孙美兰：《英美契约受挫制度研究》，载梁慧星主编：《民商法论丛》（第 5 卷)，法律出版社 1996 年版，第 243-320 页。

④ 参见赵莉：《公平原则对契约严守的修正——国际示范立法中的情势变更》，载《法学评论》2007 年第 5 期。

隐含了变更优位的理念，“当事人请求变更合同的，人民法院不得解除合同”，这实际上就是限制法院解除合同的权利。在立法政策上，2020年4月16日印发的《最高人民法院关于依法妥善审理涉新冠肺炎疫情民事案件若干问题的指导意见（一）》规定：“疫情或者疫情防控措施导致合同履行困难的，当事人可以重新协商；能够继续履行的，人民法院应当切实加强调解工作，积极引导当事人继续履行。当事人以合同履行困难为由请求解除合同的，人民法院不予支持。”这实质上明确了法院在合同能够履行时应优先变更合同，符合公平原则下尊重当事人合意、维系合同关系的内在要求。

（二）建构“再协商”制度规范

如前文所述，在有关“再协商”的法律性质认定上，理论界存在严重的分歧，法院在司法裁判中往往绕过对其性质的探讨，而仅将其作为诉权行使的前置条件。这些举措使得“再协商”的价值被削减，无法真正保障当事人协商的开展。对“再协商”法律性质的确定最为关键，其究竟是权利、义务、不真正义务或只是一种法律倡导，关乎情势变更制度的适用、当事人双方的法律关系、法律责任等一系列重大问题。《民法典合同编通则解释》第32条对此未予以明确，将这类问题交由理论界和实务界继续研究。本文认为应将“再协商”定性为一项权利，并由此对“再协商”进行体系建构。

1.“再协商”为权利而非义务

在对民法典第533条“受不利影响的当事人可以与对方重新协商”的理解上，我国理论界存在不同的声音。在民法典出台后，应当肯定“再协商”已经不再是诚信原则下的附随义务，其已经被立法所明确。并且，从功能价值上来看，“再协商”是请求法院判决变更或解除合同的前置条件，这一点也已经得到理论与实践的双重认可，因而也不宜再将其定性为单纯的法律倡导。因此，应回到“再协商”究竟是权利还是义务的症结上。对此，可以从以下三个维度进行分析。

一是从法律语言学的视角解析，即对规定中的“可以”应作何种理解。从语义表达的程度来看，可以将法律规则分为以“应当不”或“不应当”表示的禁止性规则，以“应当”表示的强烈要求的必为性规则，以“可以”表示的广泛的允许性规则。① 在此视角下，由“可以”引导的谓语则是经法律授予的选择性权利，而“可以”之前的主语，则为法律授权的权利主体。因而，在法律语言学下，应对其理解为受不利益方有权要求相对方进行协商。

二是从法律规范构造的视角解读。权利与义务具有相对应性，如将“再协商”解释为义务，则其权利为何，违反义务的后果又为何？义务说学者在此进一步提出不真正义务说，即违反该义务不承担违约责任，而是承担潜在的不利益，但这一学说也无法解释相对应的权利内涵。法律倡导说也有此通病。实际上，从权利的视角分析则皆为通畅，受不利益一方享有“再协商”的权利，相对方负有再协商的义务，违反这一义务则应承担相应的责任，这一规范体系在逻辑上更为正当。此外，根据民法典第533条的规定，当下司法实践已经将“再协商”视为情势变更的程序要件，没有经过“再协商”无法适用情势变更制度。② 从这个维度来看，当事人“再协商”可以视为行使权利维护其合法利益，若其不进行“再协商”即意味着放弃权利，自然也无法起诉。

三是从权利的本质属性审视。权利的本质有多种定义，但“利益”和“自由”是权利的实质特征。具体到情势变更的规范构造，受不利益方“可以与对方重新协商”，这实际上赋予了受不利益方救济的手段，且已被法律明文予以确立，对受不利益方而言这一手段本身就是一种由法律确认并保障的“利益”。与此同时，这一“利益”的行使取决于其自身意愿，

---

① 参见喻中：《论授权规则——以法律中的“可以”一词为视角》，博士学位论文，山东大学，2006，第59-65页。

② 参见浙江省绍兴市中级人民法院（2022）浙06民终3253号民事判决书、山东省东营市中级人民法院（2022）鲁05民终650号民事判决书。

属于其“自由”决策的范畴。故而“再协商”符合权利的本质特征。①

2. “再协商”属于形成权

从权利视角审视民法典第533条，“再协商”是受不利益一方享有的权利。在权利性质上，应将其视为形成权而非请求权，这一做法系基于以下几点考量。

一是出于效率的考量。在形成权规范下，受不利益一方单方通知即可进入“再协商”程序，较之于请求权需要另一方的同意，形成权更具效率性，有助于纠纷的解决。并且，将其定性为形成权还将有助于督促受不利益方及时行使权利。从维护法律秩序稳定性、保护相对方的视角来看，“再协商”应尽快提出。《国际商事合同通则》中就明确规定磋商的请求应及时提出。对此，我国也有学者建议应在《民法典合同编通则解释》中限制“再协商”提出的时间，要求受不利益一方在合理期限内及时提出。②在法理上，形成权的行使期限往往较短，符合这一要求。

二是符合立法规定和司法现状。根据民法典第533条第1款的规定，“在合理期限内协商不成的”才可以请求法院裁判，即请求法院判决变更或解除合同需要以当事人进行“再协商”作为开启诉讼程序的前置条件。在笔者整理的司法裁判中，法院也对这一要求予以明确，甚至要求当事人实际开展了磋商，而不能只是通知。③ 换言之，如果将此处的“再协商”定性为请求权，在相对方拒绝或不予理睬时，双方并未进行协商，此时是否属于“协商不成”的情形具有争议，而要求双方进行实质性协商的法院则极有可能否认这一要件的成立。因此，更好的应对之策应是将这一权利定性为形成权，受不利益一方单方行使即开启协商，双方未在合理期限内

---

① 参见周恒宇：《关于〈民法典〉情势变更制度的若干重要问题》，载《中国应用法学》2022年第6期。

② 参见王利明：《情事变更制度若干问题探讨——兼评〈民法典合同编（草案）〉（二审稿）第323条》，载《法商研究》2019年第3期。

③ 参见浙江省绍兴市中级人民法院（2022）浙06民终3253号民事判决书、江苏省常熟市人民法院（2022）苏0581民初2022号民事判决书。

达成一致就属于“协商不成”，交由法院进一步裁判。[①]

三是利于明确违背“再协商”的法律后果。我国理论界对此主要有违约责任与缔约过失责任两种观点。本文认为“再协商”通常不属于当事人事先约定的内容，违反“再协商”并无违约责任适用的基础。考虑到“再协商”是要求当事人秉持诚信合理磋商，而非达成一致，因而违反“再协商”属于对诚信原则的背离，应承担缔约过失责任。[②] 诚如前述，在适用情势变更制度时，遵循公平原则并非意味着排除其他基本原则，要求恶意磋商者承担缔约过失责任，就是使公平原则和诚信原则发挥合力，将“再协商”定性为形成权更有助于说明这一点。当受不利益方开启再协商程序时，相对方就负有诚信协商的义务，如果违反则应依民法典第 500 条承担缔约过失责任。[③] 反之，如果认为这一权利为请求权，当相对方拒绝“再协商”时，则不宜再以第 500 条为基础，因为相应行为不符合“在订立合同过程中”的要件，双方尚未开启合同的订立过程，此时就会陷入“再协商”法律后果不明的逻辑闭环。

（三）完善情势变更责任规则

法律责任即法律规范所规定的人们的行为在法律上可能引起的结果。在情势变更的法律责任上，最为理想的状态应是合同双方重新就重大情势出现后的合同权利义务进行安排达成一致，使得纠纷彻底化解。但是，更多的情形是当事人在合理期限内协商不成而将纠纷交由法院判决，问题就转化为法院应当如何进行裁判、应遵循什么样的规则。在此方面，民法典第 533 条第 2 款仅规定，“人民法院或者仲裁机构应当结合案件的实际情况，根据公平原则变更或者解除合同”，给法院留下了较为广阔的自由裁量空间。此外，情势变更制度是否属于免责事由，受不利益一方应否承担

---

① 参见张素华、宁园：《论情势变更原则中的再交涉权利》，载《清华法学》2019 年第 3 期。

② 参见江必新、夏道虎主编：《中华人民共和国民法典重点条文实务详解》，人民法院出版社 2020 年版，第 278 页。

③ 参见朱广新：《情势变更制度的体系性思考》，载《法学杂志》2022 年第 2 期。

违约责任等，均缺乏具体规范。《民法典合同编通则解释》第32条虽进行了一定的细化，但仍未能指明裁判方向，需要进一步予以完善。从公平原则角度对情势变更制度的责任后果进行思考，有助于为法院裁判提供指引。

1. 情势变更下的中止履行抗辩权

现行立法对重大情势发生后受不利益方能否中止履行尚无规定，理论界与实务界对此存在认识上的重大差异。理论界的主流观点认为，情势变更不同于不可抗力，并不产生中止履行抗辩权，也不能构成免责事由，减免或部分减免违约责任。[①] 然而，司法实践中，法院多采用公平原则分担损失，对相对方主张的迟延履行、提前解除等违约损害赔偿不予支持。[②] 对此，本文认为，从立法价值目的来看，情势变更制度本是公平原则中矫正公平的体现，是意外情势下的重新平衡，如果在此情形下仍要求受不利益方承担违约责任，无异于要求受不利益方继续履行合同，并最终由法院进行嗣后调整。且不论法院嗣后裁判的难易、公平程度，继续履行本身对于受不利益方和相对方而言也未必都是最优选择。这点对受不利益方自不待言，继续履行会进一步加剧其损失，就相对方而言同样如此，如果履行标的并非其必需品，相对方完全可以跳出合同以寻求其他替代标的，无须承受法院的自由裁量。

在完善路径上，由于现行立法并没有将情势变更制度作为一种免责事由予以规定，在解释论上不宜将其视作免责事由，也不宜参照适用民法典第590条关于不可抗力的免责规定。在此方面，可以考虑引入中止履行抗辩权制度，受不利益方借此对抗相对方的继续履行请求权，从而不构成违约。面对当下司法实践中法院拒绝判决受不利益方承担违约责任的现状，在解释路径上，诚如有的学者所言，其道理只能通过承认受不利益方享有

① 参见崔建远：《情事变更原则探微》，载《当代法学》2021年第3期。

② 参见重庆两江新区人民法院（重庆自由贸易试验区人民法院）（2021）渝0192民初8114号民事判决书、辽宁省沈阳市和平区人民法院（2022）辽0102民初3375号民事判决书。

中止履行的抗辩权才能得到解释。[①] 从域外立法发展来看，日本在其债权法改正基本方针中已经明确承认，在交涉义务期间，债务人可以拒绝自己债务的履行。[②] 这一改动实际上是对债务人的保护，防止其进一步陷入不利境地。考虑到我国当下的立法设计和司法裁判现状，应肯定情势变更下的中止履行抗辩权，否定相对人的违约赔偿诉求，保护受不利益一方合法利益，维护公平的价值要求。

2. 公平原则下的合同变更优先和合同解除损失分担

在当事人无法达成一致，一方要求解除合同而一方要求变更合同时，应当遵循公平原则，尊重当事人合意、维持合同关系，优先变更而非解除合同。然而，在合同不具有履行可能或当事人双方主张解除的情形下，法院在判决解除合同时仍应遵循公平原则，对由此造成的损失在当事人之间予以合理分配。在合同解除的法律后果上，有学者认为，可以对民法典第590条中的“不能履行”作扩张解释，将“经济上的不能”纳入，情势变更即属于经济上不能的一种典型情形，由此成为免责事由，不承担赔偿责任。[③] 也有学者从法条适用出发，认为依据民法典第566条第1款的规定，相对方可以要求受不利益一方赔偿其损失。[④] 但更多的学者则主张损失分担，因情势变更的发生与当事人无关，任何一方均不构成违约，自不存在由一方向另一方赔偿的依据，双方当事人之间只发生损失分担、获利分享的问题。[⑤] 司法实务中，法院也更倾向于采用损失分担的做法，由双方合

---

① 参见韩世远：《合同法总论》（第4版），法律出版社2018年版，第512页。

② 参见日本债权法改正基本方针［3.1.1.93］（基于情势变更的履行拒绝），民法（债权法）改正检讨委员会编：《详解债权法改正的基本方针Ⅱ》（商事法务，2009年），第403页，转引自韩世远：《合同法总论》（第4版），法律出版社2018年版，第512页。

③ 参见韩世远：《情事变更若干问题研究》，载《中外法学》2014年第3期。

④ 参见朱朝晖：《潜伏于双务合同中的等价性》，载《中外法学》2020年第1期。

⑤ 参见梁慧星：《关于民法典分则草案的若干问题》，载《法治研究》2019年第4期；谢鸿飞：《民法典合同编总则的立法技术与制度安排》，载《河南社会科学》2017年第6期。

理承担损失。[①] 本文认为，对于这一问题的回答也宜从公平原则角度展开，对情势变更制度的立法目的进行追问。情势变更制度是矫正正义的体现，发挥着衡平的功能价值，这一点在法院变更合同时表现得非常明显，在法院解除合同时也应继续贯彻落实。最终颁布的《民法典合同编通则解释》较之于2022年11月4日的征求意见稿，在第32条第2款的表述上再增"公平原则"一词，再次强调法院在判决变更或解除合同时的价值取向。在这一价值要求下，法院应当遵循公平原则的利益矫正要求，判决合同双方分担损失，综合考量当事人的经济能力、投保状况等因素对损失进行调整，从而实现实质公平。[②]

五、结语

通过对理论研究和司法裁判的梳理可知，情势变更制度面临着情势变更与契约自由价值冲突、"再协商"法律性质不清、情势变更责任后果缺位的现实困境。在公平原则下对情势变更予以解构，为解决上述问题提供了理论基础。情势变更制度是公平原则矫正正义的具化，发挥着平衡合同双方权利义务的重要作用。在我国语境下，公平原则与意思自治原则和诚信原则间的冲突可以协调，并由此在情势变更制度的实施上发挥合力。在公平原则指引下，情势变更的立法设计应当从正面配置和反向矫正两个维度展开，一是肯定和保护当事人的合意，二是从立法和司法维度进行利益调整，最终保障公平价值的实现。《民法典合同编通则解释》第32条对民法典第533条进行了细化，整体而言具有积极意义，但仍有进一步完善的空间。在适用《民法典合同编通则解释》第32条时，对其第4款当事人事先有关情势变更约定的效力规则应作限制性解释，仅否定当事人事先概括性排除情势变更制度适用约定的效力，保留双方对特定事项约定的效

---

① 参见辽宁省沈阳市和平区人民法院（2022）辽0102民初3375号民事判决书、广西壮族自治区柳州市城中区人民法院（2022）桂0202民初1813号民事判决书。

② 参见尚连杰：《风险分配视角下情事变更法效果的重塑——对〈民法典〉第533条的解读》，载《法制与社会发展》2021年第1期。

力。在未来立法修订或制定司法解释时，应进一步明晰“再协商”的法律性质，宜将其界定为形成权，从而保障当事人磋商的开展，救济受不利益一方；完善情势变更制度的责任规范，基于我国现行立法和司法裁判现状，宜承认受不利益方享有中止履行抗辩权，并确立合同变更优先、合同解除损失分担的裁判准则，为法院正确适用相应规定提供指引。

（本文仅代表作者个人观点）

"家风"的司法裁判运用与说理*

林树煌**

引　言

在中华文明中淬炼而成的家风文化，涵育了中华民族一脉相承的文化心理结构，凝汇了中华民族的传统智慧和实践经验。① 作为构建中国法治主体性的话语资源，"家风"已经融入法治体系，成为推动中国式法治现代化的关键力量。民法典第1043条（以下简称家风条款）规定："家庭应当树立优良家风，弘扬家庭美德，重视家庭文明建设。夫妻应当互相忠实，互相尊重，互相关爱；家庭成员应当敬老爱幼，互相帮助，维护平等、和睦、文明的婚姻家庭关系。"在立法的支持下，运用家风条款说理的裁判文书不断增多。借此，司法通过个案

* 本文系广东省哲学社会科学规划2023年度青年项目"司法裁判说理中的家风话语及裁判可接受性研究——基于广东裁判文书的实证分析"（项目编号为GD23YFX08）的阶段性研究成果。

** 中共广东省委党校（广东行政学院）法学教研部副教授，法学博士。

① 参见张金秋：《中华优秀家风文化国际传播的困境与应对》，载《云南社会科学》2024年第2期。

裁决维护公平正义的同时，也在一定程度上推动了家风建设。既有研究主要有两种路径：一是从立法的角度阐释家风条款的构造、意涵和特色，展现这一条款的当代价值；[①] 二是从司法的角度探讨家风条款的运用现状，分析这一条款的司法困境及实践进路。[②] 其实，化解当前“家风”司法运用困境的基本前提，是厘清家风条款在裁判文书中的性质，并根据其实践问题展开讨论。有鉴于此，本文将在揭示“家风”司法运用现状的基础上，运用裁判依据与裁判理由二分理论展开分析，进而提出“家风”司法裁判运用与说理的方法论。

一、“家风”司法裁判运用的现状分析

（一）运用样态

通过中国裁判文书网，以“民法典第 1043 条”为关键词、以“2021 年 1 月 1 日（民法典实施时间）至 2024 年 12 月 31 日”为时间范围，剔除无关样本后，共检索到裁判文书 2004 份。

其一，从时间分布来看，自民法典实施以来，全国法院每年运用家风条款的裁判文书达四五百份。其中，2021 年 509 份、2022 年 572 份、2023 年 505 份、2024 年 418 份。

其二，从法院级别来看，基层法院运用家风条款（1709 份）最多，中级法院（293 份）次之、高级法院（2 份）最少。

其三，从案件类型来看，家风条款主要用于民事案件（2000 份），刑事案件很少（4 份）。民事案件集中于家事案件（离婚、赡养、扶养等纠

---

① 参见王歌雅：《民法典婚姻家庭编的价值阐释与制度修为》，载《东方法学》2020 年第 4 期；石雷：《“优良家风”入法：性质、意涵和适用》，载《西南政法大学学报》2021 年第 2 期；孟庆吉：《“优良家风”入法——〈民法典〉婚姻家庭编的中国底色及其价值》，载《学术探索》2023 年第 2 期。

② 参见覃晚萍、刘晓宁：《“优良家风”入法：当代价值及实践进路》，载《理论导刊》2021 年第 2 期；徐婧：《〈民法典〉优良家风条款的法功能预期及司法实现》，载《厦门大学学报（哲学社会科学版）》2021 年第 2 期。

纷）的裁判说理。

（二）现存问题

"家风"入法不仅反映出家庭在贯彻社会主义核心价值观中的作用，而且也体现了家庭关系德法共治的特殊属性。[①] 其司法运用虽在回应家庭现实挑战、弘扬家庭美德、推动家风建设等方面具有一定成效，但也存在一些不容忽视的问题。

一是法条定性不清。裁判文书在有具体法律规则可供适用时，仍依据家风条款这一法律原则作出裁判。包括两种情形：（1）绕过具体法律规则，只列家风条款。例如，（2022）黑0781民初1250号判决书中，法官认定夫妻感情已经破裂，支持原告的离婚诉请。[②] 这里依据的法律规则本应是民法典第1079条，[③] 但判决书并未提及此条款，而是直接适用家风条款作出判决。（2）裁判依据同时列法律规则和家风条款。例如，（2024）新4323民初1397号判决书中，法官认定原告提供的证据不足以证明双方感情确已破裂，所以"依照民法典第1043条、第1079条"判决不准予离婚。[④] 裁判依据同时列这两个条款，当事人将难以辨别哪一个条款才是直接影响其权利义务关系的"第一性依据"。这两种引用不当的情形，根本原因是没有厘清家风条款的两种性质：裁判依据与裁判理由。其实，当前的"司法道德泛化"担忧与道德条款引用不当关系密切。家风条款本质上是一种道德规范，具有鲜明的情感、伦理色彩，它虽然可以增强裁判说理的生动性，一改裁判文书的严肃面貌，但人们也担心引用不当会造成道德对法律的挟持，降低裁判可预测性，甚至给"法官造法"提供空间。

---

① 参见夏吟兰：《婚姻家庭编的创新和发展》，载《中国法学》2020年第4期。

② 参见黑龙江省铁力市人民法院（2022）黑0781民初1250号民事判决书。

③ 民法典第1079条第2款、第3款规定："人民法院审理离婚案件，应当进行调解；如果感情确已破裂，调解无效的，应当准予离婚。有下列情形之一，调解无效的，应当准予离婚：（一）重婚或者与他人同居；（二）实施家庭暴力或者虐待、遗弃家庭成员；（三）有赌博、吸毒等恶习屡教不改；（四）因感情不和分居满二年；（五）其他导致夫妻感情破裂的情形。"

④ 参见新疆维吾尔自治区福海县人民法院（2024）新4323民初1397号民事判决书。

二是法律论证虚化。一方面，裁判说理时借家风条款虚化法律论证。例如，在一起恢复原状纠纷中，法官以道德说理的方式强调“各方应当本着互谅互让、和睦团结的精神消除误会，积极修复亲情关系，共促良好家风，弘扬团结友爱、孝老爱亲的中华民族传统美德”，对于原告主张的土地占有使用费诉求予以驳回，却未列明驳回诉求的法律依据。① 这种重视道德论证、简化法律论证的说理，有“向一般条款逃逸”之嫌，难以让当事人信服。另一方面，简单地罗列法条序号，未提及家风条款的具体内容。大部分裁判文书只在裁判说理时列出民法典“第 1043 条”这一序号，却未说明法条的具体规定，也没有与“家风”相关的分析和阐释。② 实际上，很多当事人拿到裁判文书，并不清楚民法典第 1043 条规定的是什么，也很少人会主动去查阅法条内容。简单罗列法条序号不仅无法引起当事人的注意，还会淹没家风条款的实际价值。

三是情理分析粗疏。很多裁判文书仅仅通过“家风”从宏观上评价当事人行为的是非对错，却没有结合具体案情讲明情理。一方面，模板化痕迹明显，例如，部分离婚案件都套用了“原、被告系自愿结婚，双方应珍惜彼此感情，互相尊重，互谅互让，加强沟通，建立和睦的夫妻关系”这一模板。③ 家风条款在个案中没有被充分具体化。由于缺乏贴合度和细腻度，家风条款仅仅起到对裁判结论的“背书”效果，缺乏有效的价值输

---

① 参见广东省中山市第一人民法院（2023）粤 2071 民初 9665 号民事判决书。

② 例如，湖北省咸宁市咸安区人民法院（2022）鄂 1202 民初 4785 号民事判决书、福建省福清市人民法院（2023）闽 0181 民初 12136 号民事判决书、福建省松溪县人民法院（2023）闽 0724 民初 320 号民事判决书、广东省广州市中级人民法院（2023）粤 01 民终 8437 号民事判决书、广东省鹤山市人民法院（2023）粤 0784 民初 1611 号民事判决书、广东省深圳市福田区人民法院（2022）粤 0304 民初 30571 号民事判决书、广东省广州市番禺区人民法院（2021）粤 0113 民初 22466 号民事判决书。

③ 例如，广东省汕头市龙湖区人民法院（2021）粤 0507 民初 1808 号民事判决书、广东省汕头市龙湖区人民法院（2021）粤 0507 民初 1829 号民事判决书、广东省汕头市龙湖区人民法院（2021）粤 0507 民初 2825 号民事判决书、广东省汕头市龙湖区人民法院（2021）粤 0507 民初 3773 号民事判决书。

出，难以引起情感共鸣。另一方面，道德说教色彩浓厚。例如，有的判决书写道："既然双方已经选择登记结婚，就应该为维护婚姻家庭关系的稳定与和谐作出努力和贡献。"① 这样的表述虽然不无道理，却有凌驾于道德制高点的嫌疑，夫妻双方要维护家庭关系的稳定，但婚姻自由既包括结婚自由，也包括离婚自由。此处"既然……就应该……"的表述，不免会让当事人心生疑问：选择登记结婚就剥夺了离婚的自由？又如，有的判决书直言："双方应当端正婚姻态度，正确对待婚姻和家庭，深刻认识离婚将对子女以后生活产生的影响。"② 这种应然性的表述，加上"端正婚姻态度""正确对待""深刻认识"等带有批判色彩的措辞，本质上是口号式的说教，不仅难以感化当事人，更可能引起当事人反感，效果适得其反。

二、"家风"司法裁判运用的理论基础

（一）裁判依据与裁判理由

在裁判文书中，裁判理由是前接案件事实、后连裁判依据，以"本院认为"为识别标志的结构单元。裁判依据是前接裁判理由，后连裁判结论，以"依照××法第×条规定，判决（裁定）如下："为识别标志的结构单元。关于裁判依据与裁判理由的关系，学界大致有三种说法：一是相同说，即裁判理由就是法官裁判时的裁判依据。③ 二是包含说，即裁判理由包含法官裁判时的裁判依据。④ 三是并列说，尽管裁判依据和裁判理由都具有"理由"属性，但前者属于权威理由，后者属于实质理由，必须进行

---

① 参见北京市通州区人民法院（2023）京0112民初19452号民事判决书。

② 参见山西省中阳县人民法院（2023）晋1129民初780号民事判决书。

③ 有学者限缩裁判理由的范围，认为裁判理由是演绎推理的大前提，主要限于法律规范。参见王利明：《裁判说理论——以民事法为视角》，人民法院出版社2021年版，第205页。

④ 有学者认为，裁判理由是指所有用于支持裁判的根据，裁判依据是指法律规范类裁判理由。参见杨贝：《裁判文书说理的规范与方法》，法律出版社2022年版，第49页。

区分。① 笔者赞成并列说。此说有利于防止裁判依据和裁判理由的混同，增强司法裁判说理的明确性。实际上，裁判依据与裁判理由性质全然不同：裁判依据是通过效力形式证实裁判结论合法性的裁判规则，裁判理由则是通过实质内容增强裁判结论可接受性的论证材料。② 二者的区别体现在以下三方面。

其一，运用要求上，裁判依据的运用是法定义务，裁判理由的运用则非法定义务。引用裁判依据是人民法院裁判的强制性义务，若无引用则会违反依法裁判的要求，作出的裁判是违法的。相反，人民法院并无义务去运用特定的裁判理由，但当裁判理由体现公众普遍的价值认知时，不运用可能会影响裁判的社会接受度。

其二，具体内容上，裁判依据的内容封闭，裁判理由的范围开放。裁判依据是一个封闭的规范体系，包括法律、法规等规范性法律文件，但不对政策、道德、伦理等论证材料开放。裁判理由则不然，呈现出多元性和开放性，《最高人民法院关于加强和规范裁判文书释法说理的指导意见》（法发〔2018〕10号，以下简称《指导意见》）第13条就列举了可以作为裁判理由的多种材料。③

其三，实现目标上，裁判依据旨在提高裁判结论的合法性，裁判理由旨在增强裁判结论的可接受性。裁判依据是裁判结论的"第一性依据"，是论证裁判结论合法性的唯一要素，证明的是裁判的有效性。裁判理由是

---

① 权威理由以其"来源"发挥作用，而实质理由则以其"内容"发挥作用。参见雷磊：《从"看得见的正义"到"说得出的正义"——基于最高人民法院〈关于加强和规范裁判文书释法说理的指导意见〉的解读与反思》，载《法学》2019年第1期。

② 参见沈杨：《裁判依据与裁判理由的界分障碍及破解方法》，载《法律方法》2023年第4期。

③ 具体包括：最高人民法院发布的指导性案例；最高人民法院发布的非司法解释类审判业务规范性文件；公理、情理、经验法则、交易惯例、民间规约、职业伦理；立法说明等立法材料；采取历史、体系、比较等法律解释方法时使用的材料；法理及通行学术观点；与法律、司法解释等规范性法律文件不相冲突的其他论据。

裁判合情合理的关键，证明的是裁判的说服力。如果说裁判依据承载的是法律效果，那么裁判理由承载的则是社会效果。①

然而，上述关于裁判依据与裁判理由的界分尚未取得广泛共识，司法实践存在对二者混淆使用的现象。笔者认为，在“家风”司法裁判上，只有明确家风条款在裁判文书中的运用类型，并根据运用类型进行裁判说理，才能解决当前“家风”司法裁判运用中的问题，确保司法的权威和公信力。质言之，家风条款用于司法裁判包括两种类型：一是作为裁判依据，二是作为裁判理由。这一区分具有本质性。

（二）“家风”作为裁判依据

根据现行的司法政策，当待决案件找不到具体的法律规则时，可以根据法律原则作出裁判。据此，当存在法律漏洞时，家风条款可以作为裁判依据。

家风条款载于民法典婚姻家庭编的一般规定部分，属于法律原则。《指导意见》第7条规定：“……民事案件没有明确的法律规定作为裁判直接依据的，法官应当首先寻找最相类似的法律规定作出裁判；如果没有最相类似的法律规定，法官可以依据习惯、法律原则、立法目的等作出裁判，并合理运用法律方法对裁判依据进行充分论证和说理。……”根据此条，人民法院裁判民事案件时，若没有明确的法律规定或最相类似的法律规定可资援引，可以在个案中依据家风条款作出裁判。此时，家风条款作为具体法律规则的替补性裁判依据出场，发挥填补法律漏洞的作用。

以家风条款为裁判依据，必须做到两方面：一方面，要遵循“穷尽法律规则，方得适用法律原则”② 的准则。只有不存在可适用于待决案件的具体法律规则时，才能去考虑适用相对抽象的法律原则。另一方面，要结

---

① 裁判依据与裁判理由的区别，参见沈杨：《裁判依据与裁判理由的界分障碍及破解方法》，载《法律方法》2023年第4期；王静：《社会主义核心价值观在司法裁判中的定位与双重关系》，载《法制与社会发展》2023年第5期。

② 舒国滢：《法律原则适用中的难题何在》，载《苏州大学学报（哲学社会科学版）》2004年第6期。

合个案事实对家风条款进行具体化，将其转化为行为规范后才能予以适用。卡纳里斯指出："原则并非规则，因而不能不经中介地适用，而是必须首先使之要件固化或者说'规则化'。"① 作为法律原则的家风条款不能直接适用于个案，将其具体化后的"规则"才能作为人民法院的裁判依据，才是司法三段论的大前提。②

（三）"家风"作为裁判理由

尽管家风条款可作为裁判依据，但由于当前司法实践中很多案件都有可资适用的具体法律规则，家风条款在绝大多数场合只能作为裁判理由，用于事实说理或规范说理。

事实说理意味着需要运用"家风"进行事实认定，因为司法裁判认定的案件事实并非纯然客观的自然事实，而是包含着评价的法律事实。判断者若要将案件事实归于法律规范的构成要件之下，就必须先依据"须填补的"标准来判断该案件事实，这就要求判断者作价值判断。③ 此类须填补的标准有"公序良俗""诚信原则""重大事由"等，"优良家风"亦属此类。

多数情况下，家风条款作为裁判理由是围绕法律规则的适用展开的，即规范说理。这包括两种情形：（1）作为法律规则的解释依据。司法裁判中，如果作为裁判依据的法律规则含义不明，就需要进一步释法说理，法官可运用家风条款，结合立法原意对法律规则进行解释。如果法律规则含义明确，法官亦可运用家风条款，结合个案事实讲明情理，协调情、理、法，增强裁判结论的可接受性。（2）作为权衡多种价值取向的判断因素。根据《最高人民法院关于深入推进社会主义核心价值观融入裁判文书释法

---

① Claus-Wilhelm Canaris, Systemdenken und Systembegriff in der Jurisprudenz: entwi ckelt am Beispiel des deutschen Privctrechts, 2. Aufl., Duncker & Humblot, 1983, S. 57.

② 有学者称为"依基本原则确立的规则"，参见于飞：《民法总则法源条款的缺失与补充》，载《法学研究》2018年第1期。

③ 参见［德］卡尔·拉伦茨：《法学方法论》（全本·第六版），黄家镇译，商务印书馆2020年版，第365页。

说理的指导意见》(法〔2021〕21号)第7条的规定,[①] 如果案件涉及价值冲突,法官可以运用家风条款判断和权衡,以决定选择何种价值取向。无论哪一种情形,家风条款在司法裁判中都发挥着辅助论证的作用,即在裁判合法有效的基础上增强说服力,提高裁判的可社会接受度。

家风条款之所以能辅助论证,在于道德话语的补强作用。近代以来,伴随着个人主义的发展,“家”的法律地位受到剧烈冲击。[②] 这种冲击既来源于家庭结构和生活方式的巨大变化,也归咎于社会价值观念的多元化和市场经济的负面效应。[③] 由于“家”在中国社会和文化中的重要位置,很多学者提出中国法治应认真对待“家”文化。[④] 表现在司法领域,就是裁判说理要尊重中国家庭关系的特殊性:所有的价值标准都不能超脱于“差序”的人伦而存在。[⑤] 在中国,关系越近,权利意识越淡薄,因为在亲近关系中很难提及权利,它们更多依靠亲情、美德和伦理来维系。[⑥]“家风”融入裁判文书,体现了以“家”为方法的司法实践,[⑦] 它借助亲情、美德和伦理进行裁判说理。家风的内容有很多,例如,尊老爱幼、妻贤夫安、母慈子孝、兄友弟恭等,但本质上是倡导以孝、敬、爱等道德情感观念来

---

① 《最高人民法院关于深入推进社会主义核心价值观融入裁判文书释法说理的指导意见》(法〔2021〕21号)第7条规定:案件涉及多种价值取向的,法官应当依据立法精神、法律原则、法律规定以及社会主义核心价值观进行判断、权衡和选择,确定适用于个案的价值取向,并在裁判文书中详细阐明依据及其理由。

② 参见梁展欣:《民法史的观察》,人民法院出版社2017年版,第162页。

③ 参见吴灿新:《当前我国家风建设的挑战与对策》,载《岭南学刊》2017年第3期;丁素:《关于家风的几个问题》,载《岭南学刊》2017年第1期。

④ 参见方乐:《法律实践如何面对“家庭”》,载《法制与社会发展》2011年第4期;张龑:《论我国法律体系中的家与个体自由原则》,载《中外法学》2013年第4期;冉克平:《论“婚姻家庭受国家保护”原则》,载《法律科学(西北政法大学学报)》2024年第1期。

⑤ 参见费孝通:《乡土中国》,上海人民出版社2013年版,第34-35页。

⑥ 参见李拥军:《“家”视野下的中国法制现代化》,上海三联书店2020年版,第229页。

⑦ 参见肖瑛:《“家”作为方法:中国社会理论的一种尝试》,载《中国社会科学》2020年第11期。

调整家庭关系。这种说理方式代表了司法正义的实质面向，强调家庭成员在情感上的互助，旨在追求家庭共同体的团结。① 易言之，“家风”契合普罗大众朴素的心理情感和伦理观念，以其为裁判理由有利于将法律评价与道德评价有机结合，弥合情、理、法之间可能存在的缝隙，实现政治效果、法律效果和社会效果的统一。

三、“家风”司法裁判运用的方法论

（一）严格界分裁判依据与裁判理由

裁判依据与裁判理由共同具备的“理由”属性和“合理性”要素，为二者混同提供了隐性遮蔽。② 裁判文书存在对二者界定不清和混淆使用的现象，这点在家风条款的运用上体现尤甚。在涉“家风”司法裁判中，这种混淆使用不仅面临“裁判理由依据化”的问题，还会遭受裁判结论合法性的诘难。表面来看，无论家风条款是以裁判依据还是裁判理由的形式呈现，裁判结论可能都是一样的。但是，对法官而言，裁判依据才是裁判结论的直接依据，是论证裁判结论合法性的唯一要素，而裁判理由充其量只是间接依据和“裁判说理的依据”。对当事人而言，如果裁判文书将二者混为一谈，他们将无法辨别影响其权利的实质裁判依据，进而产生对裁判合法性的质疑和对“司法道德泛化”的担忧。因此，要明确家风条款在不同裁判文书中的角色，对其作为裁判依据还是裁判理由进行严格界分。具体而言，要做到以下几点。

其一，根据案件类型运用家风条款。刑事案件受罪刑法定原则影响，填补法律漏洞的方法仅运用于极少数场合，例如，有利于被告人之际。③

---

① 参见冉克平：《〈民法典·婚姻家庭编〉的伦理、自治与强制》，载《武汉大学学报（哲学社会科学版）》2023 年第 3 期。

② 参见沈杨：《裁判依据与裁判理由的界分障碍及破解方法》，载《法律方法》2023 年第 4 期。

③ 参见刘树德：《“裁判依据”与“裁判理由”的法理再辨——以社会主义核心价值观的法源定位为中心》，载《政治与法律》2023 年第 8 期。

家风条款一般不能作为裁判依据，只能作为裁判理由。民事案件需要运用法律漏洞填补方法的情形比较多，家风条款可以作为裁判理由，也可以作为裁判依据。但其作为裁判依据时，要运用法律方法对家风条款进行充分论证和说理。

其二，限定“家风”作为裁判依据的运用边界。只有当待决案件欠缺明确或最相类似的法律规定时，才能将家风条款作为裁判依据；当案件存在明确或最相类似的法律规定时，家风条款仅能作为裁判理由予以运用。其实，真正的“司法道德泛化”，是在有明确法律规则的情况下，还将家风条款作为裁判依据，将道德规范凌驾于法律规则之上。如果司法裁判不逾越“家风”作为裁判依据的运用边界，并不会导致司法的道德泛化，因为“家风”仅作为裁判理由以辅助说理，并非直接依据。

其三，规范裁判文书运用“家风”的呈现样式。之所以会存在裁判依据与裁判理由含混使用的现象，与认识不清和规范缺失相关。《最高人民法院关于裁判文书引用法律、法规等规范性法律文件的规定》（法释〔2009〕14号）提出了“裁判依据”和“裁判说理的依据”概念。《指导意见》则提出“论证裁判理由的论据”概念。这些概念是否等同？关系如何？是否有法理依据？还是存在随意使用之嫌？上述问题值得深思。但无论如何，最高人民法院进一步规范裁判文书制作样式实为必要。在裁判文书的制作上，只有当“家风”作为裁判依据时，才适合放在“依照……，判决（裁定）如下”中省略号的位置；当“家风”作为裁判理由时，应放在“本院认为”的后面。这样可以通过表现形式的区分，呈现“家风”在裁判文书中的不同角色，避免不必要的争议。

（二）强化家风条款运用的具体化论证

“家风”无论是作为裁判依据，还是作为裁判理由，其司法裁判运用的难题都在于如何实现具体化。具体化是指法官对一般性条款和不确定法律概念的含义作明确的具体阐释工作。[①] 由于“家风”的含义较为宽泛，无法被直接涵摄，所以法官在运用家风条款时就负有阐释的义务。具体化不是停留于抽象地阐明家风条款的内涵，也不是诉诸简单的道德论证，而是在个案中将“树立优良家风”转化为具体的行为要求，强调案件事实和家风条款的联系，实现事理、法理与情理的统合。《指导意见》第2条就提出，裁判文书释法说理，要阐明事理、释明法理、讲明情理、讲究文理。[②] 其实，讲明情理也要建立在阐明事理和释明法理的基础上。司法活动属于公共事务，价值判断不能仅仅依靠道德直觉，而必须由理性的证成来支持。[③] 道德论证要在细节上落实更多的正义，以细腻之理说服争执之人，而非进行主观情感宣泄或满是大话、套话的道德说教。家风条款在司法运用中之所以流于表面，主要是因为引用过于概括，缺乏细致论证，公众仅能“意会”甚至“默会”案件与家风条款之间的可能联系。有鉴于此，必须强化家风条款运用的具体化论证。

其一，结合案件事实将家风条款转化为具体的行为规范。家风条款论证的具体结构可表示为：

（1）“树立优良家风”Z应当被实现。（OZ）

（2）采取某个行为R，将有助于实现Z（或若不采取R，就无法实现Z）。（R→Z或¬R→¬Z）

（3）应当采取R。（OR）

---

① 参见［德］托马斯·M. J. 默勒斯：《法学方法论》，杜志浩译，北京大学出版社2022年版，第413页。

② 《指导意见》第2条规定：裁判文书释法说理，要阐明事理，说明裁判所认定的案件事实及其根据和理由，展示案件事实认定的客观性、公正性和准确性；要释明法理，说明裁判所依据的法律规范以及适用法律规范的理由；要讲明情理，体现法理情相协调，符合社会主流价值观；要讲究文理，语言规范，表达准确，逻辑清晰，合理运用说理技巧，增强说理效果。

③ 参见［芬兰］奥利斯·阿尔尼奥：《作为合理性的理性：论法律证成》，宋旭光译，中国法制出版社2020年版，第295页。

以上是根据阿列克西的目的论的论证形式列出的“实践三段论”。① 一般情况下，有待证立的行为规范（OR）并不能从法律原则（OZ）直接推导出来，这就需要借助新加入的法律命题使法律原则进一步具体化，② 即结合个案事实特征，将抽象的家风条款与特定的行为规范衔接起来。

其二，对家风条款进行具体化解释。由于“家风”涉及夫妻、子女、兄弟等关系，法官在说理时不宜笼统地以“应树立优良家风”一笔带过，而要根据个案的纠纷类型，指明调整家庭关系具体的家风内容，例如，夫妻和睦、孝亲敬长、兄友弟恭等。更进一步，则应思考：“家风”的具体要求是什么？什么样的行为才算真正地违背“家风”要求？当前来看，出轨、家暴等性质恶劣的行为当然是违背“家风”要求的，但是夫妻感情不和长期分居、争吵是否就违背这一要求？其实，不同时代对“家风”的理解是不同的，例如，古代女子“三从四德”属于优良家风的范畴，但今天看来却不符合社会主义核心价值观的要求。合理的做法是根据当今的主流价值观，对案件事实进行类型化处理，进而为“家风”司法裁判运用提供指引和参考。当然，这离不开具体化说理与案例制度的相互支撑。

其三，强化“家风”与案件事实的关联性论证。具体化论证就是在案件事实与法律规范之间来回对应的过程。③ 论证虚化、说理粗疏的缘由是缺乏对事实与规范的往复对照和细致分析。解决这一问题的关键，就是要通过对案件事实与证据的具体化分析，在个案中搭建起“家风”具体要求与案件事实之间的桥梁。为此，要遵循以下论证规则：（1）饱和性规则：论证中每一步骤的前件与后件具有实质关联性，使论证达到饱和状态。（2）连贯性规则：“家风”具体化论证的各个步骤是连贯的，不存在逻辑上的跳跃

---

① 参见［德］罗伯特·阿列克西：《法律论证理论——作为法律证立理论的理性论辩理论》，舒国滢译，中国法制出版社2002年版，第294页以下。

② 参见雷磊：《社会主义核心价值观融入司法裁判的方法论反思》，载《法学研究》2023年第1期。

③ 参见高尚：《论司法裁判中具体化说理的方法论构造》，载《法制与社会发展》2025年第1期。

和矛盾。(3) 切合性规则：尽可能多地展开逻辑推导步骤，使表达陈述达到无人再争论的程度。①

（三）围绕“听众”展开对话式说理

以家风条款作为裁判理由，目标在于增强裁判结论的可接受性，这要求裁判说理围绕“听众”即裁判的接受者展开对话式说理。由于当前司法实践中家风条款主要充当着裁判理由的角色，做到这一点尤为关键。

现代性法律对理性的追逐，不仅导致了法律的膨胀，而且形成了法律科层对法律的话语制约现象，导致民主与法治、正当与合法等“潜在的自我颠覆”成为“现实的自我颠覆”。② 随着法律论证理论的发展，这样的认识不断加深：在价值观念多元的现代社会，利益分化加剧，矛盾纠纷频发，要真正达到案结事了的目的，司法裁判就不能仅仅在给定前提下由演绎推理简单地得出结论，而必须通过说理来论证裁判结论的合理性，否则就会落入道德说教的窠臼。作为法官言说对象的当事人、法律职业共同体和社会公众，不能是被动的接受者，而应是主动的参与者。这就要求司法裁判在援引家风条款说理时，要把法官与听众的关系定义为一种新型的主体间的关系，而非主客体关系。法官应转变自说自话的行为习惯，积极地与听众交流沟通，回应听众的诉求，开展对话式说理，确保作出的裁判能够被听众有效接收和接受。③“如果没有考虑你的听众，那么你的论证不过是在锻炼你构造论据单元的能力罢了。”④ 围绕听众展开对话式说理要做到以下几点。

其一，论证的展开应该以听众认可的价值或规范为起点。佩雷尔曼认

① 参见雷磊：《社会主义核心价值观融入司法裁判的方法论反思》，载《法学研究》2023 年第 1 期。

② 参见刘星：《法律解释中的大众话语与精英话语——法律现代性引出的一个问题》，载《比较法研究》1998 年第 1 期。

③ 参见郭晓燕：《论司法判决的可接受性——基于听众理论的分析》，载《南大法学》2021 年第 2 期。

④ Josina M. Makau & Debian L. Marty, *Cooperative Argumentation: A Model for Deliberative Community*, Waveland Press, 2003, p. 191.

为，共同认可的起点（starting point）是论证者获得认可的前提。① 阿尔尼奥也指出，法律解释的可接受性取决于一个特定共同体的内在起点，即规范和价值上的共识。② 可见，某种共识的存在是司法裁判进行说理论证的前提。如果没有共享性的价值与观念，对话将无从展开。“树立优良家风”作为社会广泛认可的价值理念，其实为对话的开展提供了先决条件。法官要从这一内在起点出发，充分利用其价值共识性展开交流，争取听众对司法裁判的认可。这就要求法官不能仅仅罗列家风条款的法条序号，更要说明法条的具体规定，阐明“家风”的内在含义和精神特质，通过充分的论证说理，为交流的进行提供共识性的前提。

其二，注重“家风”裁判运用的话语修辞。将裁判接受者视为听众，就要考虑其听后感。话语修辞是影响听后感的关键，法官在劝勉当事人树立优良家风时，采取委婉一些的表述可以达到更好的效果。例如，（2023）浙0421民初4801号判决书：“只要双方珍惜夫妻感情，以家庭为重，互相忠实，互相尊重，互相关爱，多沟通、交流，各自承担起家庭应尽的责任，夫妻关系仍有和好可能。”③ 这种说理并没有凌驾于道德的制高点，而是将主动权交给夫妻双方，真诚地希望当事人重归于好。又如，（2023）内0785民初441号民事判决书：“本院望原、被告通过本案，摒弃前嫌，化干戈为玉帛，弘扬中华民族优秀传统文化，树立优良家风，弘扬家庭美德，重视家庭文明建设。”④ 这种说理将“应该”“必须”等强制式用词改为“但愿”“希望”等祈盼式用词，可以减少说教化色彩，语气更为柔和，

---

① Chaim Perelman & Lucie Olbrechts-Tyteca, *The New Rhetoric: A Treatise Argumentation*, University of Notre Dame Press, 1969, pp. 89-108.

② Aulis Aarnio, *The Rational as Reasonable: A Treatise of Legal Justification*, D. Reidel Publishing Company, 1987, p. 238.

③ 参见浙江省嘉善县人民法院（2023）浙0421民初4801号民事判决书。

④ 这方面有许多判决书值得学习，例如，（2020）沪0115民初83981号民事判决书：“希望原、被告双方均能重新审视婚姻。”（2023）豫09民终1624号民事判决书：“望今后任某能够积极妥善履行赡养义务……望王某能够从维护家庭和睦考虑，接受任某的赡养行为，维系母子亲情，建立良好的家庭关系。”

当事人也更能接受。

其三，家风条款的运用结果要接受合理性标准的检验。可从两个维度入手：(1) 后果主义标准，即考量法官裁判的后果能否起到正面激励的效果。这要求法官在适用家风条款时，要充分衡量不同的规则解释或者规则创设所带来的不同后果。[①] 后果主义标准是评价性的，它关心的是后果是否可接受。(2) 融贯性标准，即考量司法裁判是否与整个法律体系一致融贯。作为对后果主义的必要限制，融贯性要求法官在运用家风条款时，规则解释必须与现行法律体系的一般性法律原则及蕴含其中的法律价值相一致、相融合，不存在冲突性。如果当事人认为裁判结果不符合合理性标准，可以提出上诉或申请再审，这是对话式说理的应有之义。

结　　语

"家风"这一具有中国特色的文化符号上升为制度构成，对于构建中国法治的主体性具有重要意义，其司法运用不但能为新时代法治提供历史经验，更可以促进法治实践与社会文化心理的契合。由于独特性质及对社会生活的直接介入，司法往往处于社会矛盾和冲突的中心，它必须在应对复杂的社会问题时有效地平衡各种关系和利益，既维持社会秩序的稳定，又始终保持不偏不倚。从司法的广场化到司法的剧场化，大众化与精英化、集体主义与个人主义、实质主义与程序主义等二元对立的价值观念相互交织。[②] 裁判说理是表明司法立场的重要环节，其话语表达受到社会的广泛关注。从本质上讲，裁判说理的目的并不在于"理"，而在于"人"。人才是理的归宿：让当事人知法明理、胜败皆服，达到案结、事了、人和

① 参见［英］尼尔·麦考密克：《法律推理与法律理论》，姜峰译，法律出版社 2018 年版，第 155 页。

② 参见舒国滢：《从司法的广场化到司法的剧场化——一个符号学的视角》，载《政法论坛》1999 年第 3 期。

的效果。①“家风”用于裁判说理也不例外，其目的不在于恢复传统的纲常礼教，而在于以理服人、以情动人、以德化人，进而培育亲情和美德，培植良法善治的根基。当然，将“家风”作为一种价值理念融入司法进程发挥法治功效，是一个长期沉淀、砥砺和浸润的过程。只有在裁判依据与裁判理由二分的基础上，注重“家风”司法裁判运用的方法，才能不违背“家风”入法的初衷，真正实现德治与法治的双向促进和协同发力。

（本文仅代表作者个人观点）

① 参见宋北平：《裁判文书论证与说理》，人民法院出版社2022年版，“序”（张文显撰）第7页。

合同解除权诉讼行使的学理证辨与制度伸延*

于　晓**

民法典颁布之前，关于解除权人可否通过诉讼行为行使合同解除权，司法实践中存在争议。① 民法典第565条第2款规定，当事人一方可以在未通知对方的情况下直接以提起诉讼的方式依法主张解除合同，从而在民事基本法律中确立了合同解除权诉讼行使制度。依此规定，合同解除权的行使既可以通过向对方发出解除通知的方式进行，也可以直接通过诉讼途径实施，发出解除通知不是诉讼解除的前置程序。如果人民法院支持了当事人解除合同的诉请，则合同解除的时间为起诉状副本送达对方的时间。②《最高人民法院关于适用〈中华人民

* 本文系国家社科基金重大专项课题“社会主义核心价值观融入司法裁判的理论基础与实施对策研究”（项目编号：19VHJ019）的阶段性研究成果。

** 山东政法学院民商法学院副教授，硕士研究生导师，法学博士。

① 参见崔建远：《合同解除探微》，载《江淮论坛》2011年第6期。

② 参见刘凯湘：《民法典合同解除规则在起草过程中的争议与条文理解》，载《判解研究》总第100辑，人民法院出版社2023年版，第140页。

共和国民法典〉合同编通则若干问题的解释》（以下简称《民法典合同编通则解释》）第54条细化了该规定，明确了当事人一方撤诉后再次起诉主张解除合同时解除效果发生的时间点。依该解释，仅载有解除主张的起诉状副本送达对方当事人，并不发生合同解除的效力。须待人民法院确认解除主张时，合同权利义务关系才溯及起诉状副本送达时终止。

合同解除权诉讼行使本质上是通过诉讼行为行使民事权利，是私法自治原则在民事诉讼场域中的贯彻，① 是民事实体法与诉讼法的交融点。民法典与《民法典合同编通则解释》的相关规定并不能终结学理上的探讨，制度上的空白亦有待学者建言献策。梳理现有文献资料，如下三个问题尚待解决：第一，合同解除权诉讼行使的理论依据何在？辨说破旧、析规立新，探求合同解除权诉讼行使的理论依据，旨在为民事立法与司法解释中的制度内容提供学理阐释。第二，直接以提起诉讼的方式依法主张解除合同，所提之诉的诉讼类型为何？我国民事诉讼制度沿袭大陆法系规范出发型诉讼传统，诉讼类型的学理探索离不开对实体法规范的恰当解读，其结论应在辨析实务见解的基础上，从合同解除权诉讼行使的理论依据中推演而出。第三，除起诉外，可否通过其他诉讼行为主张解除合同？相应的制度应如何设计？

一、理论依据之证：法定特别生效要件说创立

（一）辨说破旧：既有理论依据无法准确阐释解除权诉讼行使制度

合同解除权诉讼行使的理论依据主要有四种学说：并存说、新并存说、诉讼行为说和一行为两性说。

1. 并存说忽视了当事人民事法律行为与诉讼行为在效果上的牵连性

并存说将合同解除权诉讼行使视为民事法律行为和诉讼行为的并立。当事人直接以提起诉讼的方式主张解除合同，解除合同的意思表示一经法

---

① 参见庄诗岳：《权利抗辩的法理证成与规则辨正》，载《深圳大学学报（人文社会科学版）》2022年第5期。

院送达对方当事人，解除权行使这一单方民事法律行为即有效成立。作为当事人诉讼行为的起诉，无论是否获得法院的生效裁判，均不影响解除效果的发生。① 并存说正确地认识到了当事人解除合同的意思表示在合同解除权诉讼中的决定性作用，但否定了当事人民事法律行为与诉讼行为在法律效力上的牵连性，将合同解除的法律效果片面地归因于当事人民事法律行为的有效成立，忽视了作为当事人诉讼行为法律后果的人民法院确认判决在合同解除效果发生中的作用，从而造成私法效果与裁判状态之间的龃龉。民法典与《民法典合同编通则解释》均将当事人诉讼行为的法律效果作为合同解除的决定因素，因而未采纳并存说。

2. 新并存说未明确将人民法院的生效裁判作为合同解除的原因

新并存说来源于并存说，仍然主张合同解除权诉讼行使是当事人民事法律行为和诉讼行为的合并，分别受到实体法和诉讼法的调整。但该学说在处理未获法院生效裁判确认的解除主张时相对灵活，认为应当在考虑当事人的意思及利益的基础上判断其实体法上的效果是否发生。若当事人行使合同解除权是为了遵守除斥期间等规定，纵使该主张未经判决确认，也应承认其实体法效力的产生。相反，若当事人将合同解除权的行使作为一种手段，其目的只是防御对方请求的实现，则在该主张未经判决确认时，应允许其自主决定解除效力是否发生。② 笔者并未发现明确采纳新并存说的案例。单从理论设想观之，该说虽在微观上考虑了具体案件中当事人的意思及利益，却忽略了宏观上的法秩序统一，致使司法实践缺乏确定性，难以保证裁判结果的统一。当事人诉讼行为的法律效果究竟是不是合同解除的决定性因素，新并存说没有回答，这与民法典合同编通则中明确将人民法院确认判决作为合同解除效果发生原因的规范设计不符。

3. 诉讼行为说否定了当事人意思表示对解除效果发生的决定性作用

诉讼行为说认为，当事人以提起诉讼的方式依法主张解除合同，目的

---

① 参见最高人民法院（2020）最高法民申6368号民事裁定书。

② 参见王毓男、牛翔：《论合同解除权诉讼上行使的性质及司法规则》，载《安徽大学学报（哲学社会科学版）》2023年第5期。

仅仅是取得有利于己的法院判决，因而属于当事人诉讼行为中的取效行为。该行为的特征在于，其要件与效力均规定于诉讼法中，其效力仅在于导致具有某种内容的裁判，并没有超出具体诉讼之外的独立效力。① 诉讼行为说将解除权诉讼行使完全归入当事人诉讼行为，彻底否定了当事人意思表示对解除效果发生的决定性作用。② 我国民事立法与司法解释中关于解除权诉讼行使的规定已明确将当事人意思表示的生效作为合同解除效果发生的必要条件，诉讼行为说无法为该规定提供理论支持。

4. 一行为两性说在立法上难以立足

按照一行为两性说，诉讼上行使合同解除权，仅有一个行为存在，但该行为同时具备私法行为与诉讼行为两种性质。两性说将“一行为”设想成诉讼行为，合同解除权诉讼行使是一个包含了解除合同意思表示的诉讼行为。该行为是否发生民事实体法上合同解除的效果，应根据民法典相关规范予以判断；是否发生民事诉讼法上的效果，应根据民事诉讼法相关规定予以审度。但如果诉讼程序因为撤诉等原因而消灭，则解除权诉讼上行使不产生实体法上的效果。民法典颁布之前，我国司法实践中就不乏该说的践行者。③ 民法典制定过程中似乎采纳了这类观点。但该学说并不符合部门法之间的体系安排。我国沿袭了大陆法系规范出发型诉讼传统，民事实体法与诉讼法在体系上相互独立。④ 将实体法上的意思表示寓于诉讼行为中，使实体法效力与诉讼法效果牵连在一起，仅仅是学说中的理想状态，无法在现行民事诉讼法关于当事人诉讼行为的规定中落实。换言之，当事人诉讼行为相关制度没有给实体法上意思表示提供容身之处，包含解除合同之意思表示的诉讼行为无法存在于我国诉讼制度之中，实体法与诉

---

① 参见［德］罗森贝克、施瓦布、戈特瓦尔德：《德国民事诉讼法》（上），李大雪译，中国法制出版社2007年版，第431页。

② 参见贵州省贵阳市观山湖区人民法院（2018）黔0115民初3084号民事判决书。

③ 参见上海市第二中级人民法院（2010）沪二中民二（民）终字第2512号民事判决书。

④ 参见蔡虹、张琳：《民事诉讼请求之释明》，载《湖南大学学报（社会科学版）》2021年第3期。

讼法效果的牵连因而不可能通过一行为两性说实现。

（二）析规立新：法定特别生效要件说证成

1. 理论依据的探索需兼顾实体法与诉讼法的“分立”与“融合”

合同解除权诉讼行使是私法自治原则在民事诉讼场域的贯彻，是民事实体法与诉讼法的交融点。私法行为说与诉讼行为说完全站在各自部门法立场上解释合同解除权诉讼行使这一现象，没有考虑到部门法之间的交融。一行为两性说仅仅看到了实体法与诉讼法的交融，没有合理顾及两部门法在立法及学说上的分立。学说理论对合同解除权诉讼行使的定性，应在“分立”与“融合”的对立中寻找统一，不可偏执一端。

实体法与诉讼法既相互交错又密切联系，合同解除权诉讼行使是这种关系的生动体现。实体法与诉讼法的基本原则相互交错，诉讼法的处分原则建立在实体法的意思自治基础之上，实体法的意思自治在必要时需通过诉讼法的处分原则予以落实。实体法与诉讼法的规则内容密切联系，后者具有保障前者实现的功能，前者为后者的适用提供裁判依据。[①] 由此，探索合同解除权诉讼行使的理论依据，应着眼于民事实体法意思自治原则在诉讼法处分原则中的延伸，立足于实体权利在民事诉讼中的实现。新并存说虽然在细节上存在不足，但一直致力于调和实体法与诉讼法“分立”与“交融”的矛盾。合同解除权诉讼行使的理论奠基，应在既有新并存说的基础上寻找出路。

2. 兼顾“分立”与“融合”应着眼于民事法律行为法定特别生效要件设置

合同解除权诉讼行使，其本身仍应是单方民事法律行为。自20世纪以来，民法学说中逐渐强调法律行为成立与生效的区分，[②] 我国民事立法客观上也存在这种不同。民事法律行为的成立必须符合一般成立要件，在法

---

① 参见《民事诉讼法学》编写组：《民事诉讼法学》，高等教育出版社2022年版，第26页。

② 参见杨代雄：《法律行为论》，北京大学出版社2021年版，第353页。

律、行政法规另有规定或当事人另有约定时还需要具备特别成立要件。作为民事法律事实的一种，民事法律行为的成立要件无论是一般成立要件还是特别成立要件，都应规定于实体法中。根据私法自治的要求，民事法律行为一旦成立，如果不存在效力阻却因素，法律效力随之而生，但在特殊情况下，需要具备特别生效要件。民事法律行为的特别生效要件包括法定特别生效要件和意定特别生效要件。意定特别生效要件仍为私法自治的正面体现，由民事主体自由设定；法定特别生效要件基于管制需要而设置，因而体现为公法上的法律事实。①

诉讼上行使合同解除权，其行为本身没有脱离民事实体法，但该行为是在民事诉讼过程中，通过行使诉讼权利来行使民事权利，实质上是一方当事人通过实施诉讼行为向对方当事人实施民事法律行为。如此，仅仅符合民事法律行为的一般生效要件即能导致合同解除，无法平衡法院与当事人之间的关系，不能兼顾费用、时间、劳力等诉讼法上的程序利益，从而导致实体法与诉讼法适用上的冲突。当事人一方直接以提起诉讼的方式依法主张解除合同，提起诉讼系当事人诉讼行为中的取效行为。该类行为的目的在于引起法院的审判活动，② 并不能直接产生诉讼法上的效果，人民法院需要对该行为是否合法合理进行审查。若该行为因违反民事诉讼法的规定而被驳回，权利人将承担败诉的风险或其他诉讼法上的不利益。合同权利义务终止的法律效果倘若仅具备民事法律行为的一般生效要件即能产生而完全无视诉讼行为被驳回的事实，由此会导致民事主体之间的合同权利义务关系虽已终止，却无法得到人民法院生效裁判的确认，实体法与诉讼法的抵牾因而暴露无遗。

解决该矛盾的方法在于实现实体法与诉讼法效果的统一，即民事主体之间合同权利义务关系终止的同时，民事诉讼当事人之间的上述实体法律关系获得人民法院生效判决的确认。在实体法与诉讼法分立的情况下，该

① 参见朱庆育：《民法总论》（第2版），北京大学出版社2016年版，第121页。

② 参见［德］汉斯-约阿希姆·穆泽拉克：《德国民事诉讼法基础教程》，周翠译，中国政法大学出版社2005年版，第96-97页。

统一应如何实现？一方面，要尊重实体法对合同解除权法律构成要件的规定，承认解除权依法依约产生后，解除合同的意思表示一经到达对方当事人，合同解除权行使即告成立；另一方面，要尊重诉讼法对当事人取效行为的规定，充分认可人民法院的裁判行为对诉讼中实施的民事法律行为的效力影响。民法学说与立法实践对民事法律行为的成立与生效作出了区分，民事法律行为的成立只能发生在实体法领域，统一实体法与诉讼法效果的着力点因而应放在民事法律行为的特别生效要件设置上。

民事法律行为的意定生效要件仅能由民事主体通过意思表示设定，民事主体将人民法院的生效裁判作为民事法律行为的意定生效要件，无法确定地实现该要件对合同解除效力的影响。真正能够统一实体法与诉讼法效果的应是法定特别生效要件。人民法院的生效判决虽为公法上的事实，但不妨碍其成为实体法上的法律行为特别生效要件。

3. 合同解除权诉讼行使的法定特别生效要件应为人民法院的生效确认判决

我国民法典第 136 条第 1 款对民事法律行为特别生效要件作了一般规定。法律对民事法律行为特别生效要件另有规定时，只有满足了该特别生效要件，民事法律行为才会发生法律效力。具体到民法典第 565 条第 2 款和《民法典合同编通则解释》第 54 条，当事人一方直接以提起诉讼的方式依法主张解除合同，仅仅是载有合同解除主张的起诉状副本送达对方，并不能发生终止合同权利义务关系的法律效果。只有当人民法院通过生效裁判确认该主张的，合同解除权行使才溯及起诉状副本送达对方时生效。作为起诉等诉讼行为所欲取得的人民法院生效确认判决，显然是合同解除权诉讼行使的法定生效要件。

合同解除权诉讼行使，其性质应为附法定特别生效要件的民事法律行为。当事人一方享有合同解除权时，直接以提起诉讼的方式依法主张解除合同，既包含实体法中作为民事法律行为的合同解除权行使，也包含作为诉讼行为的“提起诉讼”，因而应归入并存说。但由于存在人民法院生效确认判决这一特别生效要件，合同解除权诉讼行使应归入新并存说，为新并存说中的法定特别生效要件说。

二、诉讼类型之辨：形成之诉说证伪与确认之诉说证立

（一）形成之诉说证伪：间接反驳与直接否定

关于合同解除权诉讼行使的诉讼类型，实务界部分司法判决或法律释义采用形成之诉说。民法典颁布之前，最高人民法院在“某国土局与南某置业公司国有土地使用权出让合同纠纷案”民事判决书中认为：“根据有关法律规定精神，解除权在实体方面属于形成权，在程序方面则表现为形成之诉，在没有当事人依法提出该诉讼请求的情况下，人民法院不能依职权径行裁判。”① 民法典颁布之后，最高人民法院民法典贯彻实施工作领导小组在其主编的《中华人民共和国民法典合同编理解与适用》中认为：“解除权诉讼是形成之诉，当事人未提出解除合同的诉讼请求，人民法院不能依职权直接判决解除合同。合同解除权为形成权，当事人关于形成权的纠纷即为形成之诉。”②

1. 间接反驳：诉讼行为说的不可行间接证明形成之诉说不合理

形成之诉说与合同解除权诉讼行使理论依据中的诉讼行为说遥相呼应。当事人直接以提起诉讼的方式主张解除合同，如果所提之诉为形成之诉，则其诉讼请求仅为针对人民法院的诉讼主张，所获胜诉判决只能是形成判决。由是，合同解除权诉讼行使仅仅是诉讼行为，合同解除效果的发生与否仅取决于当事人诉讼行为的效果，与其实体法上解除合同的意思表示无关。通过前文辨说破旧，可知诉讼行为说并不符合民法典与《民法典合同编通则解释》的规定，民事立法与司法解释中的合同解除权诉讼行使制度并非以人民法院的生效判决作为合同解除效果发生的唯一决定因素，其主要考虑的是当事人实体法上解除合同的主张是否依法提出。诉讼行为

---

① 参见最高人民法院（2004）民一终字第106号民事判决书。

② 最高人民法院民法典贯彻实施工作领导小组主编：《中华人民共和国民法典合同编理解与适用》，人民法院出版社2020年版，第657页。

说的不可行，间接证明了形成之诉说的不合理。

2. 直接否定：普通形成权不宜对应于形成之诉

形成之诉说的根本问题在于：忽视了形成权内部的具体权利类型差异，误将普通形成权对应于形成之诉。由权利人单方意思表示即可变动法律关系的形成权被称为普通形成权，需要通过形成判决才能变动法律关系的形成权被称为形成诉权。合同法与民法典合同编中的解除权与撤销权是上述两类形成权的典型，前者通过权利人的单方意思表示即可消灭合同法律关系，后者则需要借助法院判决的形成力。两种形成权行使方式及行使效果相异，其所对应的诉讼类型也不应同一，而应分属确认之诉和形成之诉。遗憾的是，上述差异并未引起主张形成之诉说的实务工作者的足够重视，形成之诉说并未真正区分普通形成权和形成诉权。①

（二）确认之诉说证立：法定特别生效要件说的推演

民法典施行后，地方各级人民法院在审理合同解除权诉讼行使案件中逐渐抛弃形成之诉说，改采用确认之诉说。② 形成之诉说的证伪与否定，不能当然地证成确认之诉说。以权威教科书为代表的学界通说强调，确认之诉的对象仅限于法律关系，不包括一般的事实。③ 而我国民法典与《民法典合同编通则解释》均将解除合同的主张而非解除行为的效力作为审理对象。解除合同的主张为民事法律行为本身而非其法律效果。易言之，从民事立法和司法解释的规范语词中，直接以提起诉讼依法主张解除合同，人民法院审理的对象似乎是作为单方民事法律行为的法律事实，而非作为民事法律行为效果的法律关系。审理对象的特殊性，会不会将合同解除权诉讼排除于典型确认之诉的范围之外？申言之，将人民法院的审理对象规

---

① 参见胡骁、王雪羽：《私法形成权之涉讼形态研究》，载《南京社会科学》2020 年第 3 期。

② 参见重庆市大足区人民法院（2021）渝 0111 民初 6804 号民事判决书、辽宁省大连市中级人民法院（2024）辽 02 民终 10792 号民事判决书、北京市高级人民法院（2022）京民终 684 号民事判决书。

③ 参见刘哲玮：《诉的基础理论与案例研习》，法律出版社 2021 年版，第 3 页。

定为解除合同的主张，莫非是在确认之诉之外创设了不知名的新的诉讼类型？抑或修正了确认之诉理论，在典型确认之诉之外设立了以法律事实为审理对象的非典型确认之诉？该问题的答案，可以在回顾合同解除权诉讼行使法定特别要件说的基础上，结合民事诉讼理论推导而出。

1. 解除主张的确认仅是生效确认裁判的初步结论

法定特别生效要件说将人民法院的生效确认裁判作为合同解除权诉讼行使的法定特别生效要件，并不意味着将最终审判结论（判决主文内容）作为该要件事实。真正的要件事实是裁判文书中对解除主张业已成立的确认（判决理由内容）。在合同解除权诉讼的审理过程中，合同解除主张是否成立，仅仅是其中的首位争议焦点。① 相应的，合同解除主张的确认，也只是生效确认裁判的初步结论。之所以将整个生效确认裁判作为合同解除权诉讼行使的法定特别生效要件，是因为如果该裁判文书尚未生效，则作为初步结论的解除主张的确认亦无法生效。将生效确认裁判作为法定特别生效要件，实则是将其中的解除主张的生效确认作为该要件事实。最终的审判结论，并非对解除主张的确认。

2. 生效确认裁判的初步结论实质上是对合同解除权存在与否的确认

人民法院对合同解除主张的确认，表面上为对单方民事法律行为是否成立的审理结果。要确认民事法律行为是否成立，先要判断该民事法律行为是否符合成立要件。成立要件解决的是民事法律行为是否形成的问题，要判断的是特定民事法律行为是否存在。② 合同解除权行使是形成权行使的一种，属于单方民事法律行为。该行为的特殊之处在于，必须先有合同解除权，才能有合同解除权行使行为。如果合同解除权并未产生，则根本不存在合同解除权的行使。由是观之，合同解除权依法依约产生，是合同解除权行使这一单方法律行为的成立要件。司法实践中，确认合同解除行为成立与

① 参见上海市徐汇区人民法院（2024）沪0104民初15660号民事判决书。

② 参见易军：《法律行为为“合法行为”之再审思》，载《环球法律评论》2019年第5期。

否，实质上就是确认合同解除权是否依法依约产生。[①] 合同解除权诉讼中，人民法院对解除主张的审理结果，实质上并非作为法律事实的合同解除主张是否成立，而应是作为法律关系内容的合同解除权是否产生。[②]

3. 合同解除权存在与否的确认最终决定合同解除权行使效力的确认

法定特别生效要件说将当事人已经成立的解除主张与人民法院生效裁判对该主张的确认作为合同解除效果产生的必要条件。解除主张能否成立，取决于解除权是否存在。因而，解除权的产生一经人民法院生效裁判确认，则合同权利义务关系溯及载有解除主张的起诉状副本送达对方时终止。[③]

4. 合同解除权行使效力的确认是解除权诉讼的最终审判结论

最终审判结论既是诉讼请求的内容，亦是裁判主文的应有之义。诉讼请求是一方当事人就其与对方当事人之间的民事纠纷如何处理而提交法院作为审判客体的诉讼主张。包含实体权利主张的诉讼请求，既包含针对对方当事人的实体权利主张，也包含针对人民法院的纠纷解决方案，其目的是获得有利于己的诉讼结果。当事人一方直接以提起诉讼的方式依法主张解除合同，所欲取得的诉讼结果是对合同权利义务关系终止的确认，为的是在合同目的不能实现时，摆脱合同权利义务的约束，重新获得交易自由。诉讼请求承载了当事人欲达到的诉讼结果，其内容应为人民法院对合同解除权行使效力的积极确认。[④] 关于裁判主文，民法典第 565 条第 2 款暗含了其中内容的应然表述："人民法院或者仲裁机构确认该主张的，合同自起诉状副本或者仲裁申请书副本送达对方时解除。"胜诉裁判主文因而应表述为：确认合同于起诉状副本送达对方当事人时解除。[⑤] 这样的表述恰恰是对合同解除权行使效力的确认，是对当事人诉讼请求的正面回应。由此，对合同解除权行使效力的确认是合同解除权诉讼的最终审判结论。

---

① 参见江苏省南京市栖霞区人民法院（2023）苏 0113 民初 8673 号民事判决书。

② 参见山东省淄博市张店区人民法院（2024）鲁 0303 民初 14549 号民事判决书。

③ 参见福建省泰宁县人民法院（2024）闽 0429 民初 1038 号民事判决书。

④ 参见上海市徐汇区人民法院（2024）沪 0104 民初 15660 号民事判决书。

⑤ 参见江苏省南京市栖霞区人民法院（2023）苏 0113 民初 8673 号民事判决书。

5. 最终审判结论决定了合同解除权诉讼应为确认之诉

诉讼类型的确定取决于诉讼请求的性质和内容，[①] 诉讼请求的性质和内容决定了法院裁判的方式和对象，法院裁判的方式和对象寓于最终审判结论中。直接以提起诉讼的方式依法主张解除合同，最终审判结论为人民法院对合同解除权行使效力的确认，而非对解除合同主张的确认。无论胜诉还是败诉，合同解除权行使效力都表现为法律关系而非一般法律事实。即便是对该诉首要争议焦点的解除主张成立与否的裁判结论，也非对法律事实的确认，而是对合同解除权产生与否的判断。因此，合同解除权诉讼绝非立法者在确认之诉外创设的不知名新型诉讼，亦非对典型确认之诉的修正，而是典型确认之诉的应有之义。

三、制度内容伸延：从确认之诉到权利抗辩

民法典与《民法典合同编通则解释》仅仅将合同解除权诉讼行使的行为方式规定为“提起诉讼”[②]，按照本文第二部分的结论，所提诉讼应为确认之诉。法定特别生效要件说表明，直接以提起确认之诉的方式依法主张解除合同，本质上是通过诉讼行为依法向对方当事人主张合同解除权（诉讼行为+权利主张），相关诉讼行为的方式并不限于起诉（反诉），还应包括抗辩。合同解除权可以通过抗辩的方式在诉讼程序中行使，本为学界通说，[③] 但在买卖价款纠纷诉讼中，司法解释却将买受人的合同解除权行使方式限于“反诉”，从而在该纠纷中禁止了买受人通过抗辩行使合同解除权。根据《最高人民法院关于审理买卖合同纠纷案件适用法律问题的解释》（2020年修正，以下简称《买卖合同司法解释》）第31条第2项的

---

① 参见张卫平：《民事诉讼法》（第3版），法律出版社2013年版，第170页。

② 民法典第565条第2款将合同解除权诉讼行使的行为方式规定为“提起诉讼”与“申请仲裁”，但根据《最高人民法院关于建立健全诉讼与非诉讼相衔接的矛盾纠纷解决机制的若干意见》（法发〔2009〕45号）第2条的规定，仲裁为非诉讼的矛盾纠纷解决机制，故“申请仲裁”并非合同解除权诉讼行使的行为方式。

③ 参见史尚宽：《债法总论》，中国政法大学出版社2000年版，第550页。

规定，出卖人履行交付义务后诉请买受人支付价款，买受人以出卖人违约在先为由要求解除合同的，应当提起反诉。该规定保留了最高人民法院2012年制定的《买卖合同司法解释》（法释〔2012〕8号）第44条第2项的内容，通过“强制性反诉”排除了在买卖价款纠纷诉讼中通过抗辩方式行使合同解除权的可能。① 买卖合同是商品交换的基本法律形式，在所有双务、有偿合同中，其为最基本的合同类型，“买卖合同的规则、原则，适用于其他的有偿合同”②。由此，在其他有偿合同的价款纠纷诉讼中，负有价款给付义务的当事人一方在诉讼中亦无法通过抗辩的方式行使合同解除权。《买卖合同司法解释》（2020年修正）中禁止通过抗辩的方式行使合同解除权的规定是否具有合理性？诉讼中行使合同解除权可否通过抗辩的方式行使？如果可以通过抗辩在诉讼中行使合同解除权，抗辩类型是什么？相应的释明规范如何设计？

（一）抗辩：合同解除权诉讼行使的应有方式

1. 买卖价款纠纷诉讼中合同解除“强制性反诉”基于“纠纷一次性解决”

《买卖合同司法解释》（2020年修正）之所以将买卖价款纠纷诉讼中行使合同解除权的方式限定为反诉，是出于“纠纷一次性解决”的目的，合同解除的法律后果并不仅是使合同归于消灭，还会产生诸如恢复原状、采取其他补救措施、赔偿损失等请求权。在此情况下，如果将合同解除视为出卖人支付价款请求权的抗辩，合同解除后相关的法律效果将无法得到实现，不利于纠纷的一次性解决。因此，买受人以出卖人违约为由在诉讼中主张解除合同的，只能通过反诉予以实施。③

审判实践中，对“纠纷一次性解决”的解读可以被总结为从小到大三个层次：第一，诉讼标的扩容；第二，诉讼程序扩容；第三，审理范围扩

---

① 参见王福华：《论民事判决的遮断效力》，载《中国法学》2021年第3期。

② 崔建远：《合同法》（第5版），北京大学出版社2024年版，第455页。

③ 参见最高人民法院民事审判第二庭编著：《最高人民法院关于买卖合同司法解释理解与适用》，人民法院出版社2012年版，第642–643页。

容。其中，实现诉讼程序扩容的方式为增加、变更诉讼请求和提出反诉。① 《买卖合同司法解释》（2020年修正）将诉讼中旨在消灭买受人支付价款请求权的合同解除方式限定为反诉，其目的在于通过强制被告提出反诉以实现诉讼程序扩容，经由诉讼程序扩容贯彻纠纷一次性解决的理念。换言之，强制被告提起反诉，以此解决因合同解除而产生的所有法律纠纷。具体而言，强制被告通过反诉提出以下诉讼请求：第一，请求人民法院确认合同自载有解除主张的起诉状副本送达对方时解除；第二，请求人民法院判令反诉被告恢复原状或采取其他补救措施；第三，请求判令反诉被告赔偿损失。在此基础上，实现诉的客体合并：第一，本诉与反诉的合并；第二，反诉中，确认之诉和给付之诉的合并。上述反诉诉讼请求，都会在判决主文中予以回应。判决生效后，确认之诉的胜诉判决产生既判力，给付之诉的胜诉判决产生既判力和执行力。

2. “纠纷一次性解决”不应排除合同解除权抗辩行使

出于贯彻“纠纷一次性解决”理念而禁止通过抗辩行使合同解除权，不能自圆其说。第一，不强制被告提出反诉，未必不能一次解决纠纷。民法典第566条作为合同解除法律后果的一般规则，② 规定了当事人恢复原状、采取其他补救措施及赔偿损失的请求权，但上述请求权的产生以合同“已经履行”为前提。交易活动中，当事人订立合同后可能没有履行任何对待给付义务，因而不存在恢复原状等问题。在出卖人根本违约的情况下，买受人通过解除合同所能实现的法律效果就只限于终止合同权利义务关系，并不及于恢复原状、采取其他补救措施和赔偿损失。显然，买受人意欲实现的法律效果通过抗辩就可以产生，无须提起反诉。第二，通过强制被告提出反诉以实现诉讼程序扩容，可能违背处分原则。即使当事人履行了对待给付义务，买受人也可能只想通过解除合同而消灭出卖人的支付价款请求权，以实现“驳回出卖人诉讼请求”的目的，并无在本诉审理程序中一次性实现“恢复原状”

---

① 参见任重：《民事纠纷一次性解决的限度》，载《政法论坛》2021年第3期。

② 参见陆青：《合同解除论》，法律出版社2022年版，第179页。

等法律效果的期望。如果强制买受人通过反诉解除合同，会不合理剥夺当事人在攻击防御上享有的选择权。① 有鉴于此，不应出于“纠纷一次性解决”的目的禁止通过抗辩方式行使合同解除权。

（二）权利抗辩：合同解除权抗辩行使的应然类型

民事诉讼法中的抗辩包括程序抗辩与实体抗辩，实体抗辩包括权利抗辩和事实抗辩。有观点认为：权利抗辩与事实抗辩的根本区别在于效力形式的不同。② 另有观点认为：权利抗辩与事实抗辩的根本区别在于民事实体法基础不同。③ 笔者赞同第二种观点。原因在于，将效力形式的不同视为权利抗辩与事实抗辩的根本区别，是误将大陆法系传统理论中的抗辩权和抗辩等同于权利抗辩和事实抗辩了。大陆法系传统理论中的抗辩权和抗辩为实体法中的内容，④ 而权利抗辩和事实抗辩系诉讼法中的攻击防御手段，属于诉讼行为的范畴。作为诉讼法中的防御手段，权利抗辩和事实抗辩均有其实体法基础。作为抗辩基础的实体法，分为需要当事人援引的民事权利规范和无须当事人援引的要件事实规范。对于无须当事人援引的要件事实规范，法官须依职权审查适用。对于需要当事人援引的民事权利规范，法官不得依职权径行适用。权利抗辩和事实抗辩作为诉讼法抗辩中的实体抗辩，其根本区别就在于实体法基础的不同。权利抗辩的实体法基础为民事权利规范，而事实抗辩的实体法基础为要件事实规范。在诉讼过程中以提出抗辩的方式依法主张解除合同，抗辩类型显然为权利抗辩而非事实抗辩。

1. 合同解除权抗辩行使需要在诉讼中主张实体权利

事实抗辩仅需在诉讼中主张抗辩事由，而权利抗辩需要在诉讼中主张

---

① 参见刘学在、倪培根：《关于民事诉讼中抗辩与反诉的辨别标准》，载《理论探索》2016 年第 6 期。

② 参见张海燕：《论法官对民事实体抗辩的释明》，载《法律科学（西北政法大学学报）》2017 年第 3 期。

③ 参见陈刚：《论我国民事诉讼抗辩制度的体系化建设》，载《中国法学》2014 年第 5 期。

④ 参见［德］彼得·格莱施勒：《抗辩和抗辩权的效力形式及援引问题》，郝丽译，载梁慧星主编：《民商法论丛》第 50 卷，法律出版社 2012 年版，第

实体权利。以提出抗辩的方式依法主张解除合同，被告在诉讼中不仅要提出据以产生合同解除权的要件事实，还必须在诉讼中有行使该项权利的意思表示。如果被告在诉讼中仅提出合同解除权据以产生的要件事实而拒不作出解除合同的意思表示，人民法院将因欠缺解除合同的主张而无法在裁判理由中对该主张予以确认，更不能径行通过判决来终止合同权利义务关系，否则将违背诉讼法上的处分原则，进而危及当事人的意思自治。

2. 合同解除权抗辩行使的实体法基础为民事权利规范

权利抗辩的实体法基础为需要当事人援引的民事权利规范，事实抗辩的实体法基础为无须当事人援引的要件事实规范。抗辩与起诉均为合同解除权诉讼行使的行为方式。与通过提起诉讼的方式行使合同解除权相同，以抗辩的方式行使合同解除权，当事人仍需依照民事实体法向对方当事人主张合同解除权。据以主张解除合同的实体法规范包括解除权形成规范与解除权行使规范。当事人唯有根据上述两规范作出解除合同的意思表示，欲求实现的合同解除效果才有可能产生。解除权形成与行使规范均系民事权利规范，当事人通过抗辩行使合同解除权，需要援引与适用上述规范。

3. 合同解除权抗辩行使的诉讼法价值基础为处分原则

权利抗辩的诉讼法价值基础为处分原则，而事实抗辩的诉讼法价值基础为辩论原则。合同解除权诉讼行使的实体法基础为民事权利规范，当事人对民事权利规范的援引与适用体现为民事权利主张。当事人在诉讼中主张合同解除权，需要通过行使诉讼权利来实现，亦即通过处分诉讼权利来处分作为民事权利的合同解除权。根据民事诉讼法第 13 条第 2 款的规定，当事人有权在法律规定的范围内处分自己的民事权利和诉讼权利，属于民事诉讼处分原则的规范内容。由此，合同解除权抗辩行使的诉讼法价值基础为处分原则而非辩论原则。

（三）消极释明：权利抗辩制度的核心规范

民事诉讼法实体抗辩制度是保护和实现当事人实体权利的关键因素，

而法官的正确释明又是有效落实该制度的核心。① 作为权利抗辩的合同解除权抗辩行使，其释明规范应如何设计？

1. 消极释明原则的遵循

合同解除抗辩具有权利抗辩的属性，故基于处分原则，法官应当尊重当事人按照自己的意思行使权利的自由，不得径行释明当事人未主张的权利抗辩。更确切地说，依据积极释明与消极释明的区分理论，此处的释明指的是积极释明的禁止。② 消极释明一般被视为法官的一项义务，法官不予释明被视为违反审理职责。具体到合同解除抗辩，法官应遵循消极释明原则，此时的消极释明并没有促使当事人作出新的诉讼行为，仅仅是为了澄清当事人不清晰、有歧义的陈述，探究其是否具有主张权利抗辩的真意。③

之所以强调释明的消极性，是因为我国民法典第565条规定的合同解除采用的是当事人主张模式。作为合同解除权诉讼行使的一种方式，合同解除权抗辩行使的正当性基础在于诉讼法上的处分原则和实体法上的意思自治。法官即使出于探究真意而向当事人实施释明行为，其目的也不应在于引导当事人在诉讼资料中提出新的权利主张，即不能通过释明来激发或强令当事人提出未加注意的权利抗辩。法官在权利抗辩的释明活动中如果过于积极主动，就有代替当事人行使权利之嫌，不仅有违处分原则，而且会动摇其中立地位，从而有悖保护权利和维护实质正义的释明主旨。

2. 消极释明边界的严守

如上所述，法官原则上不应对当事人合同解除的抗辩予以释明。但如果当事人已提出作为抗辩的要件事实，或者作为抗辩的要件事实虽未为当事人主张但已呈现于法官，法官应当进行消极释明，即通过提示、发问、引导的方式晓谕当事人排除不清晰或者相互矛盾的主张以明确其真意。那么法官的此种提示、发问行为应当限于什么程度才不至于突破释明的

---

① 参见张海燕：《论法官对民事实体抗辩的释明》，载《法律科学（西北政法大学学报）》2017年第3期。

② 参见韩红俊：《释明义务研究》，法律出版社2008年版，第7页。

③ 参见任重：《我国民事诉讼释明边界问题研究》，载《中国法学》2018年第6期。

边界？

第一，当事人已主张抗辩的要件事实或抗辩的要件事实已呈现于法官。民法典第562条第2款和第563条对约定解除权和法定解除权作了规定。依此规定，具备约定或法定的合同解除条件时，解除权即行产生。当事人无须对方同意，只须向对方作出解除合同的意思表示就可以解除合同。作为合同解除权诉讼行使的一种，通过抗辩主张解除合同也须具备上述条件。在一方当事人提出继续履行合同的权利主张时，另一方当事人提出了符合上述条件的事实（要件事实），或者符合上述条件的事实（要件事实）虽然没有被当事人主张，但经由某些证据材料已呈现于法官，合同解除权抗辩行使的消极释明义务随之产生。

第二，法官的职权仅限于探求当事人有无抗辩的真意。在当事人已经提出合同解除权抗辩行使的要件事实，或者该要件事实经由某些证据材料已呈现于法官时，若其未使用相应的法律概念来表达其主张，法官有必要通过发问明确当事人有无抗辩合同解除的真实意思。① 既然合同解除抗辩的要件事实已经被当事人主张或已实际呈现，那么基于“法官知法”原则，法官应当告知当事人可以在诉讼中通过抗辩行使合同解除权，而不能想当然地认为他处分（放弃）了该权利。当事人在法官释明之前未表明行使合同解除权，原因往往是其不知有该项权利，而非不愿主张该权利。按照常理，被告未放弃防御且无其他有效防御方法时，如果知道自己享有合同解除权，其是会主张该权利的。这种释明并非敦促其在诉讼中行使民事权利，而是告知其拥有此项权利，因此并未超出释明的事实边界且契合保护权利的释明主旨。②

四、结论

民法典第565条第2款在民事基本法律中确立了合同解除权诉讼行使

---

① 参见袁大川：《〈民法典〉违约金调减抗辩之释明》，载《浙江学刊》2022年第6期。

② 参见严仁群：《释明的理论逻辑》，载《法学研究》2012年第4期。

制度。《民法典合同编通则解释》第 54 条对当事人一方撤诉后再次起诉解除时的合同解除时间作出了规定，从而对该制度进行了细化。合同解除权诉讼行使，本质上是通过实施诉讼行为行使民事权利，是以贯彻诉讼法处分原则的方式彰显实体法私法自治原则，是私法自治原则在民事诉讼场域的落实，是民事实体法与诉讼法的交融点。

合同解除权诉讼行使制度一方面符合大陆法系合同解除制度的通例，另一方面与我国民法的自由和效率价值相契合，因而具有正当性。其理论依据应为法定特别生效要件说。法定特别生效要件说奠基于民事立法与司法解释的规范内容，是对既有新并存说的修正。该说一方面承认合同解除权诉讼行使中民事法律行为与诉讼行为在构成要件上的独立性，另一方面将当事人诉讼行为的法律效果作为民事法律行为的法定特别生效要件，兼顾实体法与诉讼法“分立”与“融合”的前提下，为合同解除权诉讼行使的制度设计提供了合理性阐释。诉讼类型上，直接以提起诉讼的方式依法主张解除合同，所提诉讼不属于形成之诉，而应为确认之诉。合同解除权诉讼的最终审判结论并非对解除主张（法律事实）的确认，而是对合同解除权行使效力（法律关系）的确认，该诉讼因而并非立法者在确认之诉之外创设的不知名的新的诉讼类型，亦非对典型确认之诉的修正，其仍然属于典型确认之诉的范畴。

民事立法与司法解释仅将合同解除权诉讼行使的方式规定为“提起诉讼”。合同解除权诉讼行使除提起确认之诉外，还可以通过抗辩的方式实施。《买卖合同司法解释》（2020 年修正）第 31 条第 2 项中将买卖价款纠纷中合同解除权诉讼行使的方式限于反诉，理由并不充分。以抗辩方式行使合同解除权，抗辩类型并非事实抗辩，而应是权利抗辩。有鉴于此，法院应遵循消极释明原则，在当事人已经提出合同解除抗辩的要件事实，或者该要件事实经由某些证据材料已呈现于法官时，若其未使用相应的法律概念来表达其主张，法官有必要通过发问来明确当事人有无通过抗辩来解除合同的真实意思。

（本文仅代表作者个人观点）

“二元化”医疗损害鉴定制度的适用困境及其突破*

王　中**

医疗损害鉴定是解决医患纠纷，切实维护医患双方当事人合法权益，并最终实现医疗损害责任纠纷个案公平正义的关键所在。① 因此，医疗损害鉴定制度长期以来都是医疗损害责任制度研究中的核心内容之一。② 其中，医疗损害鉴定制度的“二元化”形态，自形成以来一直备受关注并饱受争议。针对“二元化”医疗损害鉴定制度下两种医疗损害鉴定模式各自所固有的优势与缺陷，学界陆续提出医学会单一模式、司法鉴定机构单一模式以及改良二元化模式等不同的医疗损害鉴定制度重构方案，并逐渐围绕构建“一元化”医疗损害鉴定制度

---

* 本文系2022年度国家社科基金青年项目“专门性问题认定中法官前见偏差及其治理研究”（项目编号：22CFX067）阶段性研究成果。

** 湖南大学法学院助理教授，法学博士。

① 参见张新宝：《人身损害鉴定制度的重构》，载《中国法学》2011年第4期。

② 参见杨立新：《中国医疗损害责任制度改革》，载《法学研究》2009年第4期。

形成共识。① 然而，医疗损害鉴定制度通常在以医疗损害责任认定为核心问题的研究中提及，针对医疗损害鉴定制度的专门探讨相对较少，由此导致关于应当如何实现“一元化”的系统论述仍然较为缺乏。更为重要的是，医疗损害鉴定长期以来都是医疗损害责任纠纷案件审理的重点难点，是案件审理所存在问题的根源。② 医疗损害鉴定制度的重构，必然应以厘清并解决司法实践问题为基础与导向。但已有研究大多围绕制度本身展开，缺少对于司法实践全面深入的观察，尤其缺乏对《医疗损害司法鉴定指南》《医学会医疗损害鉴定规则（试行）》等相关规范性文件实施后司法实践的观察。③ 故此，顺应司法鉴定法的立法进程，本文拟在梳理当前医疗损害鉴定制度的基础上，全面深入观察医疗损害责任纠纷案件中医疗损害鉴定制度的适用情况，并提出“一元化”医疗损害鉴定制度建构的思路与方案，以期对司法鉴定法的制定有所裨益。④

---

① 三种重构模式，分别参见王晓燕：《现行医疗损害鉴定制度的反思与重构》，载《南通大学学报（哲学社会科学版）》2016 年第 1 期；张新宝：《人身损害鉴定制度的重构》，载《中国法学》2011 年第 4 期；王松：《医疗损害赔偿案件的法律适用》，载《法律适用》2016 年第 1 期。

② 参见《吉林省靖宇县人民法院 2015—2020 年医疗损害责任纠纷案件审判白皮书》，载吉林省靖宇县人民法院网站，http://jljyxfy.e-court.gov.cn/article/detail/2021/01/id/5689374.shtml，2025 年 1 月 15 日访问；《医疗纠纷诉源治理有“心招”：上海嘉定法院发布医疗纠纷案件审判白皮书》，载澎湃新闻网，https://m.thepaper.cn/baijiahao_20682759，2025 年 1 月 15 日访问。

③ 《医疗损害司法鉴定指南》与《医学会医疗损害鉴定规则（试行）》是司法部与中华医学会各自针对医疗损害鉴定所颁布的具有里程碑意义的规范性文件。参见程子惠等：《〈医疗损害司法鉴定指南〉与〈医学会医疗损害鉴定规则〉的比较》，载《法医学杂志》2022 年第 2 期。

④ 司法鉴定法目前已列入十四届全国人大常委会立法规划。参见《十四届全国人大常委会立法规划》，载中国人大网，http://www.npc.gov.cn/npc/c2/c30834/202309/t20230908_431613.html，2025 年 1 月 15 日访问。

一、医疗损害鉴定制度的“二元化”形态

（一）“二元化”医疗损害鉴定制度的整体演进

2002年4月，为回应社会各界对《医疗事故处理办法》（以下简称《办法》）严重限制受害者权利的疑虑，国务院将《办法》修订为《医疗事故处理条例》（以下简称《条例》）。其中，《条例》将医疗事故鉴定由卫生行政部门主管改为医学会主管。与此同时，最高人民法院于2003年1月出台《最高人民法院关于参照〈医疗事故处理条例〉审理医疗纠纷民事案件的通知》，其中明确规定“因医疗事故以外的原因引起的其他医疗赔偿纠纷需要进行司法鉴定的，按照《人民法院对外委托司法鉴定管理规定》组织鉴定”。由此，医疗事故技术鉴定与医疗过错鉴定并行的“二元化”医疗损害鉴定与“二元化”医疗损害责任诉因、“二元化”医疗损害赔偿标准一起构成“二元化”医疗损害责任制度。①

随着侵权责任法的颁布，医疗损害责任诉因、医疗损害赔偿标准得以统一。然而，最高人民法院随即发布的《关于适用〈中华人民共和国侵权责任法〉若干问题的通知》对“医疗损害鉴定”称谓进行统一，但未明确医疗损害鉴定主体，因而未能从根本上解决医疗损害鉴定“二元化”问题。原卫生部随即发布《关于做好〈侵权责任法〉贯彻实施工作的通知》，明确医学会仍然能够接受司法机关委托开展医疗事故技术鉴定。与此同时，民法典颁布后，最高人民法院发布的《最高人民法院关于审理医疗损害责任纠纷案件适用法律若干问题的解释》（以下简称《医疗损害责任纠纷司法解释》）仍然没有对医疗损害鉴定主体进行明确。并且，2021年在《医疗纠纷预防和处理条例》明确医学会可开展医疗损害鉴定的基础上，国家卫生健康委于2021年印发《关于加强医疗损害鉴定管理工作的通知》，要求省级、设区的市级和直辖市直接管辖的区（县）医学会应当按照《条例》要求，积极开展医疗损害鉴定工作。随后，中华医学会发布

---

① 参见杨立新：《中国医疗损害责任制度改革》，载《法学研究》2009年第4期。

《医学会医疗损害鉴定规则（试行）》，对医学会医疗损害鉴定程序作出较为明确的规范。由此，我国医疗损害鉴定制度从医疗事故技术鉴定与医疗过错鉴定并行的“二元化”转变为医学会鉴定与司法鉴定并行的“二元化”。

医疗事故技术鉴定与医疗过错鉴定在专家人员组成、鉴定依据、鉴定实施程序以及鉴定任务等方面均有明显差异，造成诉讼中不同类型鉴定所形成的意见相左的情形，同时导致诉讼参与者对医疗损害鉴定的不信任。[①] 当前医学会鉴定与司法鉴定并行的“二元化”医疗损害鉴定机制，虽然在鉴定任务、鉴定实施程度等方面得到了一定程度的统一，但医学会鉴定与司法鉴定在专家人员组成、鉴定标准等方面的差异依然明显。[②] 鉴定组织机构与专家组成方面，医学会鉴定由医学会组织且鉴定专家以卫生技术人员为主，司法鉴定则由司法鉴定机构组织且鉴定专家主要为法医学专家。鉴定标准方面，司法鉴定主要依照司法行政行业标准，医学会鉴定则在较大程度上受医疗事故技术鉴定相关标准影响。因此，我国医疗损害鉴定制度经历了从医疗事故技术鉴定与医疗过错鉴定并行到医学会鉴定与司法鉴定并行的重要转变，但当前仍然呈现出较为明显的“二元化”形态。

（二）地方医疗损害鉴定模式的探索与回归

侵权责任法的颁布，使医疗损害责任纠纷处理长期以来存在的诉讼案由、法律适用、鉴定双轨制局面得以结束。然而，由于未能明确医疗损害鉴定主体，地方各级法院在审理医疗损害责任纠纷案件时，仍需面临鉴定主体与模式选择等方面的难题。在此背景下，部分地方高级人民法院开始出台相关司法指导文件，探索构建符合当地实际的医疗损害鉴定模式。也即，通过要求本区域内人民法院优先委托某一鉴定主体开展鉴定的方式，尽可能地实现医疗损害鉴定模式的单一化。以服务医疗损害责任纠纷案件

---

① 参见陈邦达：《医疗损害鉴定不信任问题研究——以上海市“一元化”模式为例》，载《交大法学》2019 年第 2 期。

② 参见张曼：《过度医疗案件裁判的法律困境与出路研究》，载《西北大学学报（哲学社会科学版）》2022 年第 6 期。

审理为目的，医学会鉴定与司法鉴定各有其优点。由司法鉴定机构组织司法鉴定人员开展鉴定，能够更好地保障鉴定过程和结果的中立性。由医学会组织同为医务人员的医学专家开展鉴定，则能够更好地满足医疗损害鉴定的专业性需求。一般而言，医疗服务具有明显的专业性、技术性和复杂性，医疗损害鉴定的专业性应当优先得到保障。① 遵循这一共识，部分地区司法指导文件均以“医学会鉴定”绝对优先的方式探索医疗损害鉴定模式的单一化。其中，上海市、江苏省等地区均明确医学会鉴定优先并严格限制司法鉴定。《上海市高级人民法院关于委托医疗损害司法鉴定若干问题的暂行规定》第2条第1项明确指出，除双方当事人协商一致以及医学会认为无法鉴定的情况外，法院都应当委托医学会组织专家进行鉴定。《江苏省高级人民法院关于做好〈中华人民共和国侵权责任法〉实施后医疗损害鉴定工作的通知》第1条同样规定，结合江苏省实际，除当事人均同意委托司法鉴定机构的情形外，医疗损害鉴定应委托医学会组织专家进行。《新疆维吾尔自治区高级人民法院关于审理医疗损害赔偿案件若干问题的指导意见（试行）》将医疗损害鉴定划分为医疗过错鉴定与医疗事故技术鉴定两类，并规定由医学会开展的医疗事故技术鉴定优先。而湖北省、天津市等地区，虽未对司法鉴定加以限制，但同样体现出对于医学会鉴定的青睐。《湖北省高级人民法院关于审理医疗损害责任纠纷案件若干问题的意见》虽然指出人民法院可以委托医学会和司法鉴定机构开展医疗损害鉴定，但也明确规定，在当事人无法协商一致的情况下应委托医学会开展鉴定。《天津市高级人民法院关于审理医疗损害纠纷案件委托鉴定程序问题的通知（试行）》也作出相同规定。

医学会鉴定能够保障医疗损害鉴定对于临床医学知识与经验的需求，但在中立性方面饱受实践参与者，尤其是患者一方的疑问。基于医学会、鉴定专家与医疗机构及其医务人员间存在的利益关联，医学会及其鉴定专

---

① 参见肖柳珍：《医疗损害鉴定研究：江苏模式与北京模式比较——基于〈侵权责任法〉的视角分析》，载《证据科学》2011年第3期。

家开展医疗损害鉴定即有“医医相护”的嫌疑。① 简单地通过优先选择医学会鉴定的方式促成人民法院委托鉴定模式的单一化，显然无法有效回应实践需求。并且，通过地方司法指导文件的形式构建医学会鉴定“一元化”的鉴定模式，可能形成医学会鉴定的垄断局面并进一步加剧实践参与者对医疗损害鉴定的不信任。② 因此，经过较长时间的探索与尝试后，确定医学会鉴定优先并严格限制司法鉴定的地区陆续开始回归“二元化”医疗损害鉴定模式。上海市高级人民法院于2020年发布《关于委托医疗损害鉴定若干问题的意见》，取消医学会鉴定在人民法院委托鉴定时的绝对优先级，并明确人民法院指定鉴定人的范围为上海市、区两级医学会及具有医疗损害鉴定资质的司法鉴定机构。并在2021年继续发布《关于进一步推进全市法院医疗损害鉴定工作的意见》，提出“医学会鉴定与司法鉴定并重”的工作原则。而江苏省高级人民法院则在2017年与原江苏省卫生和计划生育委员会、江苏省司法厅联合印发的《江苏省医疗损害鉴定管理办法》中取消优先委托医学会鉴定的限制。由此，从上述地方司法指导文件对于医疗损害鉴定所作的调整来看，对“一元化”鉴定模式作出过尝试与探索的地区，已开始陆续回归“二元化”模式。

二、“二元化”医疗损害鉴定制度的适用困境

“二元化”医疗损害鉴定制度下，实践参与者需要在两种鉴定模式间作出选择。因两种鉴定模式各有优劣，如何选择于己有利的鉴定模式以及如何选择更能确保裁判结果正当性与可接受性的鉴定模式，是当事人与法官面临的首要问题。并且，对于法官而言，如何确保在不同鉴定模式影响下裁判决策的公正性，也是无法回避的难题。因此，本部分拟以《医疗损害司法鉴定指南》与《医学会医疗损害鉴定规则（试行）》的出台为节

---

① 参见李博：《证明责任倒置在医疗侵权诉讼中的适用》，载《中国法律评论》2021年第3期。

② 参见陈邦达：《医疗损害鉴定不信任问题研究——以上海市“一元化”模式为例》，载《交大法学》2019年第2期。

点，以医疗损害责任纠纷案件一审裁判文书为数据来源，对“二元化”医疗损害鉴定制度的适用情况进行检验。①

（一）医疗损害鉴定模式的选择偏好

鉴于两种医疗损害鉴定模式各自所固有的优势与缺陷，医疗损害责任纠纷案件的不同参与主体，尤其是双方当事人，在鉴定模式的选择方面都存在较为明显的偏好。为避免“医医相护”而损害己方利益，患方当事人明显更偏爱司法鉴定，医疗机构则通常因质疑司法鉴定专业性而偏好医学会鉴定。② 对于法官而言，科学与中立都是保障鉴定意见可靠性的必要条件。但在两种鉴定模式都存在缺陷的情况下，法官必须在科学优先与中立优先间作出选择，并可能就此形成对于某一种鉴定模式的偏好。因此，“二元化”医疗损害鉴定制度虽赋予两类鉴定主体平等接受委托的机会，但实践中参与者的选择可能呈现出对某一类鉴定模式的明显偏好。

如表1所示，从全国范围来看，由法院委托开展的医疗损害鉴定中，81.8%的鉴定由司法鉴定机构组织开展，仅有18.2%的鉴定由医学会组织开展。③ 由此可见，医疗损害鉴定制度虽未对鉴定主体的选择进行限制，但实践中已体现出极为明显的选择偏好。即大部分案件都通过委托司法鉴定机构组织开展医疗损害鉴定。与此同时，鉴定主体的选择偏好也体现出一定的地区差异。在进行过“一元化”探索的地区，即前文所提及的上海、江苏、湖北、新疆以及天津地区（表中及后文均表述为“限制地区”，其他地区对应表述为“非限制地区”），法院委托司法鉴定机构开展鉴定

① 本文将裁判文书搜集起始时间设定为2022年1月1日。并且，本系列研究始于2023年初，故裁判文书截止时间为2022年12月31日。裁判文书收集、文书内容提取与编码，数据分析以及论文撰写历时较长。经过筛选，共获得2037份有效裁判文书。其中，考虑重新鉴定与多被告情形，2037份裁判文书中，共包含2249份针对单个医疗机构的医疗损害鉴定意见。

② 参见陈邦达：《医疗损害鉴定不信任问题研究——以上海市“一元化”模式为例》，载《交大法学》2019年第2期。

③ 同一案件需要对多个被告的诊疗行为进行评价时，法院均会统一委托鉴定。因此，鉴定主体分析与重新鉴定决策的分析，均以裁判文书为样本单位展开比较分析。

的比例（49.3%）与委托医学会开展鉴定的比例（50.7%）基本持平。①而在非限制地区，委托司法鉴定机构开展鉴定的比例则接近九成（89.2%）。根据卡方检验结果，无论是首次鉴定还是重新鉴定，限制地区法院与非限制地区法院在鉴定主体选择方面都存在显著差异，即非限制地区更加偏好司法鉴定，而限制地区则未体现出明显的选择偏好。②

表 1　鉴定主体比较分析结果

	鉴定主体	首次鉴定			重新鉴定			合计	
		频数	百分比	χ^2	频数	百分比	χ^2	频数	百分比
全国	司法鉴定机构	1707	83.8%	—	90	63.4%	—	1797	81.8%
	医学会	330	16.2%		52	36.6%		382	18.2%
限制地区	司法鉴定机构	163	52.8%	258.7***	19	31.7%	74.4***	182	49.3%
	医学会	146	47.2%		41	68.3%		187	50.7%
非限制地区	司法鉴定机构	1544	89.4%		71	86.6%		1615	89.2%
	医学会	184	10.6%		11	13.4%		195	10.8%

注：“ *** ”表示在 0.001 显著性水平显著。“—”表示未做检验。

故此，依据对法院委托开展医疗损害鉴定的主体类型进行观察比对可知，除曾在司法指导文件中明确要求优先委托医学会鉴定的地区外，人民法院委托司法鉴定机构开展鉴定的比例明显高于委托医学会开展鉴定的比例。与此同时，由于当事人在鉴定机构选择偏好上存在巨大分歧，法官意见对鉴定人的确定影响甚重。③ 可以在一定程度上认为，人民法院更加偏好司法鉴定模式。

---

① 根据侵权责任法出台后首批发布的地方司法指导文件，可将相应地区划分为“同等地位”与“优先委托医学会鉴定”两类。参见杨帆、王贵君：《医疗侵权案件地方指导文件鉴定规范研究》，载《证据科学》2015 年第 2 期。

② 限制地区重新鉴定中委托医学会鉴定比例较高的原因，主要在于医学会鉴定意见启动重新鉴定的比例较高。详见后文对重新鉴定情况的分析。

③ 参见陈如超：《民事司法鉴定中的法官行为规制》，载《法商研究》2018 年第 2 期。

（二）鉴定意见审查决策分歧

因缺乏相关的专门性知识与经验，法官通常被认为难以通过对鉴定意见实质内容的审查来完成鉴定意见是否应予采信的决策判断。取而代之，法官可能更多地依据与鉴定意见相关的外围启发式信息来作出鉴定意见的审查判断决策。其中，鉴定主体可信度即是影响鉴定意见审查的重要启发式信息，[①] 并具体表现为，法官对鉴定主体的信任程度越高，该部分鉴定主体所出具的鉴定意见被采信的概率就会越高。[②] 因此，法官在委托鉴定时存在的鉴定主体选择偏好，可能会进一步影响其对鉴定意见的审查判断。与此同时，因医疗损害责任纠纷案件审理几乎无法脱离医疗损害鉴定意见，法官的鉴定意见审查结果与思路主要在其重新鉴定决策中得以体现。[③]

如表2所示，从全国范围来看，当首次作为证据提交的鉴定意见系司法鉴定意见时，经过审查质证后启动重新鉴定的比例为2.4%。而当首次作为证据提交的鉴定意见系医学会鉴定意见时，经过审查质证后启动重新鉴定的比例为30.6%。卡方检验结果显示，当首次作为证据提交的鉴定意见系医学会鉴定意见时，启动重新鉴定的概率显著更高（$F=339.2$，$P<0.001$）。为进一步明确重新鉴定情况，表2中鉴定意见依据其形成阶段划分为调解阶段鉴定意见与诉讼阶段鉴定意见两部分。在首次作为证据提交的鉴定意见系调解阶段形成的案件中，司法鉴定意见经过审查质证后启动重新鉴定的比例为21.5%，而医学会鉴定意见经过审查质证后启动重新鉴

① 参见张蕊、杨书怀：《法务会计鉴定意见的采信机制研究》，载《会计研究》2013年第8期；杨书怀：《论法务会计鉴定意见的采信——基于昆明国良公司与古德公司合作协议纠纷案的分析》，载《会计之友》2016年第19期。

② 参见屈茂辉、王中：《民事科学证据可靠性认定中的司法前见——基于民事诉讼中鉴定意见的实证分析》，载《判解研究》总第92辑，人民法院出版社2021年版，第93页。

③ 参见屈茂辉、王中：《鉴定意见质证中的决策趋向及其法律调整——基于民事证据重新鉴定决策的实证分析》，载《判解研究》总第92辑，人民法院出版社2021年版，第182页。

定的比例为41.7%。卡方检验结果同样显示，当首次作为证据提交的鉴定意见系医学会鉴定意见时，开展重新鉴定的概率显著更高（$F=13.8$，$P<0.001$）。在首次作为证据提交的鉴定意见系诉讼阶段形成的案件中，司法鉴定意见经过审查质证后启动重新鉴定的比例仅为0.8%，而医学会鉴定意见经过审查质证后启动重新鉴定的比例为20.8%。卡方检验结果同样显示，当首次作为证据提交的鉴定意见系医学会鉴定意见时，启动重新鉴定的概率显著更高（$F=216.5$，$P<0.001$）。简单来说，无论鉴定意见是在调解阶段形成还是在诉讼阶段形成，医学会鉴定意见经过审查质证后启动重新鉴定的概率均显著高于司法鉴定意见经过审查质证后启动重新鉴定的概率。

表2　重新鉴定决策比较分析结果

	意见类型	重新鉴定	总体①		调解阶段②		诉讼阶段	
			频数	百分比	频数	百分比	频数	百分比
全国	司法鉴定	是	41	2.4%	29	21.5%	12	0.8%
		否	1666	97.6%	106	78.5%	1496	99.2%
	医学会鉴定	是	101	30.6%	68	41.7%	32	20.8%
		否	229	69.4%	95	58.3%	122	79.2%
	χ^2		339.2 ***		13.8 ***		216.5 ***	
限制地区	司法鉴定	是	10	6.1%	6	50%	4	2.7%
		否	153	93.9%	6	50%	142	97.3%
	医学会鉴定	是	50	34.2%	18	43.9%	31	30.7%
		否	96	65.8%	23	56.1%	70	69.3%
	χ^2		38.9 ***		0.1		38.4 ***	

① 由于部分裁判文书未包含委托时间、委托主体等关键信息而无法判断委托鉴定阶段，此处“总体”并非表中调解阶段与诉讼阶段案件数量的合计。

② 调解阶段，系指首次作为证据提交鉴定意见是否为提起诉讼前委托鉴定所得。并且，本文所指的调解阶段不包括由法院组织的诉前调解。

（续表）

	意见类型	重新鉴定	总体		调解阶段		诉讼阶段	
			频数	百分比	频数	百分比	频数	百分比
非限制地区	司法鉴定	是	31	2%	23	18.4%	8	0.6%
		否	1513	98%	100	81.6%	1354	99.4%
	医学会鉴定	是	51	27.7%	55	41%	1	1.9%
		否	133	72.3%	72	59%	52	98.1%
	χ^2		240.4 ***		14.5 ***		/	

注：“ *** ”表示在 0.001 显著性水平显著；“/”表示因不满足统计检验条件而无法输出结果。

与此同时，通过继续对比限制地区与非限制地区可知，两类地区的重新鉴定情况存在一定差异，但差异并不显著。具体而言，无论是限制地区还是非限制地区，医学会鉴定意见经过质证后启动重新鉴定的比例均显著高于司法鉴定意见所对应的重新鉴定比例。总体上，限制地区医学会鉴定意见经过审查质证后启动重新鉴定的比例为 34.2%，而司法鉴定意见经过审查质证后启动重新鉴定的比例仅为 6.1%，医学会鉴定意见所对应的重新鉴定比例显著更高（$F=38.9$，$P<0.001$）。非限制地区医学会鉴定意见经过审查质证后启动重新鉴定的比例为 27.7%，而司法鉴定意见经过审查质证后启动重新鉴定的比例仅为 2%，医学会鉴定意见所对应的重新鉴定比例同样显著更高（$F=240.4$，$P<0.001$）。

当然，由于医学会鉴定费用远低于司法鉴定，医学会鉴定意见所对应的重新鉴定比例较高，也可能源自当事人和（或）法官对于诉讼成本的考量。具体而言，由于医学会鉴定的费用较低，当事人面对于己不利的医学会鉴定意见时，更有可能继续申请上级医学会重新鉴定。对于法官而言，鉴定费用需要根据鉴定结果及责任划分进行分摊，因而同样需要考量诉讼成本。[①] 如表3所示，市级医学会鉴定后启动重新鉴定的比例为37.8%，省级医学会鉴定后启动重新鉴定的比例为14.1%。[②] 卡方检验结果显示，市级医学会鉴定后启动重新鉴定的比例显著高于省级医学会鉴定后启动重新鉴定的比例（$F=14.3$，$P<0.001$）。然而，通过观察重新鉴定主体的类型可以发现，市级医学会鉴定后启动重新鉴定的主体中，司法鉴定机构的占比高达46%。由此可见，医学会鉴定意见较高的重新鉴定率并非完全源于医学会鉴定的低成本。[③] 因此，基本上可以排除诉讼成本因素对重新鉴定概率的影响。

表3 医学会鉴定意见重新鉴定决策比较分析结果

	重新鉴定				重新鉴定主体			
		频数	百分比	χ^2		频数	百分比	χ^2
市级医学会	是	87	37.8%	14.3***	司法鉴定机构	40	46.0%	14.2***
	否	143	62.2%		医学会	47	54.0%	
省级医学会	是	14	14.1%		司法鉴定机构	14	100%	
	否	85	85.9%		医学会	0	0%	

注：“***”表示在0.001显著性水平显著。

故此，依据对重新鉴定情况的观察比对可知，医学会鉴定意见经过审查质证后被审判人员否定的概率显著高于司法鉴定意见。[④] 与此同时，由于基本可以排除诉讼成本因素对重新鉴定概率的影响，即可在一定程度上

---

① 参见杨雅妮：《论民事公益诉讼成本分担机制的优化》，载《行政法学研究》2024年第6期。

② 本文所获取的样本鉴定意见中，仅有1份系由中华医学会出具，因此未放入表中分析。

③ 如果仅考虑重新鉴定的成本，在市级医学会鉴定的基础上继续由省级医学会鉴定应是最佳选择。

④ 《最高人民法院关于民事诉讼证据的若干规定》（2019年修正）第40条规定，重新鉴定的，原鉴定意见不得作为认定事实的根据。因此，启动重新鉴定，即可视为原鉴定意见已被否定。

认为，审判人员在医疗损害责任纠纷案件审理中更加认可和信赖司法鉴定意见。

（三）鉴定意见影响下的责任认定偏差

鉴定人是否具备相应的鉴定能力，是保障鉴定意见可靠性的先决条件。以服务诉讼为目的，只要具备鉴定能力，无论是医学会还是司法鉴定机构组织的专家都有资格成为医疗损害责任纠纷案件的鉴定人。① 因此，虽然两种鉴定模式在形式要素方面均受到不同程度的质疑，但真正让“二元化”医疗损害鉴定制度饱受争议的，是不同模式所形成鉴定意见间可能存在的偏差及其对裁判结果的负面影响。② 其中，最受诟病的，即是医学会及其鉴定专家开展医疗损害鉴定可能更加倾向于维护医疗机构利益，从而形成有利于医疗机构的鉴定意见。③

表4为两种鉴定意见所给出有无过错、有无因果关系以及因果关系等级建议的比较分析结果。④ 从全国范围来看，医学会鉴定意见中认为诊疗行为有过错的比例为88.4%，司法鉴定意见中的比例为95.4%，卡方检验结果显示二者差异显著（$F=25.5$，$P<0.001$）；在认定存在过错的基础上，医学会鉴定意见中认为诊疗行为与患者损害结果间有因果关系的比例为76.9%，司法鉴定意见中的比例为97.4%，卡方检验结果显示二者差异显著（$F=203.8$，$P<0.001$）；在认定存在过错的基础上，医学会鉴定意见给出参与度的平均值为33.7，司法鉴定意见给出参与度的平均值为43.0，t

① 参见杨立新：《〈最高人民法院关于审理医疗损害责任纠纷案件适用法律若干问题的解释〉条文释评》，载《法律适用》2018年第1期。

② 例如，根据《广州法院医疗纠纷诉讼情况白皮书（2015—2017）》，2015—2017年医方承担责任比例明显上升，且可能源自当地鉴定模式的转变。参见何生廷：《广州医疗纠纷案呈下降趋势 医方担责比例上升》，载《新快报》2018年12月25日。

③ 参见李博：《证明责任倒置在医疗侵权诉讼中的适用》，载《中国法律评论》2021年第3期。

④ 本部分以针对每个医疗机构所作出的医疗损害鉴定意见为样本单位。

检验结果显示二者差异显著①（$F=31.2$，$P<0.001$）。具体到限制地区，医学会鉴定意见中认为诊疗行为有过错的比例（82.8%）、诊疗行为与患者损害结果间有因果关系的比例（67.4%）均显著低于司法鉴定意见，且在认定存在过错基础上所给出参与度的平均值（27.2）显著低于司法鉴定意见。而在非限制地区，医学会鉴定意见中认为诊疗行为与患者损害结果间有因果关系的比例（85.6%）显著低于司法鉴定意见中的比例（97.5%），但两类鉴定意见在有无过错及参与度数值方面均不存在显著差异。

表 4　鉴定意见比较分析结果

	意见类型	过错				因果关系				参与度
		有		无		有		无		平均值
		频数	百分比	频数	百分比	频数	百分比	频数	百分比	
全国	司法鉴定	1842	95.4%	89	4.6%	1794	97.4%	48	2.6%	43.0
	医学会鉴定	281	88.4%	37	11.6%	216	76.9%	65	23.1%	33.7
	χ^2/t	25.5 ***				203.8 ***				31.2 ***
限制地区	司法鉴定	173	96.1%	7	3.9%	166	96%	7	4%	39.4
	医学会鉴定	135	82.8%	28	17.2%	91	67.4%	44	32.6%	27.2
	χ^2/t	16.5 ***				44.7 ***				16.8 ***

① 本文实证部分均使用参与度对原因力大小进行度量。当鉴定意见中建议参与度为确切值时，直接使用该确切值；给出参与度范围时，取参与度范围中间值；当鉴定意见中仅给出原因力等级时，根据《人身损害与疾病因果关系判定指南》SF/T 0095—2021 附录 A 之规定，取该原因力等级所对应的参与度建议值。《人身损害与疾病因果关系判定指南》中原因力等级与参与度的对应关系，是当前常用的参照标准。参见杨立新：《〈最高人民法院关于审理医疗损害责任纠纷案件适用法律若干问题的解释〉条文释评》，载《法律适用》2018 年第 1 期。

（续表）

	意见类型	过错				因果关系				参与度
		有		无		有		无		平均值
		频数	百分比	频数	百分比	频数	百分比	频数	百分比	
非限制地区	司法鉴定	1669	95.3%	82	4.7%	1628	97.5%	41	2.5%	43.3
	医学会鉴定	146	94.2%	9	5.8%	125	85.6%	21	14.4%	40
	χ^2/t	0.4				57.9***				2.7

注："***"表示在 0.001 显著性水平显著。

表 5 为分别适用不同类型鉴定意见时法官判决被告承担责任及具体赔偿比例的比较分析结果。从全国范围来看，采信司法鉴定意见的案件中判决被告承担责任的比例为 93.2%，采信医学会鉴定意见案件中判决被告承担责任的比例为 77.0%，卡方检验结果显示二者差异显著（$F=86.6$，$P<0.001$）；采信司法鉴定意见案件中判决被告承担赔偿比例的平均值为 42.7，采信医学会鉴定意见案件中判决被告所承担赔偿比例平均值为 35，t 检验结果显示二者差异显著（$F=21.1$，$P<0.001$）。具体到限制地区，采信司法鉴定意见的案件中判决被告承担责任的比例为 92.2%，采信医学会鉴定意见案件中判决被告承担责任的比例为 69.9%，卡方检验结果显示二者差异显著（$F=28.3$，$P<0.001$）；采信司法鉴定意见案件中判决被告承担赔偿比例的平均值为 40.1，采信医学会鉴定意见案件中判决被告所承担的赔偿比例的平均值为 28.5，t 检验结果显示二者差异显著（$F=15$，$P<0.001$）。而在非限制地区，采信司法鉴定意见的案件中判决被告承担责任的比例为 93.3%，采信医学会鉴定意见案件中判决被告承担责任的比例为 84.5%，卡方检验结果显示二者差异显著（$F=16.1$，$P<0.001$）；采信司法鉴定意见案件中判决被告承担赔偿比例的平均值为 43.0，采信医学会鉴定意见案件中判决被告所承担赔偿比例的平均值为 41.1，t 检验结果显示二者差异不显著。

表 5　赔偿比例比较分析结果

	意见类型	责任承担				赔偿比例
		是		否		平均值①
		频数	百分比	频数	百分比	
全国	司法鉴定	1800	93.2%	131	6.8%	42.7
	医学会鉴定	245	77.0%	73	23.0%	35.0
	χ^2/t	86.6 ***				21.1 ***
限制地区	司法鉴定	166	92.2%	14	7.8%	40.1
	医学会鉴定	114	69.9%	49	30.1%	28.5
	χ^2/t	28.3 ***				15 ***
非限制地区	司法鉴定	1634	93.3%	117	6.7%	43.0
	医学会鉴定	131	84.5%	24	15.5%	41.1
	χ^2/t	16.1 ***				0.7

注：“ *** ”表示在0.001显著性水平显著。

总体而言，两种鉴定意见所给出的有无过错、有无因果关系以及因果关系等级建议确实存在显著差异，并表现为医学会鉴定意见认为诊疗行为有过错、诊疗行为与患者损害结果间有因果关系的比例显著低于司法鉴定意见，医学会鉴定意见给出的因果关系等级（参与度）显著低于司法鉴定意见。并且，两类鉴定意见间的差异进一步导致，法官依据医学会鉴定意见判决医疗机构承担责任的比例及其所承担的赔偿比例均显著低于依据司法鉴定意见作出的判决。

三、医疗损害鉴定制度的“一元化”路径

医疗损害鉴定制度的“二元化”，是我国医疗损害责任纠纷案件审理

① 包含医疗机构不承担责任，即赔偿比例为0。

长期以来所面临的问题。应当说，通过“一元化”形式重构医疗损害鉴定制度突破困境，是学界逐步形成的共识。然而，面对制度发展所遗留的历史问题，尤其是实践参与者在纠纷过程中所表达出的不同诉求，仍然需要结合制度与实践来进一步讨论通过何种路径实现“一元化”。对此，顺应司法鉴定法的立法进程，以分篇形式构建“一元化”医疗损害鉴定制度，应是当前医疗损害鉴定所面临困境的破解之道。

（一）统一鉴定人准入机制

“科学性”是司法鉴定的首要属性，原理与技术方法是否科学，从本源上决定鉴定意见的可靠性。① 确保鉴定意见的可靠性，应首要保证司法鉴定的科学性，即确保鉴定意见系由鉴定专家依据科学的原理与技术方法推理得出。因此，为确保鉴定意见的“科学性”，鉴定人必须掌握与所分析专门性问题相匹配的知识原理与技术方法。② 质言之，具备与待鉴定事项相应的专门性知识与经验，应是医疗损害鉴定领域鉴定人的首要准入条件。与此同时，依据《医疗损害责任纠纷司法解释》所列明的医疗损害鉴定事项，不同鉴定事项鉴定人的准入条件应有所区别。

《医疗损害责任纠纷司法解释》第11条第2款所列出的第1-4项鉴定事项，涉及对诊疗行为过错、医疗缺陷及其与损害结果间因果关系（原因力大小）的评价与判断。遵循“同行评议原则”，基于从事诊疗行为的医务人员所具有知识与技术的独特性、专业性，应由掌握同样知识原理与技术方法的医务人员进行诊疗行为评价。③ 因此，此部分鉴定人应为当前正在从事医疗服务工作的医务人员。与此同时，临床医学学科分类繁多，且学科间专业壁垒较高，不存在精通所有临床医学专业的“全科”专家。在组织鉴定人开展具体事项鉴定时，应至少确保由来自同一临床医学二级学

---

① 参见谭趁尤、郭华：《科学≠确定：司法鉴定意见本质的再认识》，载《社会科学家》2020年第12期。

② 参见汪建成：《司法鉴定基础理论研究》，载《法学家》2009年第4期。

③ See Ilene N. Moore, et al., “Rethinking Peer Review: Detecting and Addressing Medical Malpractice Claims Risk,” *Vanderbilt Law Review*, Vol. 2006(59), p. 1175.

科的医务人员进行分析与评价。《医疗损害责任纠纷司法解释》第 11 条第 2 款规定的剩余的鉴定事项，主要涉及患者损伤残疾程度，患者的护理期、休息期、营养期的评估。与此同时，在患者死亡的案件中，因果关系及其等级的评价还需要以死亡原因鉴定为基础。开展上述部分鉴定工作的鉴定人，应具备法医学知识背景与实践经验。当然，与医务人员通过从事医疗服务获取经验不同，法医学专家的实践经验，可以通过在正式申请鉴定执业资格前设置实习期的方式获取。

故此，对于医疗损害鉴定而言，只有遵循严格的“同行评议原则”选任鉴定人，才能从根本上保证鉴定意见的科学性。无论构建何种“一元化”医疗损害鉴定制度，都应以同行评议为第一原则。诊疗行为过错、医疗缺陷及其与损害结果间因果关系（原因力大小）的评价与判断，应选任与待评价诊疗行为所属临床医学二级学科的医务人员作为鉴定专家；对于损伤情况、死亡原因等鉴定事项，则应选任与待鉴定事项属于同一学科门类的法医学专家开展。

（二）统一鉴定组织主体

遵循“同行评议原则”组织医疗损害鉴定专家，能够为鉴定意见提供“科学性”基础。但在此基础上，最终所形成鉴定意见的可靠性，还需由鉴定专家的中立性予以保障，而中立性则能够通过完善的程序规则予以保障。[①] 虽然司法鉴定与医学会鉴定的中立性都受到一定程度的质疑，[②] 但相比较而言，以司法鉴定机构为组织主体并遵循司法鉴定管理规范与程序规则，更有利于保障鉴定专家的中立性。而本文对于医疗损害责任纠纷类案的观察比对能够证实，司法鉴定至少在中立性缺失时的救济程序方面具有显著优势，且更符合司法实践需求。

若当事人及其他诉讼参与者有充分的理由怀疑鉴定意见缺乏中立性，

---

① 参见郭华：《司法鉴定制度改革的基本思路》，载《法学研究》2011 年第 1 期。

② 有观点认为，法医鉴定模式鉴定过程随意，同样存在作弊的可能。参见刘鑫、梁俊超：《论我国医疗损害技术鉴定制度构建》，载《证据科学》2011 年第 3 期。

最佳救济途径即是重新鉴定。然而，医学会鉴定具有明显的区域、层级限制，可能在一定程度上阻碍当事人通过重新鉴定寻求救济。从本文比对结果来看，当在先鉴定由省级医学会作出时，重新鉴定几乎全部由司法鉴定机构开展。这从侧面证实，当中立性问题确实存在且已经过两级医学会鉴定时，当事人可能难以继续通过医学会鉴定寻求救济。与之对应，当前司法鉴定管理模式对于鉴定委托并未设定区域、层级限制，因而在权利救济方面更有优势且更为合理。① 同样，因为未设区域、层级限制，司法鉴定更能够保障鉴定专家产生的随机性，进而更能确保鉴定中立性。② 与此同时，从本文所分析的样本裁判文书来看，法院所委托的司法鉴定机构中，有38.2%为省外司法鉴定机构。由此说明，诉讼参与者在委托鉴定时，确实存在突破区域限制的实际需求。

因此，在严格遵循“同行评议原则”的基础上配套合理有效的司法鉴定管理规范与程序规则，应是兼顾科学性与中立性的根本途径。基于司法鉴定在救济程序等方面的显著优势，应以司法鉴定机构为组织主体并遵循司法鉴定程序规则构建“一元化”医疗损害鉴定模式。即在《医疗损害责任纠纷司法解释》及相关规范性文件中将人民法院对外委托医疗损害鉴定的主体限定为司法鉴定机构。与此同时，为更好地与调解程序相衔接，应在针对医疗纠纷调解所出台的相关规范性文件中明确，以划分医疗损害责任为目的的委托鉴定的，应委托司法鉴定机构。而医学会仅开展医疗事故技术鉴定并服务于医疗事故行政监管。

（三）统一鉴定技术标准

司法鉴定系由鉴定专家根据其所储备的知识与经验对专门性问题作出的判断，因而具有较强的主观性，遵行“同行评议原则”开展医疗损害鉴

---

① 虽然“多头鉴定”一直以来广受诟病，但从权利救济的角度来说，如果确实存在有损中立性的因素，且无其他证据替代，当然需要开展重新鉴定。尤其是在诉前已经过两级医学会鉴定，但诉中存在救济需求时，重新鉴定则是必经程序。

② 鉴定专家产生的随机性是遵循中立性原则的首要条件。参见陈小嫦：《基本原则视角下的医疗损害鉴定改革》，载《江西社会科学》2014年第3期。

定同样需要解决主观性问题。[①] 对此，为确保科学原理与技术方法得以客观适用，需要借助鉴定技术标准对鉴定专家的主观性进行限制。[②] 当前，医学会鉴定与司法鉴定分别遵循各自的技术标准，“一元化”即需进一步要求鉴定技术标准的统一。结合笔者对实践的观察分析，应通过继承与完善司法鉴定技术标准的形式实现医疗损害鉴定技术标准的统一。

其一，医疗事故技术鉴定标准不符合医疗损害鉴定需求。当前“二元化”医疗损害鉴定制度系由早期医疗事故技术鉴定与医疗过错鉴定并行的“双轨制”转变而来。尽管随着医疗损害鉴定制度的发展，医学会参与医疗损害鉴定的程序规范得以逐步完善，但医学会鉴定仍然主要遵循医疗事故技术鉴定标准或受医疗事故技术鉴定标准所影响。医疗事故技术鉴定的主要目的是判定是否构成医疗事故。而以构成医疗事故为前提，可能提高判决医疗机构承担医疗损害责任的难度。[③] 从本文对医疗损害责任纠纷裁判文书的分析来看，除江苏、上海地区医学会鉴定意见未判断是否构成医疗事故外，其他地区医学会鉴定意见均以构成医疗事故作为原因力大小判断的前提。并且，根据鉴定意见比较分析结果，无论是以江苏、上海为典型的限制地区，还是非限制地区，医学会鉴定意见认为诊疗行为与患者损害结果间存在因果关系的比例均显著低于司法鉴定意见，且依据医学会鉴定意见判决医疗机构承担责任的比例显著低于依据司法鉴定意见所作出的判决。由此在一定程度上证实，医学会鉴定依据医疗事故技术鉴定标准或主要受其影响，确实会提升判决医疗机构承担医疗损害责任的难度。

其二，司法鉴定技术标准需要进一步完善。从本文所分析的医疗损害责任纠纷裁判文书来看，司法鉴定意见中原因力大小存在文本、参与度范围值、参与度精确值等三种不同的表述形式。然而，至少关于能否以精确

---

① 参见张曼：《过度医疗案件裁判的法律困境与出路研究》，载《西北大学学报（哲学社会科学版）》2022 年第 6 期。

② 参见纵博：《论科学证据的实质审查》，载《法商研究》2024 年第 1 期。

③ 以构成医疗事故为前提，会存在不构成医疗事故但有过错的情形。参见王松：《医疗损害赔偿案件的法律适用》，载《法律适用》2016 年第 1 期。

值形式进行参与度表述，仍有待商榷。[①] 一方面，从技术层面而言，参与度系数系抽象标准，而非基于医学上的统计形成，因此可能无法精确化；[②] 另一方面，鉴定意见会对法官裁判产生锚定效应，且在量化裁判中尤为明显。[③] 以精确值对参与度进行表述，当事人和法官均可能以该精确值为标准形成关于责任比例的先入为主的判断，从而限制法官对于其他个案因素的考量。因此，至少从原因力表述形式及其对裁判尺度所造成的负面影响来看，当前司法鉴定技术标准仍有待完善。判

（本文仅代表作者个人观点）

① 参见杨立新：《〈最高人民法院关于审理医疗损害责任纠纷案件适用法律若干问题的解释〉条文释评》，载《法律适用》2018 年第 1 期。

② 参见满洪杰：《医疗损害责任因果关系虚无陷阱及其化解——兼评法释［2017］20 号第 12 条》，载《法学》2018 年第 7 期。

③ 参见杨彪：《司法认知偏差与量化裁判中的锚定效应》，载《中国法学》2017 年第 6 期。

资产管理人信义义务的规则构造及适用反思

狄行思*

近年来，我国资产管理行业发展迅速，资产管理规模呈现持续增长趋势。为保障金融市场安全稳定，防范系统性风险，保障投资者权益，资产管理人的资产管理行为一直备受关注。从法律关系视角看，资产管理人与委托人本质上是信托关系，应承担相应的信义义务，这也是资产管理的正当性基础。① 但是，由于信义义务通常情况下表现为原则性规范，实践中对信义义务内涵的解释和具体适用存在标准不一的情况。特别是随着人工智能等科技手段的广泛应用，资产管理人的信义义务亦会延伸出新内涵，导致在个案中判断资产管理人是否充分履行信义义务较为困难。本文从资产管理领域信义原则的内涵出发，对照域外规范，反思我国现有信义义务规则，并运用裁判案例分析处理资产管理人违反信义义

* 广州大学法学院讲师。

① 参见徐化耿：《资产管理人勤勉尽责义务的理论基础与司法适用》，载《现代法学》2023 年第 3 期。

务的法律适用问题。本文还着眼于在现有规范体系下，法院对信义义务的解释适用难题、信义责任的界定问题，并讨论在数字经济时代信义义务延伸出的新内涵，以期为解决我国资产管理人信义义务的规范路径、理解与适用难题提供些许参考。

一、现实困境：原则规范向裁判规则的转化难题

资产管理行业纠纷近年来不断涌现，其中投资者起诉其资产管理人违反信义义务的案件占比较大。为防控金融系统性风险、维护金融稳定与安全、保护投资者权益，资产管理人的行为监管一直备受关注。一般而言，除资产管理机构与投资者签订的金融委托理财合同可作为界定二者权利义务关系的基础外，信义关系作为一种法定关系，不可被约定排除适用，是解决投资者与资产管理人信息不对称和道德风险的重要钥匙，① 能为投资者提供更为有效强健的保护和救济。但是，信义义务是由道德性义务向法律性义务逐步演化而来的，信义原则的规范内核存在不确定性，导致其在解释论和立法论上均存在困境。

第一，立法论困境。由于信义法起源于英美法系国家，我国资产管理领域的信托规范作为法律移植的结果，只能试图将相关规范转化为具体的法律条文，并逐步适应我国交易习惯和市场规则。这种法律移植很容易产生“水土不服”的情况。首先，在成文法体系下，信义义务通常以原则规范呈现，该原则不仅在位阶较高的法律、行政法规中予以体现，在部门规章、地方规范性文件中亦十分常见，可能存在条文冗余情形，但与此同时，能够实际援引适用的条文又少之又少。这种矛盾实际是法律原则与法律规则间的矛盾，抑或功能属性不同规范间的配比矛盾。其次，在资产管理领域，与信义义务内涵有交叉的投资者适当性义务、告知说明义务、信息披露义务等作为独立的法定义务，其内涵和适用标准更为清晰，会导致

---

① 参见肖宇、许可：《私募股权基金管理人信义义务研究》，载《现代法学》2015年第6期。

信义义务在法律适用上有被架空之嫌。因此，必须借助比较法视角，探究信义义务体系在法律移植过程中的细节，厘清资产管理人的信义义务规范的核心架构，抽象出信义义务在立法中面临的核心难题。

第二，解释论困境。信义义务在法律上的模糊规范会直接导致解释适用困难，进而导致司法实践中的不确定性增强。这类问题包括：首先，信义义务具有抽象性和概括性，如何将抽象的原则适用于具体的场景，是困扰司法实践已久的难题。尽管我国立法机关和司法机关均已出台部分解释和指引，以试图将抽象性的信义原则转化为具体规则，但信义义务的内容和性质仅有一般性框架存在，对于行为人是否满足信义义务要求没有明确的标准，致使法院的自由裁量权较高，造成了法律适用的不稳定性。其次，在人工智能发展迅速、智能投顾不断取代自然人投资顾问的当下，资产管理领域的信义义务衍生出新内涵，信义义务内核呈现扩张化趋势。这些新内涵能否在裁判中纳入考量，实值怀疑。最后，当资产管理人未尽信义义务需承担相应的责任时，资产管理行业本身存在的风险导致双方责任比例不易判断。因此，以上问题需借助案例分析，统计近年来司法裁判倾向，从而进一步探索信义义务的司法适用路径。

二、应然构造：资产管理人信义义务的规范内核

探究资产管理人信义义务的规范框架及法律适用现状，需首先明确资产管理人信义义务制度的规范内核。从规范实质上看，信义规范逐步通过具体法律条文的建立，成功地将道德性规范转化为法律规范，并从中分离出具体义务内容；同时，在数字经济迅速发展的背景下，这一制度呈现出一定程度的内核延伸；从规范形式上看，这一制度需要明确规范资产管理人的主体范围及信义义务的内容。

（一）传统内核：忠实义务与注意义务

信义义务规范并非孤立的法律技术，而是将良心与衡平等根本价值追

求转变为实践中可操作、可预见的规则的体系。① 信义义务主要包括忠实义务和注意义务，以下分别阐述。

1. 忠实义务

忠实义务旨在确保信义义务的正当履行，确保受托人的权利不会被滥用，从而不会损害委托人的权利。忠实义务在整个信义义务体系中处于核心地位，具有维持受托人与受益人间的信息均衡、防止受托人滥用自由裁量权的制度功能。② 不过，由于“忠实”一词包含了较大的道德成分，忠实义务的性质存在较多争议。在英美法系国家和地区，忠实义务规范始终被认为是预防性规则，并以禁止利益冲突规则和禁止利益取得规则作为两大核心支柱。③ 随着现代信义法的发展，忠实义务的内容和实践规则逐渐丰富起来，其保护性功能愈发显著。

一般而言，忠诚义务包含以下要求：(1) 受托人需忠实于委托人的指示和目的；(2) 受托人需服务于受益人的利益；(3) 公平公正；(4) 避免冲突；(5) 强制性。在资产管理活动中，资产管理人的忠实义务通常表现为充分、公平地披露重大事实以及所有的利益冲突，为投资者提出合理建议。当受托人的行为存在利益冲突时，即可推断其存在违反忠实义务的可能，受托人需要自行承担其行为与损害结果之间不存在因果关系的举证责任。忠实义务在禁止利益冲突规则和禁止利益取得规则的阐释框架下，带有较强的伦理色彩，因而其规范范围可能出现无意扩张的情形，亦有学者倾向于把某些特定义务如竞业禁止义务纳入忠实义务的范畴。④ 但实践中，忠实义务在资产管理活动中的适用空间比较有限，多数国家和地区的

---

① 参见许德风：《道德与合同之间的信义义务——基于法教义学与社科法学的观察》，载《中国法律评论》2021年第5期。

② 参见杨秋宇：《信托受托人忠实义务的功能诠释与规范重塑》，载《法学研究》2023年第3期。

③ 禁止冲突规则即禁止未经允许的权利义务冲突，禁止利益取得规则体现在要求受托人不得获取未经允许的利益。需注意的是，共和理论废除了绝对的禁止利益冲突和禁止利益取得规则，转而采用古典自由主义主张的灵活标准。

④ 参见姜雪莲：《信托受托人的忠实义务》，载《中外法学》2016年第1期。

规定仅指出“利用信托财产”这一种情况，没有将受托人利用其特殊地位和商业机会谋取利益的情况包含进去。同时，也有人认为，如上规则可能会使受托人行事过于谨慎，避免为受益人增加利润的高风险行为，从而损害委托人的整体利益。①

2. 注意义务

相较之下，注意义务的适用范围较广，在公司法等领域也比较常见。注意义务一般包含了合理的注意、具备一定技能和谨慎行事之义，是受托人需要遵守的最低行为标准。对于资产管理人而言，注意义务主要包括：（1）在对投资者目标的合理理解的基础上，提供符合其最佳利益的投资建议；（2）寻求最佳执行交易；（3）以符合客户最佳利益的频率提供建议，并尽到监控职责。资产管理人注意义务的程度与其需要履行的职责有密切联系，该标准通常不仅需要一定技能，还需要主观上的注意。不过，这种主观注意通常有一定的客观标准，即只要资产管理人以专业态度按照通常的操作程序提供服务，无论是否取得预期成果，都可以视为履行了注意义务。② 由此可见，违反注意义务的主观心态通常表现为“疏忽”，通说认为应采用“重大过失”标准，即严重有悖一个从事同行业的人在类似情况下的注意义务，或严重偏离行业惯例和标准。③ 但该标准是违反注意义务的最低标准还是唯一标准，不同地区理解不同，会根据双方的过错程度、因果关系和公平原则综合判定责任承担情况。

此外，当人工智能技术牵涉资产管理活动时，资产管理人在使用该人工智能进行资产管理服务时是否履行了注意义务则涉及更多难题。若资产管理人完全信赖人工智能算法的准确性，则实际应判断该人工智能是否具备注意义务要求的要件，客观上出现了义务主体转移的情况。但目前的人

---

① See John H. Langbein, “Questioning the Trust Law Duty of Loyalty: Sole Interest or Best Interest?” *Yale Law Journal* 114, No. 5 (2005): 929, 934–935.

② 参见甘培忠、周淳：《证券投资顾问受信义务研究》，载《法律适用》2012 年第 10 期。

③ 参见周淳：《证券服务机构诚信义务统合论》，载《兰州大学学报（社会科学版）》2020 年第 6 期。

工智能尚不能作为独立的民事法律主体，会导致诸多问题：首先，人工智能是否足够可靠或者能够“注意”，很大程度上依赖于其技术能力，即算法的有效性和安全性会对投资组合有很大的影响。如果对资产管理领域的人工智能准入没有明确标准，委托人和监管部门均很难确认该人工智能的技术能力。其次，人工智能在用户画像方面存在先天缺陷。如果“了解你的客户（KYC）”流程过于简单，用户画像会较为模糊，甚至导致同质化的“羊群效应”。① 在这种情况下，资产管理人实际对投资者的投资目标和实际情况理解本身就存在偏差，无法尽到投资者适当性义务。因此，资产管理人在使用人工智能技术时，为满足注意义务要求，后期人工审核和参与的机制必不可少。

（二）内核延伸：数据信义义务

在数字时代，资产管理业务伴随着越来越多的数字化操作，例如，人工智能和机器学习可以利用海量数据和强大的计算能力，精确推算出适合投资者的投资理财计划。因此，资产管理人的信义义务内涵亦应随之不断丰富。其中，最具代表性的是近年备受关注的数据信托理论，即数据控制者应当对个人承担合理使用以及隐私保护的义务。数据信托理论由巴尔金教授提出，其试图构建数字时代的个人隐私保护与信息收集、分析、处理之间的关系。② 一般而言，数据信托的信义义务人为“数字企业”或者“在线服务提供商”，但这一概念实指广义上需收集和处理个人信息的主体。数字时代下的资产管理人需收集大量个人信息用于数据分析，理论上亦可被涵盖在内。

1. 数据信义义务的性质和内涵

随着人工智能的发展，数据信息的流通性不断增强，数据所有权和数据治理问题越发突出。数据信托理论认为，数据收集和处理者收集、分

---

① 参见潘振野：《智能投顾模式下投资者保护制度的完善——以信义义务为中心》，载《南方金融》2020年第2期。

② Jack M. Balkin, “Information Fiduciaries and the First Amendment,” *UC Davis Law Review* 49, No. 4(2016): 1183-1234.

析、使用、处理和披露大量用户信息，数据信托即信息受托人对用户个人信息需承担特殊责任。数据信托理论的合理性可从以下几方面进行论证。首先，数据收集和处理者已向公众披露了其隐私政策，获得了公众信任，个人可以合理地信任数据收集和处理者不会违规披露或滥用其个人信息。其次，用户与数据收集和处理者在个人信息领域的技能、知识和经验之间存在明显的不对称。个人必须依赖数据收集和处理者的行为，尤其是自主行为。通常情况下，用户并不清楚其个人信息如何被使用，数据收集和处理的机制也不完全透明。最后，数据收集和处理者持有的某些有价值的数据可能对用户不利，这使数据收集和处理者的义务相应增加。建立数据信托客观上有助于推动双方建立更好的信任关系。这种信义关系源于所有权和控制权的分离设计，可以更好地平衡数据权益结构、维护数据安全、保障市场效率。目前，美国联邦和州层面都采纳了数据信托概念，并在立法上有所回应。①

数据信托理论为处理数据控制者和用户之间的权利和义务关系提供了新思路，将更多民事法律主体纳入数据受托人范围。但这是否属于信义义务的新内涵，实值怀疑。实际上，该问题考量的重点应为“使用和交换信息”是否可以引发一种新的信义关系。从信义关系产生的机理来看，当用户将个人信息交予数据控制者使用时，后者客观上已具备了如何使用数据的自由裁量权，双方基于经验技能的不平等性和用户的信赖利益，建立起一种信义关系。因此，数据信托关系实质上是信义义务在数据信息层面的具体应用，这种信义关系的产生逻辑仍与传统信义义务相同，属于信义义务内涵的延伸，并非一种新的信义义务。不同的是，“为委托人最大利益行事”的判定标准可能有所不同，不仅需要考虑委托人的利益，还需要考虑社会公共利益，这就导致数据信义义务在很多情况下与传统信义义务内涵不同，进而在规范逻辑、理解和适用上产生了不尽相同的标准。

---

① See Data Care Act, S. 3744, 115th Cong. (2018), also see New York Privacy Act, S. 5642, 2019-2020 Leg., Reg. Sess. (N. Y. 2019).

2. 我国资产管理业务能否引入数据信义义务

实际上，数据信托理论之所以受到诸多质疑，源于其规范对象和规范内容中的理论缺陷。首先，数据受托人的范围并不明确，特别是在个人信息传输范围比较大的情况下，权利人很难分清承担数据信义义务的主体。同时，以信义义务这种高强度义务约束较多主体，客观上并不可行。其次，信托财产具备确定性和独立性，但个人信息很难具备如上特征。单一个人信息具备的财产价值十分有限，只有大量个人信息才有进行数据分析的余地，因而此处的数据范围边界可能在不断变化之中，而且具有财产权属性的数据权部分可能被数据控制者和数据主体共享。此外，使数据作为独立的受托客体也并不容易实现，因而英国就第三方（例如数据信托支持组织）充当数据信托受托人作出了许多的尝试。① 最后，忠实义务要求禁止利益冲突，但数据控制者和数据主体间存在大量利益冲突，实际无法保障忠实义务的履行。

当今的资产管理人属于数据收集者和处理者的范围毋庸置疑，因此，其应随着人工智能和机器学习的发展承担更多的信义义务。由于数据信托理论确有理论缺陷，笔者认为，对于该理论只能有限借鉴，即将传统信义义务的内核抽调出一部分，加入数据处理和个人信息保护的内容，形成一种作为“准信义义务”的数据信义义务。例如，数据信义义务中的“忠实”并不能做到传统信义义务中的绝对忠实，或者说可以在数据受托人是共同受益人的情况下有限突破，在一定程度的忠实前提下表现出一定的自利性，② 这就导致数据信义义务的信义内核被弱化，但不妨碍数据信义义务完全不具备信义内涵，从而能够以法定的较高标准约束义务人的行为，比单纯依靠合同约束能提供更强有力的保护。具体而言，资产管理人应该遵守数据保护原则，包括数据最小化原则、数据准确性原则、目的规范原

---

① 参见翟志勇：《论数据信托：一种数据治理的新方案》，载《东方法学》2021年第4期。

② 参见席月民：《数据安全：数据信托目的及其实现机制》，载《法学杂志》2021年第9期。

则、使用限制原则和透明度原则。在个人信息保护方面，资产管理人应遵守的不仅包括隐私政策，还应谨慎收集、使用、分析和应用客户数据，并在获得正式同意的情况下披露必要的数据使用程序。

三、规范路径：资产管理人信义义务规范模式及混沌

鉴于信义法独有的制度功能，我国建立起了信义法治理框架。信义义务的核心内容已发展百年，且在新时代下延伸出新的内容。信义义务的规范作用不可小觑，但在其基础上构建出规范资产管理人的信义义务并非易事。特别是我国在没有衡平法和判例法的背景下，如何在成文法中确定信义原则，并构建出具有可操作性的条款，是困扰立法者已久的难题。本部分讨论不同国家和地区对资产管理人信义义务的规范路径并抽象出规范特点，结合我国现有的规范路径，阐明我国如何有效借鉴比较法中的规范模式。

（一）我国信义规范的实然模式

与普通法系国家强调“信义（fiduciary）”而非“信托（trust）”不同，我国将信托关系作为最典型的信义关系。① 在立法方面，我国于2001年制定了信托法，其中概括性地描述了忠实信义义务，确立了受托人应当“恪尽职守，履行诚实、信用、谨慎、有效管理的义务”，并确立了最佳利益规则。同时，信托法第26条规定了非营利性规则，即受托人不得利用信托财产为自己谋取利益，否则该利益应归入信托财产。信托法第28条列出了违反忠实义务的具体行为，包括固有财产与信托财产之间的交易和将不同委托人信托财产间进行交易等具体情形，这些规范成为目前资产管理人履行信义义务的正当性基础。②

作为承担信义义务的自然人主体，资产管理人的角色及职责范围至关

---

① 参见许多奇：《论全周期视野下私募基金管理人的信义义务》，载《武汉大学学报（哲学社会科学版）》2022年第5期。

② 参见曹兴权：《信托受托人忠实义务中受益人利益的定位：单一主义与衡量主义之间》，载《交大法学》2019年第2期。

重要。我国中国人民银行等部门发布的《关于规范金融机构资产管理业务的指导意见》（以下简称《资管新规》）中对资产管理业务有明确定义，即“银行、信托、证券、基金、期货、保险资产管理机构、金融资产投资公司等金融机构接受投资者委托，对受托的投资者财产进行投资和管理的金融服务”。这一概念囊括了几乎所有金融服务领域，且将“诚信、勤勉尽责、谨慎”义务主体规定为金融机构本身，并不涉及金融机构中的具体人员。《证券投资顾问业务暂行条例》中同样有关于信义义务要求的条款，其主体也多为“证券公司、证券投资咨询机构及其人员”这种较为笼统的范围。从行业实践看，例如，在证券投资服务中，存在证券投资顾问、证券分析师等不同岗位，前者一般面向客户咨询，提供资产管理建议，后者则一般需在调研和数据分析的基础上提供详细建议，二者不允许注册在同一门类之下。由此可见，资产管理人在我国并非具备明确法律内涵的用语，不同角色的资产管理行业从业人员的信义义务内涵更无法区分。

具体到忠实义务和注意义务的法律规范，前者主要体现为禁止性规范，后者则表现为强制性规范。① 一般而言，资产管理服务的市场准入监管应遵循《证券、期货投资咨询管理暂行办法》（以下简称《暂行办法》），具体行为则受到《暂行办法》中对投资咨询行为模式定义的限制。《资管新规》则进一步明确了资管业务受托管理人的职责，包括尽职调查、准入管理等。同时，由于人工智能技术的普及，我国对使用自动化工具的资产管理人的监管，也间接体现了信义义务要求。例如，中国人民银行在2021年3月发布的《人工智能算法金融应用评价规范》就金融业使用人工智能算法所产生的安全性、可解释性、精准性和稳定性提出了系统评估框架。

在具体到金融服务领域，《证券投资顾问业务暂行规定》（2020年修订）第4条、第5条同样提出了投资咨询业务和投资咨询人员诚信、勤勉、谨慎的要求，第7条对从业人员资格进行了规定，侧面体现了信义义

---

① 参见徐化耿：《信义义务的一般理论及其在中国法上的展开》，载《中外法学》2020年第6期。

务的要求。证券法、证券投资基金法、《资管新规》中均对资产管理人“谨慎”“勤勉”的义务有所涉及。但是，如上规范要么适用范围有限，仅涉及个别金融产品或服务领域，要么属于监管标准而非司法裁判标准，致使法院很难有明确的判断标准，因而如何准确界定并适用信义义务规范一直是困扰学界和实务界的难题。有学者主张可将信托法、证券法中的信义义务扩张适用,[①] 但可能存在脱离如今资管产品类型化背景的问题，产生较高的不适配性。

值得一提的是，民法典还在监护合同、委托合同、物业服务合同、中介合同、合伙合同等多种合同章节中规范和确认了信义关系,[②] 使得这一关系在我国法律体系中获得了重要地位。不过，我国民法典并没有对信义义务要求作出系统的规定，也缺少对超越合同义务的信义义务的适用规范。例如，民法典第 84 条规定了营利法人的控股出资人、实际控制人、董事、监事、高级管理人员的信义义务，但仅是一种不完全的信义义务，即仅规定了上述主体因关联交易给法人单位造成损失的情况，对信义责任则缺乏实质性要求。这种信义义务本质上与信托关系中的信义义务区别不大，但单从文义解释上看，这里的信义义务的范围更小，导致其内核较为薄弱。

在信义义务的新内核方面，我国民法典和个人信息保护法强调个人信息具备私密性和公共属性，但同时在价值衡量上亦关注数据产业的发展。然而，数据信托能否直接移植到我国，一直备受争议。我国信托法第 2 条明确将信托内容限缩至财产权范围内，将个人信息权排除在外，而且我国信托法以明示信托为主，且在没有衡平法土壤的情况下很难实施推定信托。同时，有学者认为，如果数据处理者与个人之间的关系被定义为信义关系，那么数据处理者使用个人信息的利益应该属于个人，因为信托法不允许受托人的经济利益超出受托利益范围，这将对数据信息行业产生负面

---

① 参见黄辉：《资产管理的法理基础与运行模式——美国经验及对中国的启示》，载《环球法律评论》2019 年第 5 期。

② 参见赵廉慧：《作为民法特别法的信托法》，载《环球法律评论》2021 年第 1 期。

影响。① 因此，我国数据治理的规范仍以民法典和个人信息保护法中的有关规定作为核心框架，并不采用信托相关理论，并在行政法规和部门规章中规定了具体操作标准。

由此可见，我国对信义义务在法律规范上呈现出如下特点：首先，信义义务原则通常在位阶较高的法律中予以规定，其也起到指导性原则的作用。但《资管新规》中的规则属于监管规范而非法律适用规范，这就导致尽管信义原则可适用的范围虽很大，但在情形上过于模糊，司法实践中法官需要自行判断信义义务履行的标准。其次，我国对传统资管业务和通道类资管业务未作明确区分，不同金融服务领域的投资顾问、经纪交易商和相关机构的信义义务要求分散于单行法中，导致在投资理财产品越发丰富、自动化工具不断更新迭代的情况下难以适用。

（二）域外信义义务模式

相比之下，普通法系国家因具备信义法传统和诸多判例，在资产管理人的信义义务的适用上较为灵活，且在实践中逐步确立了信义原则的实际要求。同时，普通法系国家区分不同角色的资产管理人所承担不同的信义义务内核，这为具体适用信义义务提供了便利，也为人工智能等科技手段引入后信义义务的扩张适用提供了空间，以下分析域外典型国家和地区的信义义务规范路径及对我国的借鉴价值。

1. 美国：以判例法建立信义标准

作为资产管理产业最为发达的国家之一，美国的资产管理法律规范较为丰富，美国对不同信义义务人的角色划分较为详尽，区分了经纪自营商和投资顾问不同的信义义务内涵。与投资顾问不同，经纪自营商代表投资者买卖证券，同时也以自己的账户进行交易。一般来说，经纪自营商只需公平地对待客户，遵守公正公平的交易原则，其信义要求主要集中在开户及其他许可事项中，例如，反洗钱、收集投资者账户信息和“了解你的客

---

① 参见谢鸿飞：《个人信息处理者对信息侵权下游损害的侵权责任》，载《法律适用》2022年第1期。

户（KYC）”等。而投资顾问的相关规范根植于信义法和代理法，1940 年投资顾问法确立了投资顾问对客户的信义义务，为投资顾问确立了更为广泛的信义义务，在提供理财建议的行为标准和营销方面受到更为严格的要求。该法规定，投资顾问禁止参与欺诈、欺骗或操纵市场的行为。同时，统一审慎投资者法规定了投资顾问在不同阶段的信义义务，例如，在投前阶段，投资顾问关于个人资产的投资和管理决策不能孤立评估，必须结合整个投资组合背景进行评估。① 不过，在信息披露要求、报告要求、合规要求、隐私网络安全要求等方面，经纪自营商与投资顾问均需履行相同的信义要求。

美国联邦法院通过判例法，为信义关系成立界定了明确条件。例如，在伯德特（*Burdett*）一案中，美国第七巡回上诉法院认为，“如果一方声称自己是专家，使得非专家的相对方在特定事务上信任他，相对人接受该提议时，信义关系即为成立”②。同时，判例法认为投资顾问通过下列两种测试可以成为信义义务人：一种是“基于身份的测试”，例如，联邦法律下的“投资顾问”身份；③ 另一种则是基于事实的测试，例如，国家机构法下的“代理”事实。④ 同时，联邦法院确定了六个资产管理人与委托人之间信义关系建立的要素：（1）资产管理人提出的是个性化投资建议；（2）当事人双方互相认可；（3）有确定的时间期限；（4）资产管理人提出的建议成为投资决策的主要依据；（5）所提出的建议与财产的价值有关；（6）有偿。⑤ 在帕索斯诉第一奥尔巴尼公司（Patsos v. First Albany Corporation）一案中，法院强调了有利于建立信义关系的几个其他因素，包括投资者对投资事务的经验缺乏程度、经纪人的投资经验丰富程度等。⑥

---

① 随着现代投资组合理论的广泛应用，“谨慎人”规则逐渐演变为“谨慎投资者”规则。

② 957 F. 2d 1375 (7th Cir. 1992) (Posner, J.).

③ See SEC v. Capital Gains Research Bureau, 375 U. S. 180, 184-185 (1964).

④ See O' Malley v. Boris, 742 A. 2d 845, 850-851. (Del. 1999).

⑤ See Goldenberg v. Indel, Inc., 741 F. Supp. 2d 618, 627 (D. N. J. 2010).

⑥ 741 N. E. 2d 841 (Mass. 2001).

这些案例使信义关系建立标准更具可操作性，与大陆法系通过法律移植继受的信义法相比，普通法系国家的信义原则更具灵活性。

同时，一些非财务因素也对信义义务标准和范围产生了影响。例如，可持续发展会计准则委员会（SASB）、全球报告倡议组织（GRI）和气候相关财务披露工作组（TCFD）等许多机构致力于制定环境、社会的治理（ESG）目标，使之成为识别重大风险和增长机会的分析过程的一部分。这些非财务因素可能会对资产管理人承担信义义务产生负面影响，使传统信义目标发生偏离。不过，最近的研究表明，如果满足两个条件，则风险回报类的 ESG 投资是允许的：(1) 受托人合理地得出结论，ESG 投资将通过提高风险、调整回报率来直接使委托人受益；(2) 受托人进行 ESG 投资的唯一目的就是获得这种直接利益。由此可见，随着利益影响因素的多元化，当下资产管理人充分履行信义义务的标准也更加多样化。

在数据信托这一外延下，即便数据信义义务的内核与传统信义义务似有差异，但信义义务的具体表现已在数据治理领域被认可。目前，有关数据保护的法律法规正逐渐丰富，并践行着数据信托理论：美国数据保护法规定了在线服务提供商的注意义务、忠实义务和保密义务；美国 38 个州和哥伦比亚特区都通过了数据泄露通报法，一些企业因数据安全违规行为而被处以罚款；① 就业退休保障法确认了在养老金方面收集、记录、保存和监督私人敏感数据的具体标准。② 这些规范以监管视角规定了相应主体的信息信义义务。

2. 英国与欧盟：注重行政措施

英国金融服务和市场法以及《金融行为监管局手册》是资产管理人履

---

① See James T. Graves, "Minnesota's PCI Law: A Small Step on the Path to a Statutory Duty of Data Security Due Care," *William Mitchell Law Review* 34, No. 3 (2008): 1115–1145.

② See Gregg Moran, "Breaches Within Breaches: The Crossroads of ERISA Fiduciary Responsibilities and Data Security," *University of Miami Law Review* 73, No. 2 (2019): 483–530.

行信义义务的基础规范。同时，前者对金融服务提供者提出了牌照要求，后者则规定了更为详细的行为规范，对投资者利益至上原则、适当性原则、避免利益冲突和信息透明度均有明确要求。同时，英国在行政措施和法院判例中形成了大量规范。例如，在 HCFX 公司诉英国金融行为监管局（FCA）一案中，HCFX 公司被指控未能披露其与特定金融产品提供商的商业利益关系，最终导致客户作出了于己不利的投资决策。英国金融行为监管局对 HCFX 公司处以罚款，并要求其加强内部利益冲突管理机制。

欧盟对资产管理人的信义义务的核心要求主要体现在《金融工具市场指令》（MiFID II）上。该指令确定了客户最大利益优先原则，并对投资者适当性、信息披露要求及避免利益冲突均有规定。同时，在一些具体问题上，欧盟亦有相关指令对资产管理人的具体行为有所规定，例如，《市场滥用条例》针对的是防止内幕交易行为，《欧盟可持续金融披露条例》则针对与可持续性相关的风险与影响披露，《投资者补偿计划指令》设立了投资者赔偿基金，确保资产管理人违反信义义务造成投资者损失时，投资者可以获得一定赔偿。由此可见，欧盟关于信义义务的规范体现出较高的透明度及信息披露要求，且设置了合规与问责机制，建立了较为完善和全面的信义规范。

相较之下，我国有关资产管理人信义义务的相关规范在主体要件和义务内核上均欠缺具备良好可操作性的规范，因而在法律适用中可能存在概念不清的问题。可从域外学习的是，通过案例指导制度明确信义义务标准和具体适用情况，以填补法律条文上的空白，特别要从负面要件上重点关注违反信义义务的行为及相关责任。下一部分将对实践中相关情况进行梳理总结。

四、实践观察：违反信义义务的责任认定及救济

一般而言，民商事法律重在为资产管理业务提供自由开放的交易框

架，而金融监管则注重市场规制，① 二者基本上能够分工协作，且与信义义务兼具公法和私法属性保持一致。具体到资产管理人违反信义义务的责任和损害赔偿，实则一部分是私法责任，另一部分是更为严格的经济法责任。通常情况下，委托人仅在收益未达逾期要求或者出现严重亏损的情况下，才会对资产管理人提起损害赔偿之诉。以下结合裁判案例，解析资产管理人违反信义义务的责任认定与损害赔偿范围。

（一）资产管理人违反信义义务的责任认定

我国并未对资产管理人违反信义义务的责任性质作出明确规定，致使该"信义责任"欠缺明确的构成要件。有学者统计分析了五年来我国裁判文书中对资产管理人信义义务的裁判标准，发现相关案件涉及集合资金信托计划、私募基金、券商资管计划、期货公司资管计划等多种产品，其中以信托纠纷数量居多。② 法院一般先根据委托人与资产管理公司签订的协议，判断二者是否构成信托关系，再根据受托人的具体行为进行判断。这类案件的案由一般是"委托理财合同纠纷"，也有部分界定为"损害赔偿纠纷"，似乎表明法院倾向于将此界定为违约责任，③ 但从裁判结果上看，法院一般能够认可信义义务属于法定义务，④ 逻辑上又认可了信义责任具有侵权责任的属性，导致裁判在一定程度上欠缺逻辑自洽性。

从资产管理人违反信义义务的具体行为上看，资产管理人在尽职调查或者投后管理阶段应当履行特定义务而没有履行这一客观情形包含诸多类型，例如，尽职调查不谨慎、风控措施未履行或无效果、未按约定平仓、对某股票质押情况调查错误、未落实某风控措施等。⑤ 例如，资产管理人

① 参见郭金良：《资产管理业务中受托管理人义务的界定与法律构造》，载《政法论丛》2019年第2期。

② 参见孙红庆：《资产管理人是否谨慎勤勉：裁判标准及构建路径》，载《经贸法律评论》2023年第4期。

③ 参见北京市第三中级人民法院（2019）京03民终16150号民事判决书、北京市第三中级人民法院（2018）京03民终13862号民事判决书。

④ 参见上海市浦东新区人民法院（2021）沪0115民初34079号民事判决书。

⑤ 参见北京市第二中级人民法院（2020）京02民初302号民事判决书。

在与投资者签订资管合同时，如果未能告知投资者关于投资产品的信用评级不符合合同约定或未充分揭示风险，将违反诚信原则和先合同义务，构成缔约过失责任，需赔偿投资者本金损失以及利息损失。

在主观心态考量上，我国司法裁判倾向于将资产管理人的主观心态界定为“过失”，很少看到司法案例中判定资产管理人“故意”的情形。① 这就导致在责任分担上，法院时常根据过失程度来判断受托人应当承担的责任比重。② 同时，若从一般侵权行为的构成要件出发，认定资产管理人违反信义义务的难题实际在因果关系的判断上。但当受托人没有履行相应义务时，其行为与委托人资产损失之间会被推定具备因果关系，受托人需自行举证抗辩不存在因果关系。

相比之下，比较法上一般认为合同应当是一种利己行为，立法者须假定交易各方都在追求自己的利益，因此，普通法系国家通常不认可信义义务源于契约。普通法系国家的法院在界定信义关系时，通常将当事人之间的债权债务关系和信义关系予以区分，并特别强调信义原则的适用。③ 例如，在美国，根据《美国证监会规则》第 10b-5 条，投资顾问的重大过失亦属于欺诈或欺骗的情况之一。这与我国司法实践中的认识显然不同，美国的归责原则更为具象，将重大过失归入欺诈的范畴，从而考察资产管理人是否存在欺诈的行为及明知的主观心态。然而，投资顾问法并没有规定投资者因违反信义义务而向联邦法院提出损害赔偿责任的请求权基础，因此，除能够主张证券欺诈的投资者可以将证券投资法第 10（b）条作为请求权基础外，在广义的资产管理情形中，投资者不得不借助侵权法规范主张该损害赔偿责任，例如，侵权责任法重述（二）第 552 条中规定的违反注意义务的责任。

---

① 参见北京市朝阳区人民法院（2019）京 0105 民初 40353 号民事判决书。

② 参见最高人民法院（2020）最高法民申 5880 号民事裁定书。

③ See David J. Seipp, “Trust and Fiduciary Duty in Early Common Law,” *Boston University Law Review* 91, (2011): 1011-1037.

（二）商业判断规则参考适用的余地

商业判断规则原本适用于处理公司股东和董事之间的关系。该规则规定，法院应接受无利害关系的董事经过慎重和善意作出的商业决定，即使该决定损害了公司或其股东的利益。实际上，商业判断规则（抑或称为原则更为准确）可扩张适用于处理委托人和受托人的关系，因为信托关系在一定程度上赋予了受托人自由裁量权，其可以为最大化委托人利益，决定应采取的具体措施。具体而言，当资产管理人满足以下条件时，即使资产管理服务不成功，法院也不应当判定其违反受信人义务，以最大限度地维护私法自治：（1）出于善意；（2）符合谨慎投资人标准，以及有合理理由相信其在为客户的最大利益行事。①

一般认为，域内外均未在资产管理人违反信义义务的案件中确定商业判断标准，因此重点就落在考察证据的证明力度上。有争议的地方在于，商业判断规则能否作为一般规则被纳入资产管理人是否履行信义义务的考量中。实际上，我国对商业判断规则的适用是通过将其融入举证责任的相关规定实现的。我国《全国法院民商事审判工作会议纪要》第94条采用了举证责任倒置，该条文侧面确认了商业判断规则的适用空间，即资产管理人如果能够证明自己的行为符合专业资产管理人的一般要求，则可免于承担违反信义义务的责任。这一做法也在实践中被法院确认。②

（三）资产管理人违反信义义务的救济

对违反信义义务的救济，大陆法系通说认为包括委托人的撤销权、恢复原状请求权和损害赔偿请求权。③ 由此推之，违反信义义务的民事责任在构成要件和损害赔偿范围上与普通的民事责任大致相同。以撤销权为例，当资产管理人违反信义义务致使委托人资产遭受损失时，委托人和受

① 参见宋华健：《商业判断规则本土化：理论基础与实现路径》，载《上海对外经贸大学学报》2024年第3期。

② 参见北京市东城区人民法院（2020）京0101民初11844号民事判决书。

③ 参见赵廉慧：《作为民法特别法的信托法》，载《环球法律评论》2021年第1期。

益人均有权利撤销上述处分行为。这种撤销权与民法上的撤销别无二致，是一种受到除斥期间限制的形成诉权（信托法第22条），法院如果同意部分权利主体的撤销申请，撤销权行使的效力及于全部权利主体。恢复原状和损害赔偿同样是常见的民事责任的承担方式，但是一直以来，我国金融实务中一般仅认可损害赔偿责任。这是因为多数法院以合同法或侵权法原理解决相关争议，并没有对信托法中规定的救济进行倾向性适用。

比较有特色是我国信托法第26条规定的归入权制度，即受托人通过信义财产谋取自身利益时，所获得的全部利益归委托人所有。这种制度符合自然正义和矫正正义，而且归入权具有形成权属性，是对受托人获得不正当利益的否定，也直接导致违反信义义务所获利益发生变更。[①] 归入权制度应与不当得利制度区分开来，因为不当得利只能在一方对另一方造成损害的情况下适用，在信义义务纠纷中救济力度仍然不够。作为一种独立的请求权，归入权与其他债权请求权应当区别开来。[②] 由此可见，归入权的加入使法律更倾向于保护信义关系中委托人的利益，且应赋予权利人选择何种请求权的权利。但通过案例检索发现，资产管理服务中委托人行使归入权的情况非常罕见。

不论是归入制度还是损害赔偿，实际上均属于补偿性救济，我国通说也认为，信义责任应限定在一定范围内。比较法上，美国法典第11章第1109（b）条同样规定了广义上违反信义义务的责任，不仅包括违约责任、侵权损害赔偿责任，还将惩罚性赔偿涵盖在内。[③] 普通法系国家最早在侵权案件中建立起惩罚性赔偿制度，并在衡平法上确定了相对成熟的适用规则。[④] 在衡平法规则下，法官可依自由裁量权确立是否支持惩罚性赔偿主

---

① 参见冯果：《内幕交易与私权救济》，载《法学研究》2000年第2期。

② 参见谢鸿飞：《违约获益归入权的体系定位与适用限制》，载《清华法学》2024年第1期。

③ See Robert H. Sitkoff, "The Fiduciary Obligations of Financial Advisors Under the Law of Agency," *Journal of Financial Planning* 42, No. 27(2014): 42.

④ See Darryn Jensen, "Punitive Damages for Breach of Fiduciary Obligation," *University of Queensland Law Journal* 19, No. 1(1996): 125-136.

张。由于惩罚性赔偿具有惩罚性和威慑性，因而法院在适用惩罚性赔偿时均较为谨慎。为获得惩罚性赔偿，原告通常必须证明受托人涉及恶意违约、欺诈或有完全无视委托人利益的行为。在库克诉艾瓦特（Cook v. Evatt）① 一案中，被告的行为被澳大利亚法院界定为“为了贪婪地将自己的房产出售给弱势群体而提供虚假的专业建议”，因而被同时课以补偿性赔偿和惩罚性赔偿。

（四）小结

资产管理人违反信义义务产生的责任应属于侵权责任范畴，但我国司法实践中对违反信义义务的责任性质和构成要件尚存在不同理解，还没有建立起统一标准，这对信义义务规范的适用可能产生不利影响。违反信义义务产生的责任是一种独立的责任类型，这一点在普通法系国家已形成通例，即依照侵权责任成立要件考察资产管理人的行为，且对资产管理人主观心态的考量界定较广，将故意和过失两种情况均涵盖在内，并在因果关系成立上采举证责任倒置的规定。在救济方面，委托人或受益人的撤销权、归入权和损害赔偿请求权是信托法规定的救济方式，但目前我国仍倾向于仅支持损害赔偿，即便归入权已得到确认，适用空间却相对有限。比较法上的惩罚性损害赔偿实际上确立了资产管理人更为严格的信义责任，能否通过适用惩罚性赔偿对资产管理人履行信义义务形成威慑，笔者对此存有疑问，且理论上惩罚性赔偿适用条件应非常严格，在没有衡平法规则的前提下，我国暂无须参考借鉴。

五、结语

以忠实义务和注意义务为核心的信义义务，经过漫长的历史变迁，逐步形成了基本理论框架和使用规则。信义义务规范实际上是自我规制的元规制问题，拥有“普罗透斯似的脸”的信义义务在规范路径、解释和具体适用上，难以建立起明确具体的规则。普通法系国家通过判例法建立了灵

---

① ［1992］1 NZLR 676.

活的信义义务适用方法，而大陆法系国家则倾向于确认高位阶的成文法原则。同时，随着科技发展，数据信义义务等新内核也能在一定程度上被参考纳入，进一步丰富信义义务的内容。由于我国确无信义法的历史土壤和衡平规则，势必会在更准确地解释适用信义义务上面临更多困难，但仍可以通过建立指导案例、在特定金融服务领域构建具体规则的方式，发挥信义规范治理的制度价值。因此，应在确立信义义务规范价值的基础上，采取原则加具体规则的方式构建资产管理人信义义务的规范体系，明确不同资产管理人的具体职责，并逐步在司法裁判中确立违反信义义务的具体行为类型及责任承担的统一标准，以私法与公法相结合的方式实现维护金融市场安全与稳定、保护投资者利益的规范目标。

（本文仅代表作者个人观点）

诉讼费用由败诉方负担原则的问题检视与路径优化

——基于目的价值与工具价值的双重视角*

王 聪**

一、问题的提出

在我国民事诉讼实践中，几乎所有起诉状都有一个共同的诉讼请求，即“请求被告承担本案诉讼费用”。然而，这一诉讼请求在《诉讼费用交纳办法》（以下简称《办法》）的规范语境下却显得“多此一举”。因为现行《办法》所调整的是当事人与法院之间围绕裁判费用的纵向关系，人民法院会依职权对诉讼费用负担作出裁决，并不因为当事人是否在诉状中提出诉讼请求而有所不同。既然如此，为何原告仍会执意“多此一举”呢？这一诉讼请求背后是否寄托了当事人对诉讼费用制

* 本文为2022年湖南省社科基金年度项目“数字技术赋能诉源治理的法治机理研究”（项目批准号：22YBQ017）的阶段性研究成果。

** 湖南大学法学院助理教授。

度的别样想象与期待？司法实践中的诉讼费用负担争议从最高人民法院的两个再审审查案例中可见问题的冰山一角。

在案例1原告唐某刚、万某军与被告湖南建某集团有限公司建设工程劳务分包合同纠纷一案中，唐某刚、万某军一审就案涉工程实际完成工程量及造价申请司法鉴定，费用为10万元，二审判决支持了唐某刚、万某军部分诉讼请求，但并未对鉴定费用问题作出处理。唐某刚、万某军不服二审判决并申请再审理由之一是判决对鉴定费用10万元承担问题未予处理，系属漏判，应当判决由双方合理分担。最高人民法院审查认为，唐某刚、万某军一审中申请的鉴定以案涉工程实际产生的劳务费为内容，系属唐某刚、万某军的主张范围，其应承担该主张的举证责任，负担该鉴定相关费用；鉴定费不同于诉讼费，亦不属于案件受理费，故二审法院依据上述规定未将该费用判决由双方当事人分担并无不当。①

在案例2原告北京中某恒业资产管理公司与被告北京艾某房地产开发有限公司清算组、北京凌某会计师事务所有限公司返还原物纠纷一案中，一审法院依被告申请委托会计师事务所进行鉴定，一审法院判决驳回原告诉讼请求。原告上诉后，二审法院撤销一审民事判决，驳回原告的起诉，同时决定鉴定费由原告负担。原告不服二审裁定申请再审，称鉴定费不属于诉讼费用，二审裁定其承担鉴定费属适用法律错误。最高人民法院审查认为，《办法》虽未规定鉴定费用由败诉一方承担，但本案鉴定费用的发生系原告的不当起诉行为引起，被告因不当起诉而遭受损失，二审裁定由过错方承担鉴定费用并无不当。②

案例1将司法鉴定费用排除在诉讼费用之外，由负有举证责任的一方当事人负担，案例2将司法鉴定费用视为诉讼费用，由具有过错的败诉方当事人负担。与之相关联的案例是，当事人一方在起诉前自行委托鉴定所

---

① 参见最高人民法院（2020）最高法民申5354号民事裁定书。

② 参见最高人民法院（2012）民申字第1031号民事裁定书。

发生的费用由谁负担。[①] 2021年最高人民法院第二巡回法庭围绕“鉴定费的性质和承担”争议形成法官会议纪要，认为鉴定费用应属于诉讼费用范畴。[②] 然而，仅凭该会议纪要并不能终结关于诉讼费用负担的争议。这些争议背后悬而未决的根本问题是：我国法律上败诉方负担的诉讼费用应然范畴如何界定？

《办法》自2006年颁布至今已十九年。这期间，我国经济社会形势发生了翻天覆地的变化。《办法》的很多内容已与当前经济社会形势和司法实践需要不相适应，诉讼费用法的制定亟待提上日程。[③] 在这种背景下，中共中央《法治中国建设规划（2020—2025年）》明确提出“改革诉讼收费制度”。最高人民法院在《人民法院第六个五年改革纲要（2024—2028年）》中作出响应：“推动研究完善诉讼费用交纳办法。”诉讼费用制度看似处在诉讼制度边缘，实则其是“深化司法体制综合配套改革”中的关键一环，直接关系纠纷解决资源优化配置。以往，理论界和实务界对诉讼费用改革的关注点主要集中在现行诉讼费标准的高低，然而，合理的诉讼费用制度需要在保障当事人正当行使诉权与限制当事人滥用诉权之间寻求平衡。比诉讼费用标准之升降更重要的问题是，诉讼费用如何在当事人之间横向分配，这构成了诉讼费用功能发挥的基本前提。因此，本文试图从目的价值与工具价值双重视角，重新审视我国诉讼费用负担制度，反思“败诉方负担原则”应否视为诉讼费用分担的绝对原则，以期对未来《办法》修改或诉讼费用立法提供有益参考。

---

① 参见最高人民法院民事审判第一庭编：《民事审判实务问答》，法律出版社2021年版，第333-334页。

② 参见贺小荣主编：《最高人民法院第二巡回法庭法官会议纪要》（第三辑），人民法院出版社2022年版，第410页。

③ 相关讨论参见廖永安：《我国“诉讼费用法”立法论纲》，载《中国应用法学》2024年第6期；汤维建、李海尧：《〈诉讼费用法〉立法研究》，载《苏州大学学报（哲学社会科学版）》2017年第3期。

二、我国败诉方负担诉讼费用范围的制度困境

日本学者棚濑孝雄将诉讼成本形象地比喻为“生产正义的成本”，包括国家负担的“审理成本”和当事人负担的“诉讼成本”。[①] 前者属于公共成本，后者属于私人成本。而所谓诉讼费用范围问题关注的是如何在国家与当事人以及当事人之间分配诉讼成本。这种分配机制一般沿着两个方向进行：一是基于保障民众诉权，扩大司法公共服务职能的原理，将本应由当事人负担的诉讼成本转嫁为公共成本；二是基于民事诉讼的私益性质和当事人自我责任原理，将本应由国家负担的审判成本转化为诉讼成本，由当事人负担。[②] 合理的司法政策总是试图在这两个方向之间寻求平衡。遵循上述原理，世界主要国家或地区法律所界定的诉讼费用一般包含两个方面：法院裁判费用（公共成本）和当事人费用（私人成本）。[③] 前者是指当事人因进行诉讼活动而应当向国家交纳的费用，主要包括案件受理费（程序申请费）和垫付金（代付金）；后者是指当事人为进行诉讼而自己支付的必要费用，主要包括律师代理费、取证费以及为诉讼而支付的直接费用和准备费用。[④] 因此，一个健全的诉讼费用负担制度不应只是简单停留在败诉方负担原则，而应当在诉讼当事人之间合理分摊诉讼成本。然而，我国现行法关于诉讼费用负担制度设计较为简单，不利于诉讼费用制度功能的最大化发挥。

（一）诉讼费用法定范围过于狭窄

我国民事诉讼法关于诉讼费用的规定仅有第 121 条第 1 款，即“当事人进行民事诉讼，应当按照规定交纳案件受理费。财产案件除交纳案件受

---

① 参见［日］棚濑孝雄：《纠纷的解决与审判制度》，王亚新译，中国政法大学出版社 1994 年版，第 283 页。

② 参见王福华：《论民事司法成本的分担》，载《中国社会科学》2016 年第 2 期。

③ 参见廖永安等：《诉讼费用制度专题实证研究》，法律出版社 2016 年版，第 45-47 页。

④ 参见占善刚：《我国民事诉讼费用法定范围：理论廓清与规范检讨》，载《中国应用法学》2024 年第 6 期。

理费外，并按照规定交纳其他诉讼费用。”该内容最早见于1982年民事诉讼法（试行），此后历次修法均未作任何实质性变更。所谓“案件受理费”主要是一审和二审受理费，再审之诉原则上无偿，例外收费是依据《办法》第9条的规定，仅限于当事人以新的证据向人民法院申请再审的案件以及因未上诉而确定生效的第一审判决或者裁定向人民法院申请再审的案件。所谓“其他诉讼费用”主要是指人民法院在民事案件审理中实际支出的应当由当事人支付的费用。① 根据《办法》第6条至第12条的规定，其他诉讼费用主要包括：（1）申请费；（2）证人、鉴定人、翻译人员、理算人员在人民法院指定日期出庭发生的交通费、住宿费、生活费和误工补贴；（3）诉讼过程中因鉴定、公告、勘验、翻译、评估、拍卖、变卖、仓储、保管、运输、船舶监管等实际发生的费用；（4）当事人复制案件卷宗材料和法律文书应当按实际成本向人民法院交纳的工本费。其他诉讼费用由当事人根据实际支出来负担，性质上是对实际支出者（如证人、鉴定人、翻译人员）的补偿，故不直接交给法院。②

从这些规定中不难看出，《办法》所确定的诉讼费用都属于法院裁判费用。那些未被《办法》明确列入但又是法院和当事人在诉讼过程中实际支出的费用是否应当纳入诉讼费用负担范围则存在较大的认知分歧。如上文案例中涉及的鉴定费用争议，从法律性质上而言，司法意义上的鉴定人与当事人并不产生任何私法上的权利义务关系。鉴定人仅与受诉法院产生公法上的法律关系，其产生的基础乃是受诉法院依当事人的申请或者依职权委托鉴定人进行鉴定。鉴定费用是鉴定人在向代表国家行使裁判权的法院履行义务过程中所产生的费用，应当与鉴定人出庭费用一并纳入诉讼费用范畴。③ 至于一方当事人在诉前单方委托鉴定，在证据性质上并不属于鉴定意见，而是普通私文书证，由此产生的费用不应当纳入法定诉讼费用

---

① 参见王瑞贺主编：《中华人民共和国民事诉讼法释义》，法律出版社2023年版，第238页。

② 参见唐德华：《民事诉讼法立法与适用》，中国法制出版社2002年版，第156页。

③ 参见占善刚：《民事诉讼鉴定费用的定性分析》，载《法学》2015年第8期。

范畴，而属于当事人为应对诉讼而发生的费用。这类为准备诉讼而付出的当事人费用在实践中一般由当事人自行承担。① 此外，法院在工作场所之外进行证据调查所产生的必要差旅费与住宿费等费用，均未纳入裁判费用之内。② 法院裁判费用过于狭窄将导致诉讼成本不合理地向公共成本转移，容易导致“过度诉讼”，进而加重公共财政负担。

（二）当事人私人成本无从转嫁

从现行法来看，我国诉讼费用制度调整的诉讼法律关系仅为法院与当事人之间就承担公共司法成本形成的关系，仅仅相当于域外其他国家的法院裁判费用，当事人费用没有在诉讼费用中得到体现。这种诉讼费用调整思路建立在职权主义诉讼模式之下，法院彼时的审理成本构成了最主要的诉讼成本，正是基于对诉讼费用的狭隘认识，诉讼费用负担成了法院依职权单方决定的事项。但时至今日，随着我国民事诉讼模式职权主义的色彩逐渐褪去，当事人主义的因素日益占据主导地位，现行诉讼费用负担范围已显得不合时宜。因为当事人在诉讼维权过程中存在“赢了官司输了钱”而得不偿失的情况，当事人自行负担的裁判外费用成本负担过重，私人成本无从转嫁。在小额分散型损害赔偿诉讼中，单个当事人遭受的损害十分微小，当事人因为诉讼成本过高而缺乏动力去提起赔偿诉讼。③ 在大规模诉讼如代表人诉讼、公益诉讼中，过高私人成本也抑制了当事人的诉讼动力。在这些私人成本中，律师费无疑占据了大部分。实证调研显示，法院裁判费用仅占当事人诉讼总成本的9.36%，而律师代理费用则约占总成本的64.68%，交通费、食宿费及其他费用约占总成本的25.96%，当事人因

① 《浙江省高级人民法院关于进一步规范民事诉讼鉴定相关工作若干问题的纪要》第10条规定：“诉前单方委托鉴定的费用一般应由委托方自行负担，但法律、司法解释另有规定或者当事人另有约定的除外。”

② 在日本法上，该费用属于法院垫付费用，最终被纳入败诉方负担的诉讼费用。参见林剑锋：《日本民事诉讼费用的制度与理论》，载《司法改革论评》（第3辑），中国法制出版社2002年版，第65页。

③ 参见熊丙万、周院生：《诉讼效益的经济分析框架——以当事人诉讼动力的调节机制为中心》，载《制度经济学研究》2015年第1期。

诉讼所付出的裁判费用与私人成本的比例为1∶9。[①] 从比较法来看，所有法域的律师费用都超过了法院裁判费用。在大陆法系，律师代理费高于法庭费用的比例从1倍至6倍不等，这一比例在普通法系更大。[②] 因此，请求被告承担诉讼费用看似多此一举，实则寄托了当事人要求对方承担己方为诉讼支出合理维权费用的期待，而《办法》关于诉讼费用的调整范围的规定已难以满足司法实践的需要。

三、当事人本位立场下败诉方诉讼费用负担范围的合理调整

民事诉讼具有纠纷解决、权利保护、司法秩序维持等多元目的，[③] 而诉讼费用制度作为民事诉讼配套制度必须服务于诉讼目的之实现。日本学者新堂幸司曾提出一个建构民事诉讼理论体系的根本问题，即“民事诉讼法理论为谁而存在”，其反思了传统理论强调法院的利益或便利的诉讼观之不足，转而提出以民事诉讼利用者立场为主轴的诉讼观，主张民事诉讼制度是向国民提供纠纷解决服务的体系，民事诉讼制度存在的价值取决于社会大众是否更愿意利用以及更为信赖这种制度。[④]“只有当整个诉讼制度的出发点和落脚点都是为了当事人的利益，只有在诉讼的私人成本与公共成本一样受到诉讼费用制度的关注，只有把当事人的切身利益和风险纳入诉讼程序制度中心时，通往‘当事人主义’的程序制度或诉讼模式也许才算真正开始。”[⑤] 在裁判有偿原则之下，以当事人立场为主轴重估诉讼费用负担制度，可以发现其不仅具有减少国家财政开支的功能，还具有保障当

---

① 参见廖永安等：《民事诉讼制度专题实证研究》，中国人民大学出版社2016年版，第139页。

② See Mathias Reimann, *Cost and Fee Allocation in Civil Procedure: A Comparative Study*, New York: Springer, 2012, p30.

③ 参见［日］高桥宏志：《民事诉讼法：制度与理论的深层分析》，林剑峰译，法律出版社2003年版，第1页。

④ 参见［日］新堂幸司：《新民事诉讼法》，代译序，林剑锋译，法律出版社2008年版，第2页。

⑤ 傅郁林：《诉讼费用的性质与诉讼成本的承担》，载《北大法律评论》2001年第1期。

事人诉权、调节诉讼行为、制裁民事违法行为等多元功能。①

诉讼费用负担制度的主要功能就是让诉讼费用的制度目的得以最大限度发挥，以更好地保障民事诉讼目的之实现。诉讼费用负担制度作为一种工具可以引导当事人理性实施诉讼行为，促使当事人在起诉时考虑诉讼收益与成本的关系，慎重地行使诉讼权利，从而抑制滥诉。滥讼损害了被迫应诉的对方当事人权益，由滥诉方负担诉讼费用是对无辜卷入诉讼当事人的补偿。因此，从诉讼费用调节诉讼行为的功能来看，将合理的当事人费用纳入诉讼费用负担范围，能够更好地平衡保护诉权与抑制滥诉的冲突。如果只是片面强调降低占诉讼总成本比例不高的公共成本，而忽视当事人诉讼的私人成本，不仅无助于从实质层面保障当事人诉权，还会导致滥诉行为的增加。在此前提下，随之而来的问题是：哪些费用属于合理且必要的当事人费用？一个抽象的标准是，当事人为权利伸张或诉讼防御而支出的必要费用都应当被纳入诉讼费用调整范围，当事人为参与诉讼所产生的非必要之私人成本，应当由自己承担。在具体司法实践中，合理且必要的当事人诉讼费用主要包括以下类型。

一是当事人为参与诉讼而发生的交通费、住宿费、生活费、误工补贴等。对此，我国司法解释将其作为损失予以承认，通过实体法上的损害赔偿请求权予以救济。《最高人民法院关于适用〈中华人民共和国民事诉讼法〉的解释》（以下简称《民诉法解释》）第 102 条第 3 款规定："当事人一方要求另一方赔偿因逾期提供证据致使其增加的交通、住宿、就餐、误工、证人出庭作证等必要费用的，人民法院可予支持。"《民诉法解释》第 409 条规定，当事人提交新的证据致使再审改判，因再审申请人或者申请检察监督当事人的过错未能在原审程序中及时举证，被申请人等当事人请求补偿其增加的交通、住宿、就餐、误工等必要费用的，人民法院应予支持。

---

① 参见廖永安等：《诉讼费用研究——以当事人的诉权保护为分析视角》，中国政法大学出版社 2006 年版，第 6-7 页。

二是专家辅助人参与诉讼的出庭费用。在我国民事诉讼中，专家辅助人是当事人的诉讼辅助人，是当事人为弥补自己诉讼能力不足而采取的寻求专业帮助的一种方式。民事诉讼法第82条规定："当事人可以申请人民法院通知有专门知识的人出庭，就鉴定人作出的鉴定意见或者专业问题提出意见。"《民诉法解释》第122条第3款规定："人民法院准许当事人申请的，相关费用由提出申请的当事人负担。"因此，与专家辅助人的工作成本、报酬、出庭的必要支出等相关的费用，属于当事人获取帮助的必要支出。

三是律师费用。当事人支付给诉讼代理人的律师费用应否纳入必要诉讼费用范畴在各国做法不同，这也是实践中争议最大的问题。① 在大陆法系，实行强制律师代理制度的德国，律师费用构成当事人费用的必要部分可由败诉方负担，而在日本，律师费用原则上由当事人自行承担。在我国民事诉讼中，大多数采用的是当事人自己承担模式，但零星分散的相关法律、司法解释和规范性文件规定在债权人撤销权诉讼②、知识产权诉讼③、侵害人身人格权益纠纷④、环境和消费民事公益诉讼⑤、反垄断诉讼⑥等部分领域把律师费视作胜诉方的合理开支而列入诉讼请求的追偿范围。⑦ 虽

---

① 参见廖永安等：《诉讼费用制度专题实证研究》，法律出版社2016年版，第70页。

② 参见《最高人民法院关于适用〈中华人民共和国民法典〉合同编通则若干问题的解释》（法释〔2023〕13号）第45条的规定。

③ 专利法第71条、著作权法第54条、商标法第63条、反不正当竞争法第17条。

④ 参见《最高人民法院关于审理利用信息网络侵害人身权益民事纠纷案件适用法律若干问题的规定》（法释〔2014〕11号，2020年修正）第12条、《最高人民法院关于审理使用人脸识别技术处理个人信息相关民事案件适用法律若干问题的规定》（法释〔2021〕15号）第8条的规定。

⑤ 参见《最高人民法院关于审理环境民事公益诉讼案件适用法律若干问题的解释》（法释〔2022〕11号）第22条、《最高人民法院关于审理消费民事公益诉讼案件适用法律若干问题的解释》（法释〔2016〕10号，2020年修正）第18条的规定。

⑥《最高人民法院关于审理垄断民事纠纷案件适用法律若干问题的解释》（法释〔2024〕6号）第45条的规定。

⑦ 实践中也不乏法院将当事人明确约定的律师费用作为诉讼费用进行分担，相关案例参见江西省高级人民法院（2014）赣民一终字第67号民事判决书。

然通过违约或者侵权损害路径也可以填平胜诉方当事人的损失，但由于理论上存在客观性、因果关系方面的疑问，故学理上更倾向于将律师费转付行为定位为诉讼费用负担范围。实践中也存在建立律师费用转付制度的强烈呼声，2018 年 6 月 13 日，《最高人民法院关于政协第十三届全国委员会第一次会议第 3944 号（政治法律类 409 号）提案的答复》中明确，“建立律师费用转付制度符合我国法律发展趋势”，主要理由在于：一是可以使经济贫困的人们不再为律师费用的困扰而放弃权利，提高当事人诉讼能力，对侵害方、违约方起到警示、惩罚作用；二是能减少滥用诉权的现象，督促当事人更加谨慎地对待诉讼，促使当事人根据对诉讼的可预测性采取理性的诉讼策略；三是在一定程度上促成当事人和解，缓解对司法资源的占用，形成良性的诉讼环境，保障当事人享受基本的法律服务，平等地依法维护自己的合法权利。

尽管从矫正正义视角进行理论推演，律师费用转付制度具有合理性和正当性，但在立法确认之前须审慎评估我国民事诉讼的独特制度语境。首先，从我国诉讼案件律师代理整体现状来看，民事诉讼律师代理率相对较低，保持在 30 左右%，① 律师费用并不必然是每个当事人进行诉讼所耗费的私人成本。如果诉讼当事人在法律上和事实上都可以在没有法律顾问的情况下运作，律师费转移的重要性当然会大大降低。其次，我国诉讼程序一直保持简易化、大众化运行，法官在事实发现和法律适用方面的职权性主导因素较大，律师在诉讼中的作用远不及那些全面实行律师费用转付制度的国家或地区。最后，律师费用的确定具有不确定性。律师费用在个案中差异较大，其往往取决于收费方式、律师的专业知识和声誉、案件复杂程度、客户资源等方面。2021 年 12 月 28 日，司法部、国家发展和改革委员会、国家市场监督管理总局联合发布《关于进一步规范律师服务收费的意见》，明确提出由律师事务所自行制定收费标准，备案于当地律师协会。

---

① 通过司法部历年《律师、基层法律服务工作统计分析》和最高人民法院历年《最高人民法院工作报告》计算而来。

此后，各地都废止了本地律师费收费标准或政府指导价，律师费收费已经由市场调节。这不仅加剧了法院核定合理律师费用的复杂性，也给败诉方当事人带来了不可预测性和公平性问题。[①]“如果律师费不受监管、不可预测且很高，那么将其转移给失败者就充满了问题，最好根本不承担。”[②] 因此，现阶段通过立法全面建立律师费用转付制度时机尚不成熟，更稳妥的做法是在现有基础上，通过司法实践积累，循序渐进放宽律师费用转付条件，在当事人合同明确约定、某些专业性较强的商事案件、公益诉讼、故意侵权案件、虚假诉讼及恶意诉讼等案件中进行适用。

四、我国诉讼费用败诉方负担原则的价值调优

与诉讼费用负担范围密切相连的问题是，诉讼费用应当由何方当事人负担。除美国实行当事人各自负担诉讼费用外，败诉方负担原则是世界各国诉讼费用负担的一般原则。该原则根植于民事诉讼目的论。[③] 国家禁止自力救济而设置民事诉讼制度，目的是保护合法权利，从而实现纠纷的规范化解决。败诉方是侵害胜诉方权利的人，应该承受双重诉讼成本，以达到抑制权利侵害或不经诉讼就可以恢复权利的目的，而权利人应该在成本为零的前提下实现权利，败诉方负担被视为实体裁判结果的“投影”。该原则适用在大多数案件中都没有问题，但由于该原则预设了“权利已经存在”的理念，机械、绝对地适用败诉方负担原则在个案中可能出现实质不正义的分配结果，[④] 故有必要根据具体案件的诉讼情况进行调适。诉讼费用负担除为权利人填平损失的公正价值考量，还应当关注诉讼行为的合法

---

① 我国司法实践中围绕这一问题的争议进行了一些尝试，参见王长军等：《败诉方承担过高律师费之司法调整》，载《人民司法（应用）》2021年第31期。

② Mathias Reimann, *Cost and Fee Allocation in Civil Procedure: A Comparative Study*, New York: Springer, 2012, p. 301.

③ 参见王中伟、冉崇高：《我国诉讼费用制度改革的理论与实务问题研究》，法律出版社2016年版，第70页。

④ 参见廖森林：《胜诉方负担民事诉讼费用研究——由深圳中院诉讼费用复核第一案引发的思考》，载《河南财经政法大学学报》2013年第4期。

性和正当性，为抑制当事人滥诉或鼓励特定诉讼的工具价值考量。[①]

我国《办法》围绕诉讼费用负担的规则仅有一条，即依据《办法》第29条规定，诉讼费用由败诉方负担，胜诉方自愿承担的除外。部分胜诉、部分败诉的，人民法院根据案件具体情况决定当事人各自负担的诉讼费用数额。该条规定未能合理平衡基于公正的目的价值和调节诉讼的工具价值。以离婚纠纷为例，依据《办法》第31条规定，经人民法院调解达成协议的案件，诉讼费用的负担由双方当事人协商解决；协商不成的，由人民法院决定。鉴于我国裁判文书一定程度存在诉讼费用负担决定的说理不充分问题，诉讼费用负担裁判的价值理性难以彰显。因此，有必要结合诉讼费用负担制度的目的价值与工具价值对败诉方负担原则之例外情形进行类型化和精细化梳理，以便为人民法院裁量决定诉讼费用负担提供参考。

（一）理性谨慎诉讼原则

理性谨慎诉讼原则要求当事人审慎进行诉讼行为，诉权权利的行使应当以必要为原则，避免无益诉讼。按照自由主义诉讼理念，当事人可以在法律提供的多元化救济途径之间自由选择，但若不同路径在简便、快捷、经济等方面存在巨大差别而程序结果又基本相同，当事人的诉讼行为就违反了诉讼经济原则，应当在费用负担上受到否定性评价。我国民事诉讼法第125条和第136条对起诉至人民法院的纠纷设置了先行调解、督促程序、小额诉讼程序、一般简易程序、普通程序分类处理的程序渠道，这构成了民事纠纷的分层漏斗式过滤系统，体现了立法者对司法资源的调节，这套繁简分流的分层漏斗式过滤系统能否实现预期功能，需要诉讼费用负担制度予以辅助。

---

① See Mathias Reimann, *Cost and Fee Allocation in Civil Procedure: A Comparative Study*, New York: Springer, 2012, p. 20.

1. 拒绝先行调解的诉讼费用负担

调解与诉讼相比是一项合意型和自治型纠纷解决机制。调解程序的开启必须经过双方当事人同意。2012年修正的民事诉讼法第122条首次规定了先行调解制度，即“当事人起诉到人民法院的民事纠纷，适宜调解的，先行调解，但当事人拒绝调解的除外”。从比较法视野来看，英国法院在2002年的Dunnett v. Railtrack一案中为鼓励先行调解，首次确立了诉讼费用罚则，[①] 此后又通过判例不断对调解进行规范和引导，形成了如下规则：无正当理由拒不接受调解的当事人，不论输赢，都要承担诉讼费用，但败诉方应对胜诉方拒绝调解的“不合理性”承担举证责任。[②] 这一做法较好地平衡了当事人诉权保障与调解优先的紧张关系。这意味着当事人虽然有权拒绝调解，但如果这种拒绝并无正当理由，即使该方在诉讼中胜诉，法院也可能判处该方承担诉讼费用以示惩罚。对此，《最高人民法院关于人民法院进一步深化多元化纠纷解决机制改革的意见》（法发〔2016〕14号）第38条规定，“一方当事人无正当理由不参与调解或者不履行调解协议、故意拖延诉讼的，人民法院可以酌情增加其诉讼费用的负担部分”。该规定体现了理性谨慎诉讼的法政策导向，要求法院在决定诉讼费用负担时，充分考虑当事人在推动调解程序中的作用。

2. 不必要诉讼行为的诉讼费用负担

民事诉讼的目的是解决当事人之间的实体权利义务争议，但当事人之间并无实质性争议，而是基于特殊利益考量或者诉讼策略进行不必要诉讼，由此产生的费用由败诉方负担显然有失公允。例如，在某消费者与商家买卖合同纠纷中，被告在原告起诉前的交涉过程中已经承诺满足原告的退货要求，但原告拒绝被告向其履行补救义务，并坚持通过诉讼解除合同并退货，法院判决被告退还货款并由被告负担案件受理费。[③] 从比较法来

---

① Susan Dunnett v. Railtrack PLC [2002] ADR. L. R. 02/22.

② 参见张永红：《英国判例法对调解的规范和引导》，载《法律适用》2010年第1期。

③ 参见廖森林：《胜诉方负担民事诉讼费用研究——由深圳中院诉讼费用复核第一案引发的思考》，载《河南财经政法大学学报》2013年第4期。

看，各国民事诉讼法几乎都将不必要诉讼行为的费用负担作为败诉方负担原则的例外。日本民事诉讼法第 62 条规定，法院可根据具体情形使胜诉方当事人负担以下部分或全部诉讼费用：因胜诉方不必要的权利主张或防御行为而产生的诉讼费用以及因相对方必要的权利主张或防御行为而产生的诉讼费用。所谓胜诉方不必要的权利主张或防御行为产生的费用包括被告对原告的诉讼请求即时认诺，原告无须起诉的情形。① 如果原告起诉前被告即予认可并提出主动履行，说明原告根本无须起诉即可实现权利，诉讼费用的支出并不必要。德国民事诉讼法第 93 条也同样规定即时认诺制度，即起诉并非因被告的行为所引起，被告对于诉讼中的请求即时认诺时，诉讼费用由原告负担。② 总之，如果胜诉方胜诉的原因是在诉讼系属后产生，则败诉人在该原因产生之前对胜诉人的防御行为具有必要性和正当性。

（二）诚信原则

诚实信用原则是所有社会主体在从事任何社会交往活动时都应该秉持的原则。我国民事诉讼法自 2012 年修改时确立了诚实信用原则③。诚信原则作为指导法院、当事人及其他诉讼参与人实施诉讼行为的准则，要求当事人及其他诉讼参与人诚实善意地实施诉讼行为。依据诚信原则，当事人负有促进诉讼的义务，当事人在诉讼中不得实施迟延或拖延诉讼行为，或干扰诉讼的进行，应协助法院有效率地进行诉讼，禁止以欺骗方法形成不正当诉讼状态。

如果当事人在诉讼过程中违反诚信原则，那么在诉讼费用负担上应当给予其消极评价。最典型的情形是当事人迟延诉讼或滥用诉讼程序行为。从比较法来看，主要包括两种情形：一是怠慢期日、期间；二是逾期提出攻击防御方法。德国民事诉讼法第 95 条和第 97 条规定，因一方当事人的

---

① 参见张卫平、齐树洁主编：《日本民事诉讼法典》，曹云吉译，厦门大学出版社 2017 年版，第 25 页。

② 参见张卫平、齐树洁主编：《德国民事诉讼法》，丁启明译，厦门大学出版社 2016 年版，第 22 页。

③ 2023 年民事诉讼法修正时，将诚实信用原则改为诚信原则。

原因致使期间或期日延误，应负担对方由此发生的费用。当事人在上诉审中，因提出新主张而胜诉，如果该主张在前一审中就能提出，那么上诉费用由胜诉当事人负担全部或部分。日本民事诉讼法第63条规定，因当事人未在适当时期及时提出攻击防御方法或者不遵守期日、期间以及其他可归责于当事人的事由导致诉讼迟延时，即使该当事人胜诉，法院也可以使其承担因迟延产生的全部或部分诉讼费用。这种做法有利于促使当事人正当行使诉讼权利，节约司法资源，由不当行使诉讼权利的当事人负担由此产生的诉讼费用符合公平正义的要求，该做法值得我国借鉴。《最高人民法院关于进一步推进案件繁简分流 优化司法资源配置的若干意见》（法发〔2016〕21号）第22条规定，当事人存在滥用诉讼权利、拖延承担诉讼义务等明显不当行为，造成诉讼对方或第三人直接损失的，人民法院可以根据具体情况对无过错方依法提出的赔偿合理的律师费用等正当要求予以支持。该规定正是诚信原则的体现。

当事人滥用诉讼权利在我国民事督促程序中体现得尤为明显。作为一种督促债权人还债的简捷程序，督促程序在提高诉讼效率、节约诉讼成本方面有着强大的优势。然而，从2018年《最高人民法院对十三届全国人大一次会议第4271号建议的答复》中不难看出，“督促程序收案数量在逆势走颓，俨然沦落为‘僵尸程序’，已处于严重空置的状态”。这背后的主要原因就是债务人滥用异议权（异议率高达70%以上）的成本很低。① 即使债务人提出无理由异议导致督促程序转入诉讼程序且最后败诉，债务人也仅需承担法院案件受理费，不需要支付债权人为该诉讼所支出的相关费用，也不需要承担任何费用作为制裁。为此，作为对违反诚信原则行为的制裁，应当在督促程序中扩大诉讼费用转付范围，如果督促程序因债务人异议转入诉讼程序后债务人最终败诉，则债务人应承担因其异议而增加的全部后续费用，该费用既应当包括案件受理费、督促程序中的申请费，也应当包括转入诉讼程序后债权人支付的律师费以及其他必要费用。

---

① 参见张海燕：《督促程序的休眠与激活》，载《清华法学》2018年第4期。

(三) 过错责任负担原则

任何具有自由意志的法律主体都应当为自己的过错行为所导致的损害负责，此乃矫正正义的基本要求。诉讼费用负担结果应当体现对当事人在实体权利义务关系中的过错予以责难。在民事诉讼中，虽然违约责任是无过错责任，不需要考虑违约方的主观过错，但违约程度可以作为诉讼费用负担的考量因素；侵权责任以过错责任为主要原则，当事人主观过错可以成为诉讼费用负担的考量因素；在不当得利返还责任中，受益人的主观心态和受益原因，可以成为诉讼费用负担的考量因素；在离婚诉讼中，因夫妻一方的过错导致离婚，可以成为决定诉讼费用负担的考量因素；在行政诉讼中，过错同样可以成为诉讼费用负担的具体考虑因素。例如，因为当事人自己在行政程序中隐瞒真实情况或者提交虚假材料导致婚姻登记行为违法，事后当事人以婚姻登记行为事实不清为由起诉民政部门婚姻登记违法，法院认定民政部门尽管在行政行为中尽到审查义务，但不符合事实的登记行为被判决撤销或确认违法无效，① 按照《办法》规定，由败诉的行政机关承担诉讼费用，不诚信的一方往往因为“胜诉”而无须支付任何成本，这显然有违追求正义的价值取向。

从过错责任原理来看，我国再审案件受理费的负担原则也存在不合理之处。《办法》第 9 条规定将当事人申请再审案件的收费范围仅限定在以下两种情形：一是当事人有新的证据，足以推翻原判决、裁定，向人民法院申请再审，由人民法院经审查决定再审的案件；二是当事人对人民法院第一审判决或者裁定未提出上诉，第一审判决、裁定或者调解书发生法律效力后又申请再审，人民法院经审查决定再审的案件。该立法实际是基于当时我国民事审判监督程序是职权主义主导模式的产物。但民事诉讼法经过 2007 年、2012 年两次修改，通过再审审查程序和再审事由的法定化，当事人申请再审权实现了诉权化改造，职权主义再审已经退居幕后，“再审之诉”成为不服生效裁判的救济主渠道。当事人只要在法定期限内申请

---

① 参见刘行：《行政诉讼费用负担亟待价值重塑》，载《法制日报》2016 年 5 月 26 日。

再审，人民法院必须依法受理审查，并就再审事由是否成立作出裁定。近年来，我国民事申请再审案件数量持续攀高，2023 年，当事人申请再审案件超过 32 万件。为减轻再审之诉对两审终审的审级制度带来的冲击，理论界和实务界关于建立申请再审案件预收费制度的呼声具有现实合理性。为了与再审诉权化改造保持协调，再审案件受理费的负担需要进行相应调整。

《办法》第 32 条规定，再审诉讼费用由申请再审的当事人负担，双方当事人都申请再审的，诉讼费用按照《办法》第 29 条的规定负担。这一规定使得再审案件受理费有别于一审、二审案件，而根据再审申请人负担原则，只有在双方均申请再审的情况下，才由败诉方负担。该原则的问题在于，既决诉讼状态的形成可能是原告方过错行为导致的，若再审申请人获得胜诉判决时仍然要承担再审案件受理费，有悖公平。① 因此，对再审诉讼费用的负担应当考虑过错方因素。具体而言，对再审案件诉讼费用负担应当完善如下：首先，当事人申请再审案件均应当按不服原审案件受理费的一定比例收取费用。申请再审不成立而被法院裁定驳回的诉讼费不予退还。其次，当事人申请再审成立而裁定再审的案件，再审裁判一般应按照败诉方负担原则分担再审诉讼费用，但应当遵循以过错责任负担原则为例外。民事诉讼法第 211 条规定所确立的十三项法定再审事由主要包括实体事由、程序事由、审判主体事由三大类型错误，其中，第一项规定的“有新的证据，足以推翻原判决、裁定的”，第三项规定的“原判决、裁定认定事实的主要证据是伪造的”，都明显属于一方当事人存在过错，应当由过错方当事人负担的情形，以体现对过错方当事人过错诉讼行为的否定评价，促使当事人诚信诉讼。最后，我国再审程序的特殊性在于其保留了最低限度的职权主义色彩，依法纠错具有自我救赎、维护国家司法制度公信力的公益属性，在职权主义与当事人主义交错的模式下，不应当完全由

---

① 参见廖永安、王聪：《我国民事再审案件受理费制度检视——以再审之诉的功能为视角》，载《湘潭大学学报（哲学社会科学版）》2018 年第 1 期。

当事人为法院错误生效判决买单。因此，如果程序上和审判主体上的再审事由成立，包括主要证据未经质证、法院依当事人申请应调查收集证据而没有调查收集、剥夺当事人辩论权利、未经合法传唤缺席判决、原裁判遗漏或超出诉讼请求以及审判组织的组成违法、应当回避的审判人员没有回避、应当参加诉讼的当事人和法定代理人由于不能归责于自身的原因而未能参加诉讼、审判人员审理案件时有枉法裁判行为，这些事由不可归责于当事人，故上述情形下再审案件受理费应当退还当事人。

（四）公益诉讼激励原则

与私益诉讼不同，公益诉讼旨在维护国家利益和社会公共利益。因此，《办法》中关于私益诉讼费用分担的规则不宜直接适用于公益诉讼。我国公益诉讼的诉权配置呈现社会参与和检察机关主管并行的格局。① 基于公益诉讼在法益保护上与私益诉讼的差异性，且公益诉讼纠纷专业性较强，面临取证困难、鉴定费用高昂等因素，社会组织在提起公益诉讼方面的积极性不高，而现有诉讼费用由败诉方负担原则更是加剧了这一状况。2019 年全国两会期间，多名全国人大代表建议应免除社会组织提起公益诉讼的诉讼费。因此，为解决公益诉讼社会动力不足问题，在诉讼费用负担上法律应当作出与普通民事诉讼不同的制度设计，即为维护公共利益而产生的诉讼费用由社会共同分担，免除原告诉讼负担，以分担诉讼风险。②《最高人民法院关于审理环境民事公益诉讼案件适用法律若干问题的解释》第 33 条的规定已在此方面作出一定努力，规定了败诉或者部分败诉的原告申请减交或者免交诉讼费用的，人民法院应当依照《办法》的规定，视原告的经济状况和案件的审理情况决定是否准许。然而，实践中公益诉讼组织能否获得减免具有较大的不确定性。对此，一些地方法院进行了探索，《贵州省高级人民法院关于推进环境民事公益诉讼审判工作的若干意见》

---

① 参见吴俊：《非讼化构造与治理性理念：公益诉讼的中国模式》，载《苏州大学学报（哲学社会科学版）》2024 年第 3 期。

② 参见缪蒂生、郭洁主编：《改进我国法院诉讼费制度的调研报告》，知识产权出版社 2017 年版，第 127 页。

第24条规定："提起环境民事公益诉讼的原告一律缓交案件受理费，需支付鉴定费的可申请从环境公益诉讼资金账户先行垫付。原告败诉的，人民法院一般应决定免收案件受理费。"该做法值得推广，公益诉讼案件在起诉时应当不预交或者象征性收取少量案件受理费，待判决生效时由败诉被告直接负担；原告败诉的，人民法院一般应决定免收案件受理费。

此外，值得注意的是，公益诉讼中起诉主体所支出的主要诉讼成本除律师费用外，起诉主体在诉讼中为承担举证责任所支出的证据调查成本往往较大，成为民事公益诉权行使面临的主要障碍。为激发起诉主体的起诉动力，我国司法实践对该证据调查费用一般采取起诉主体胜诉时由败诉方负担的做法，但这又面临起诉主体胜诉时被告往往无力承担证据调查费用的困境。因此，立法应当明确，不论起诉主体胜诉还是败诉，均不需承担合理范围内的证据调查费用，当起诉主体胜诉时，其所支出的证据调查费用以败诉方负担为优先，以国家和社会设立公益诉讼基金负担为补充；当起诉主体败诉时，应当由国家和社会设立公益诉讼基金兜底。①

五、结语

"无论审判怎样完美地实现正义，如果付出的代价过于昂贵，则人们往往只能放弃通过审判实现正义的希望。"② 因此，保障当事人以最经济方式"接近正义"是民事诉讼的价值追求之一。③ 既然生产正义的成本不可避免，就有必要通过诉讼费用公平负担原则在当事人之间合理分配诉讼成本，力求在当事人私益保护与诉讼制度公益维护之间实现平衡。诉讼费用负担制度直接关系诉讼费用的调控价值能否得到最优发挥。然而，现行《办法》是一部调整当事人与人民法院之间有关诉讼费用收缴关系和诉讼

① 参见杨雅妮：《论民事公益诉讼成本分担机制的优化》，载《行政法学研究》2024年第6期。

② [日] 棚濑孝雄：《纠纷的解决与审判制度》，王亚新译，中国政法大学出版社1994年版，第88页。

③ 参见张卫平：《论民事诉讼制度的价值追求》，载《法治现代化研究》2021年第3期。

权利行使以及诉讼权利保护等事项的行政性规定，难以承载诉讼费用负担范围及负担规则的使命，应当尽快制定法律并进行完善。一方面，应当扩大诉讼费用负担范围，减轻当事人诉讼的私人成本；另一方面，应当丰富诉讼费用负担原则，对诉讼费用的负担不能简单按照诉讼请求得到法院支持的比例适用败诉方负担原则，更要考虑当事人的违约行为、侵权行为等实体因素，尤其是全面考虑诉讼过程中当事人是否正当行使诉权，对恶意诉讼、虚假诉讼等非诚信诉讼行为，应当发挥诉讼费用负担制度的制裁功能，通过合理的诉讼费用裁决对当事人诉讼行为进行正向引导，促使当事人选择适当方式解纷。一旦将当事人为诉讼支出的必要私人成本纳入诉讼费用调整范围，诉讼费用负担就不能再由法官依职权进行决定，而应当回归当事人主义模式，赋予当事人围绕诉讼费用负担进行主张、抗辩、证明以及获得救济的程序保障，强化人民法院在裁判文书中针对诉讼费用负担决定的说理义务，通过透明而充分的说理，彰显诉讼费用制度惩恶扬善的价值导向，引导当事人理性诉讼。判

（本文仅代表作者个人观点）

【法官论坛】

社会主义核心价值观融入民事审判的理论逻辑与实践路径

杨　磊*

社会主义核心价值观是当代中国精神的集中体现，凝结着全体人民共同的价值追求。民事审判作为调整平等民事主体之间财产关系和人身关系的司法活动，与社会生活紧密相连，对社会价值导向有着深刻影响。在全面依法治国的背景下，将社会主义核心价值观融入民事审判，既能增强司法裁判的公信力和权威性，又能发挥司法在社会治理中的价值引领作用，促进社会和谐有序发展。

一、社会主义核心价值观的法治内涵

价值观，是指对经济、政治、道德、金钱等所持有的总的看法。由于人们的社会地位不同，价值观也有所

* 甘肃省定西市中级人民法院党组书记、院长。

不同。[①] 价值观属于观念形态，具有相对的稳定性和持久性，涉及社会生活的各个领域，作为一种具有明显倾向性的实践精神，在个体生存和社会发展中起着至关重要的导向作用。培育和践行符合时代和社会要求的价值观，有利于个体赢得社会认同，社会实现和谐稳定，国家获得前进发展的核心凝聚力。任何社会的核心价值观反映的都是该社会的本质特征和核心利益，是一个民族赖以维系的精神纽带，是一个国家共同的思想道德基础。核心价值观是一个民族、一个国家最持久、最深层的力量，是国家之德、社会之德、公民之德，践行社会主义核心价值观就要明大德、守公德、严私德。[②]

习近平总书记指出："人类社会发展的历史表明，对一个民族、一个国家来说，最持久、最深层的力量是全社会共同认可的核心价值观。"[③] 社会主义核心价值观是民族精神和时代精神的高度凝练，是中国特色社会主义法治的价值内核，是中国特色社会主义法治建设的灵魂，是坚持中国特色社会主义法治发展道路的基本遵循。[④] 社会主义核心价值观在多个重要文件中均有体现和相关部署：2012 年 11 月，党的十八大报告提出倡导富强、民主、文明、和谐，倡导自由、平等、公正、法治，倡导爱国、敬业、诚信、友善，积极培育和践行社会主义核心价值观，首次明确了社会主义核心价值观的基本内容。2013 年 12 月，中共中央办公厅印发《关于培育和践行社会主义核心价值观的意见》，指出社会主义核心价值观是社会主义核心价值体系的内核，并明确了"富强、民主、文明、和谐，自由、平等、公正、法治，爱国、敬业、诚信、友善"二十四字基本内容，

---

① 中国社会科学院语言研究所词典编辑室编：《现代汉语词典》（第 7 版），商务印书馆 2016 年版，第 629 页。

② 参见《习近平法治思想概论》编写组编：《习近平法治思想概论》，高等教育出版社 2021 年版，第 305 页。

③ 习近平：《青年要自觉践行社会主义核心价值观——在北京大学师生座谈会上的讲话》，载《人民日报》2014 年 5 月 5 日。

④ 参见黄薇主编：《中华人民共和国民法典释义及适用指南》，中国民主法制出版社 2020 年版，第 3 页。

还对培育和践行社会主义核心价值观的重要意义、指导思想、原则以及融入国民教育全过程、落实到经济发展实践和社会治理中、加强宣传教育等方面作出全面部署。随即，中央宣传部、中央文明办印发《培育和践行社会主义核心价值观行动方案》，作为《关于培育和践行社会主义核心价值观的意见》相配套的文件，其提出培育和践行社会主义核心价值观要坚持以理想信念教育为核心等要求，还提出了15项重点活动项目，如爱国主义教育活动、群众性精神文明创建活动等，并对加强组织领导提出了具体要求。2018年，中共中央印发《社会主义核心价值观融入法治建设立法修法规划》，强调以习近平新时代中国特色社会主义思想为指导，着力把社会主义核心价值观融入法律法规的立改废释全过程，明确了完善社会主义市场经济法律制度、推进社会主义民主政治法治化等六个方面的主要任务，推动社会主义核心价值观全面融入中国特色社会主义法律体系。党的十九大报告指出培育和践行社会主义核心价值观，要以培养担当民族复兴大任的时代新人为着眼点，强化教育引导、实践养成、制度保障。党的二十大报告提出深入开展社会主义核心价值观宣传教育，深化爱国主义、集体主义、社会主义教育，着力培养担当民族复兴大任的时代新人。

我们党对社会主义核心价值体系作出的高度凝练和概括，反映出我国民族精神和时代精神。可以看出，社会主义核心价值观涵盖三个层面的内容。国家层面倡导富强、民主、文明、和谐，描绘了国家发展的宏伟目标与理想状态，体现国家综合实力提升、政治制度完善、精神文明进步以及社会和谐稳定的追求。社会层面强调自由、平等、公正、法治，自由是在法律框架内公民享有的权利，平等要求公民在法律面前无差别对待，公正是社会价值的基石，法治是维护社会秩序、保障公民权利的根本方式。公民个人层面倡导爱国、敬业、诚信、友善，爱国是公民对国家的深厚情感与责任，敬业体现对工作的认真负责态度，诚信是人际交往和经济活动的基本准则，友善则促进人与人之间的和谐关系。可以说，社会主义核心价值观把涉及国家、社会、公民的价值要求融为一体，既体现了社会主义本质要求，继承了中华优秀传统文化，也吸收了世界文明有益成果，体现了时代精神，是当代中国精神的集中体现，凝结着全体人民共同的价值追求。

党的十八大以来，以习近平同志为核心的党中央把培育和弘扬社会主义核心价值观作为凝魂聚气、强基固本的基础工程，形成了有利于培育和践行社会主义核心价值观的良好法治环境。① “法安天下，德润人心”，这是习近平对法律和道德功能的清晰定位和精准概括，是人类社会治理经验的集中反映和高度凝练。② 把社会主义核心价值观全方位、深层次融入法治建设，是坚持依法治国和以德治国相结合的必然要求。③ 德法互补、共同治国，是传统法律文化最主要的特点，也是治国理政的成功经验。纵观中国的历史，德法互补、共治是一个悠久的法律文化传统，二者结合好的朝代，多半是人民拥戴的盛世。④ 从这个意义上讲，社会主义核心价值观是中国共产党领导人民在开创和发展中国特色社会主义事业进程中形成的重大理论成果，是中华民族共同的精神财富。习近平总书记指出：“一个民族、一个国家的核心价值观必须同这个民族、这个国家的历史文化相契合，同这个民族、这个国家的人民正在进行的奋斗相结合，同这个民族、这个国家需要解决的时代问题相适应。”⑤ 社会主义核心价值观，回答了我们要建设什么样的国家、建设什么样的社会、培育什么样的公民的重大问题，反映了社会主义本质要求，继承了中华优秀传统文化，吸收了世界文明有益成果，体现了当代中国精神，凝结着全体人民共同的价值追求。⑥

---

① 参见《习近平法治思想概论》编写组编：《习近平法治思想概论》，高等教育出版社 2021 年版，第 305-306 页。

② 参见《习近平法治思想概论》编写组编：《习近平法治思想概论》，高等教育出版社 2021 年版，第 296 页。

③ 参见《习近平法治思想概论》编写组编：《习近平法治思想概论》，高等教育出版社 2021 年版，第 304 页。

④ 参见张晋藩：《中国传统法律文化十二讲》，高等教育出版社 2018 年版，第 63 页。

⑤ 中共中央宣传部编：《习近平新时代中国特色社会主义思想学习纲要（2023 年版）》，学习出版社、人民出版社 2023 年版，第 192 页。

⑥ 参见中共中央宣传部编：《习近平文化思想学习纲要》，学习出版社、人民出版社 2024 年版，第 53 页。

培育和践行社会主义核心价值观，与中国特色社会主义发展要求相契合，与中华优秀传统文化和人类文明优秀成果相承接，是我们党凝聚全党全社会价值共识作出的重要论断，是凝魂聚气、强基固本的基础工程，是推进中国特色社会主义伟大事业、实现中华民族伟大复兴中国梦的战略任务。积极培育和践行社会主义核心价值观，对于在全社会形成广泛的价值认同、文化认同，对于促进人的全面发展、引领社会全面进步，对于集聚全面建成小康社会、实现中华民族伟大复兴中国梦的强大正能量，具有重要现实意义和深远历史意义。①

核心价值观是一个民族赖以维系的精神纽带，是一个国家共同的思想道德基础。如果没有共同的核心价值观，一个民族、一个国家就会魂无定所、行无依归。能否构建具有强大感召力的核心价值观，关系社会和谐稳定，关系国家长治久安。② 而核心价值观本身属于意识形态范畴，不具有规范效力和强制约束力。培育和弘扬社会主义核心价值观，不仅要靠思想教育、实践养成，而且要用体制机制来保障。③ 习近平总书记指出："要把社会主义核心价值观的要求转化为具有刚性约束力的法律规定，用法律来推动核心价值观建设。"④ 《关于培育和践行社会主义核心价值观的意见》《关于进一步把社会主义核心价值观融入法治建设的指导意见》《社会主义核心价值观融入法治建设立法修法规划》都为全面培育和践行社会主义核心价值观提供了行动指南。党的十九届四中全会决定要求："坚持依法治国和以德治国相结合，完善弘扬社会主义核心价值观的法律政策体系，把社会主义核心价值观要求融入法治建设和社会治理。"完善弘扬社会主义

---

① 参见最高人民法院民法典贯彻实施工作领导小组主编：《中华人民共和国民法典总则编理解与适用》，人民法院出版社2020年版，第18-19页。

② 参见中共中央宣传部编：《习近平新时代中国特色社会主义思想学习纲要（2023年版）》，学习出版社、人民出版社2023年版，第190页。

③ 参见《习近平法治思想概论》编写组编：《习近平法治思想概论》，高等教育出版社2021年版，第305页。

④ 中共中央文献研究室编：《习近平关于社会主义文化建设论述摘编》，中央文献出版社2017年版，第111页。

核心价值观的法律政策体系，是指通过在法律政策中不断融入社会主义核心价值观的内容和精神，使现行有效的法律政策构成一个逻辑严密、体系完善、最终形成具有中国社会主义特色的弘扬社会主义核心价值观的法律政策体系。①

社会主义核心价值观入法由此驶入快车道。2018 年 3 月 11 日，第十三届全国人民代表大会第一次会议将“国家倡导社会主义核心价值观”写入宪法第 24 条，社会主义核心价值观成为宪法规范，具有了最高法律效力，这也是社会主义核心价值观融入法律政策的根本法源。2020 年 5 月通过的民法典第 1 条明确将弘扬社会主义核心价值观作为立法宗旨，总则编确立的平等、自愿、公平、诚信、公序良俗、绿色原则等条款均实现了价值理念的法条化。民法典将弘扬社会主义核心价值观作为一项重要的立法目的，从基本原则到制度规范、具体规则，通篇都体现着社会主义核心价值观的要求。② 而民法基本原则是民法规则体系的最高规则，③ 承载着民法的基本价值，本质上学者们均认为民法基本原则是贯穿于民事立法、民事司法和民事活动始终，具有普遍适用效力的基本准则。④ 民法典立法目的和基本原则规定社会主义核心价值观，为当事人提供行为准则，为司法机关提供裁判准则，体现了社会主义核心价值观引领、规范、彰显民事行为的基本遵循之作用。之后制定或修改的英雄烈士保护法、食品安全法、道路交通安全法、个人信息保护法等法律中也都融入或者增加了社会主义核心价值观的相关内容。最高人民法院也发布了多个有关社会主义核心价值观的文件，例如，2015 年 10 月 12 日最高人民法院以法发〔2015〕14 号印发《最高人民法院关于在人民法院工作中培育和践行社会主义核心价值

---

① 参见最高人民法院民法典贯彻实施工作领导小组主编：《中华人民共和国民法典总则编理解与适用》，人民法院出版社 2020 年版，第 18-19 页。

② 参见周强：《充分发挥审判职能作用 确保民法典正确贯彻实施》，载《求是》2020 年第 12 期。

③ 参见杨立新：《民法总则》（第 2 版），法律出版社 2017 年版，第 58 页。

④ 参见杨立新、姚辉主编：《新中国民法 70 年》，中国法制出版社 2019 年版，第 131 页。

观的若干意见》，分为坚持司法为民、忠于宪法法律、尊重保障人权、坚持平等保护、捍卫公平正义、弘扬法治精神、维护公共利益、推进廉政建设、鼓励诚实守信、尊重意思自治、维护公序良俗等十一个部分，旨在加强人民法院工作中社会主义核心价值观的培育和践行，促进全社会不断提高社会主义核心价值观的建设水平。2018 年，最高人民法院发布《最高人民法院关于在司法解释中全面贯彻社会主义核心价值观的工作规划（2018—2023）》，落实中央关于社会主义核心价值观融入法治建设的要求，对 2018—2023 年的司法解释工作作出专门部署，强调以习近平新时代中国特色社会主义思想为指导，把社会主义核心价值观融入司法解释立项、起草、论证、修改、补充、废止等各项工作中，对在司法解释中弘扬社会主义核心价值观提出了明确而具体的要求，如弘扬爱国、敬业、文明、和谐等价值，完善相关司法解释以保护英雄烈士名誉权、维护家庭美德、保障未成年人权益等。2021 年 1 月 19 日，最高人民法院印发《最高人民法院关于深入推进社会主义核心价值观融入裁判文书释法说理的指导意见》，明确了深入推进社会主义核心价值观融入裁判文书释法说理的基本原则，包括法治与德治相结合，以人民为中心，政治效果、法律效果和社会效果有机统一等。同时规定了应当强化运用社会主义核心价值观释法说理的案件类型，如涉及国家利益、重大公共利益，社会广泛关注的案件，涉及疫情防控、英烈保护等可能引发社会道德评价的案件等，并对释法说理的方法、要求等作出具体规定，以充分发挥司法裁判在国家治理、社会治理中的规则引领和价值导向作用。2021 年 4 月 6 日，最高人民法院法〔2021〕94 号《最高人民法院关于印发〈全国法院贯彻实施民法典工作会议纪要〉的通知》明确规定，“各级人民法院要充分发挥民事审判职能作用，切实维护人民群众合法权益。……要将弘扬社会主义核心价值观融入民法典贯彻实施工作的全过程、各领域”。同一时期的 2020 年 5 月 13 日、2022 年 2 月 23 日、2023 年 3 月 1 日，最高人民法院分别发布人民法院大力弘扬社会主义核心价值观典型民事案例。2023 年 8 月 2 日，最高人民法院发布人民法院抓实公正与效率践行社会主义核心价值观典型案例。

这些案例，选取近年来涉及英烈保护、见义勇为、公序良俗、诚信友善、孝老爱亲等方面广受社会关注的生动案例释法说理，以典型案例引领、昭示社会主义核心价值观，促进全民法治观念养成、道德素养提升。[①] 多年来，全国法院运用社会主义核心价值观释法说理的一审民事案件广布于民间借贷纠纷、买卖合同纠纷、信用卡纠纷等100余类民事案件，公正、法治、自由、平等、和谐、诚信等社会主义核心价值观得到广泛弘扬，充分发挥了司法的教育、评价、指引、示范功能，推动社会主义核心价值观转化为广大人民群众的情感认同和行为自觉。

二、社会主义核心价值观融入民事审判的理论逻辑

（一）社会主义核心价值观在民法典中的体系化体现

社会主义核心价值观入法，尤其是作为国家根本大法的宪法和作为“社会生活百科全书”的民法典中对其的引入，是我国法治建设史上的一件大事，也必将对国家、社会和个人更好地遵循基本价值、推动社会更好进步奠定坚实基础。从民法典本身来讲，社会主义核心价值观展现出了体系化的演进，一部民法典，全面贯彻了社会主义核心价值观的要求，体现在：一是立法宗旨的明确化。民法典第1条将“弘扬社会主义核心价值观”作为重要的立法目的之一，确立了其在民法体系中的核心地位，成为贯穿法典的灵魂。这一立法设计不仅为法律解释和漏洞填补提供了价值导向，也为司法实践中的价值判断奠定了基础，体现了坚持依法治国和以德治国相结合，践行社会主义核心价值观就要明大德、守公德的鲜明中国特色。[②] 二是基本原则的价值观映射。民法典总则编确立的平等、自愿、公平、诚信、公序良俗、绿色原则，直接对应社会主义核心价值观中的自

---

① 参见中共中央宣传部、中央全面依法治国委员会办公室编：《习近平法治思想学习问答》，人民出版社、学习出版社2023年版，第225页。

② 参见全国人大常委会副委员长王晨在十三届全国人大三次会议上作的《关于〈中华人民共和国民法典（草案）〉的说明》，载中国人大网，http://www.npc.gov.cn/npc/c2/c30834/202005/t20200522_306064.html，访问日期：2020年5月22日。

由、平等、公正、法治、和谐等要素。例如，诚信原则与公民层面的诚信相呼应，要求民事主体在交易中遵守信用；绿色原则体现国家层面的和谐目标，强调资源节约与生态保护；等等。三是具体制度的价值观渗透。民法典物权编通过“三权分置”等制度保障农民权益，推动富强、公正的实现；民法典人格权编独立成编，强化对隐私权、个人信息保护，体现尊重人性尊严的价值取向；民法典婚姻家庭编增设离婚冷静期、弘扬家庭美德，契合和谐、文明的社会目标；等等。

有学者深刻指出，民法典对社会主义核心价值观的弘扬，主要表现在如下几方面：一是确认了平等原则，强化对财产权的平等保护。这些都是法律面前人人平等原则的具体化，也是反对特权、反对歧视等社会现实的要求。二是确认了自愿原则，贯彻私法自治理念，贯彻了“法无禁止皆自由”的精神。这实际上进一步弘扬了自由的理念。三是确认了诚信原则，要求从事民事活动，遵循诚信原则，秉持诚实、恪守承诺，大力提倡契约精神。这有利于强化人们诚实守信、崇法尚德，有利于维护社会正常的生活和交易秩序。四是确认了公序良俗原则，禁止滥用私权，强调行使民事权利必须履行民事义务，鼓励见义勇为和救助行为，致力于构建和睦的人际关系。五是重视家庭和睦，弘扬家庭美德，重视家庭文明建设。中华民族的传统美德就是敬老爱幼、重视治国齐家，重视家庭和睦与社会和谐，家庭成员应当敬老爱幼，互相帮助，维护平等、和睦、文明的婚姻家庭关系。①

（二）社会主义核心价值观与民事审判的内在联系

社会主义核心价值观的三个层面——国家层面的富强、民主、文明、和谐，社会层面的自由、平等、公正、法治，个人层面的爱国、敬业、诚信、友善，分别或确立司法服务大局的方向，或对应民事审判基本原则，或规范民事主体行为准则，均与民事审判所追求的目标高度契合。习近平总书记指出：“有关政府机关、监察机关、司法机关要依法履行职能、行

① 参见王利明主编：《民法学精论》，中国检察出版社2024年版，第12-13页。

使职权，保护民事权利不受侵犯、促进民事关系和谐有序。”“民事案件同人民群众权益联系最直接最密切。”① 民事审判旨在解决民事纠纷，维护当事人的合法权益，实现社会公平正义，这与社会主义核心价值观中对公正、法治等价值的追求完全一致。同时，民事审判过程中遵循的诚实信用原则、公序良俗等原则，也与社会主义核心价值观中的诚信、友善等个人层面价值相呼应。例如，在合同纠纷案件中，强调当事人应当遵循诚信原则履行合同义务，这既是民法的基本要求，也体现了社会主义核心价值观中对诚信的倡导。

（三）社会主义核心价值观融入民事审判的必要性

民事审判是法律赋予人民法院按照民法典等民事法律裁判民事案件、化解民事纠纷、实现定分止争、促进社会和谐的基本职责。贯彻执行好民法典体现的社会主义核心价值观，就是要在民事审判中严格依法履职尽责，忠诚执行法律，将社会主义核心价值观的要求在每一个民事案件的审判中都体现出来，具体要求如下。

一是弥补法律规则的局限性。社会现实生活是一条永不停息的长河，奔涌向前是其永恒的主题，而制定法基于社会的发展进行规范，不可能涵盖社会生活的方方面面，存在一定的滞后性、抽象性与模糊性。在一些复杂的民事案件中，可能存在法律规定不明确或空白的情况。在民事审判中，当遇到法律规则未明确规定的情形时，社会主义核心价值观可以为法官提供价值指引，帮助法官进行法律解释和漏洞填补，使裁判结果更符合社会的公平正义观念。以网络虚拟财产纠纷为例，现行法律对其权利属性和保护方式尚未有详尽规定，此时，通过诚信、公平等核心价值观的考量，能够弥补法律的局限性，合理界定各方权利义务，为案件裁判提供合情合理的路径引导。

二是增强司法裁判的社会认同。司法裁判不仅要实现法律效果，还要追求社会效果，不仅要符合法律规定，还应契合社会大众的普遍价值观

① 习近平：《习近平谈治国理政》（第四卷），外文出版社2022年版，第282、283页。

念。将社会主义核心价值观融入民事审判，能够使裁判结果更贴近民众的价值观念和生活经验，更能从情感和道德层面获得民众认可。例如，在邻里纠纷案件中，依据友善、和谐的价值观进行调解和裁判，弘扬尊老爱幼、和睦友善等社会主义核心价值观，在化解矛盾的同时，也让民众感受到司法的温度，这样作出的裁判更容易得到当事人和社会的认可，从而提升司法公信力。

三是发挥司法的价值引领作用，促进社会道德建设与法治文化发展。按照党中央关于把社会主义核心价值观融入法治建设的要求，应当强调在民事活动中弘扬中华优秀传统文化，践行社会主义核心价值观，大力弘扬自由、平等、公正、诚信等社会主义核心价值观。弘扬社会主义核心价值观，体现的是法治与德治相结合的治国理念。① 卢梭指出："法律的对象始终是普遍的。"② 司法裁判作为一种公共产品，其蕴含的价值观念会对社会舆论和公众行为产生示范效应。"人们就能够预见到尚未被起诉的情形的法律后果，进而能够在因此而变得较为确定的未来时间安排他们的行为。"③ 民事审判具有广泛的社会影响力，通过将社会主义核心价值观融入其中，可以向社会传递正确的价值导向，引导公众树立正确的价值观和行为准则。民事审判是法治实践的重要环节，将社会主义核心价值观融入其中，能使民众在具体案件中深刻理解社会主义核心价值观内涵，在日常生活中自觉践行，进而推动全社会道德水平提升，培育良好法治文化，形成尊法、守法、用法的社会风尚。例如，对于一些违背公序良俗的行为，法院通过裁判予以否定性评价，能够引导社会公众自觉遵守社会公德和善良风俗。

---

① 参见黄薇：《中华人民共和国民法典释义及适用指南》，中国民主法制出版社2020年版，第3页。

② ［法］卢梭：《社会契约论》，何兆武译，商务印书馆2003年版，第46页。

③ Patterson, *Jurisprudence*, Brooklyn, 1953, p. 97. 转引自屈茂辉：《民法引论》，商务印书馆2014年版，第29页。

三、社会主义核心价值观融入民事审判的实践路径

美国法理学家德沃金在其《法律帝国》中指出："诉讼不可避免地包含着道德性维度，从而始终存在着产生特殊形式公共不正义的风险。法官不但必须判定谁应当得到什么，而且必须判定谁的行为得当，谁尽到了公民责任，谁忽略了自己对他人的责任，或者夸大了他人对自己的责任。"① 社会主义核心价值观体现了现代中国法治的精神，在法的价值位阶上属于元价值，是实现整体精神的价值引领。② 民法典确立的平等原则、自愿原则、公平原则、诚信原则、守法原则、绿色原则，是社会主义核心价值观在民法中的具体体现，也是人民法院处理民事纠纷的基本价值遵循。社会主义核心价值观在民法典中的制度化和民事审判中的功能化，既是法治与德治结合的典范，也是中国特色法治道路的重要标志。人民法院要深入贯彻习近平法治思想，在司法工作、审判活动中切实践行社会主义核心价值观。人民法院要坚持依法治国与以德治国相结合，用社会主义核心价值观指导司法活动，用法治力量引导人民群众向上向善。③ 要遵循法律精神和原则，充分发挥司法政策、司法解释、指导性案例、个案审理和裁判对彰显法治精神、强化规则意识、引领社会风尚、维护公共秩序的重要作用，维护法律的严肃性。体现正确的价值导向，使司法裁判符合人民群众心中朴素的公平正义观，④ 使符合社会主义核心价值观的行为受到鼓励、褒奖，

---

① 转引自廖永安、王聪：《路径与目标：社会主义核心价值观如何融入司法——基于352份裁判文书的实证分析》，载《新疆师范大学学报（哲学社会科学版）》2019年第1期。

② 参见吕佳音、刘琮：《社会主义核心价值观融入家事裁判文书路径研究》，载《中国审判》2024年第24期。

③ 参见周强：《充分发挥审判职能作用 确保民法典正确贯彻实施》，载《求是》2020年第12期。

④ 参见《充分发挥审判职能 弘扬社会主义核心价值观——最高人民法院研究室有关负责人就人民法院抓实公正与效率践行社会主义核心价值观典型案例答记者问》，载最高人民法院网站，https：//www.court.gov.cn/zixun/xiangqing/408/72.html，访问时间：2023年8月2日。

使背离社会主义核心价值观的现象受到制约、制裁，形成有利于弘扬主流价值观念的法律导向、社会环境。司法实践中，尽管人民法院在民事审判实践中注重将社会主义核心价值观融入案件办理当中，相关案件的办理也取得了良好的政治效果、法律效果、社会效果，但也存在很多方面的不足。例如，民事案件数量巨大而法官疲于办案，在对用社会主义核心价值观释法说理上存在不愿深入进去的现象。有些法官在办案中融入了社会主义核心价值观的内容，但无法做到精准融入，泛泛而谈多，在结合案情释法说理、恰如其分引导评价上做得不够好。另外，社会主义核心价值观内容较多，在个案的处理上，限于现阶段法官的能力水平、知识经验、大局视野等各种因素，在精确结合、有效甄别等方面尚需久久为功。

较之刑事案件和行政案件，民事案件更注重利益平衡和道德评价。①社会主义核心价值观融入民事审判是一项具有深远意义的系统工程，其理论逻辑坚实，实践路径多样。通过在法律适用、自由裁量权行使、法律漏洞填补以及裁判文书释法说理等方面融入社会主义核心价值观，能够提升民事审判的质量和效果，增强司法裁判的公信力和权威性，更好地发挥司法裁判在国家治理、社会治理中的规则引领和价值导向作用。必须准确把握民法典的基本宗旨，充分发挥民法典在保护民事主体的合法权益、调整民事关系，维护社会和经济秩序，适应中国特色社会主义发展要求，弘扬社会主义核心价值观方面的立法宗旨。贯彻权利保护理念，特别是要在“扶不扶”“劝不劝”“追不追”“救不救”“为不为”“管不管”等问题上亮明态度，坚决防止“谁能闹谁有理”“谁横谁有理”“谁受伤谁有理”等“和稀泥”做法，发挥民法典制度功能，破解长期困扰人民群众的各类法律和道德风险，让司法有力量、有是非、有温度，让群众有温暖、有遵

---

① 参见陈晓东、樊思迪：《“看得见的公正”：社会主义核心价值观融入民事裁判文书的说理路径》，载最高人民法院民事审判第一庭编：《民事审判指导与参考》2023年第4辑（总第96辑），人民法院出版社2024年版，第18页。

循、有保障。[①] 人民法院在民事审判中大力弘扬和践行社会主义核心价值观，具体措施如下。

（一）在法律适用中体现社会主义核心价值观

法是具有强制性的社会规范，法经由适用而实践其规范功能。[②] 民法典及其他民事法律的适用也概莫能外。法律适用中体现社会主义核心价值观，首先必须正确解释和适用法律。司法解释是最高人民法院指导全国各级人民法院审判工作的重要形式，[③] 是法律法规执行的重要补充，对具体贯彻落实社会主义核心价值观至关重要。适应弘扬社会主义核心价值观的实践要求，发挥司法解释功能，准确把握法律精神和法律原则，正确解释法律，可以较好地统一裁判尺度，为褒扬正义行为、惩处违反核心价值观的行为提供依据。例如，《最高人民法院关于适用〈中华人民共和国民法典〉婚姻家庭编的解释（二）》将社会主义核心价值观融入其全部条文中，通过规范司法裁判活动，营造良好的社会风尚，凝聚向上、向善的社会力量，促进社会和家庭的和谐。[④]

具体办案中，法官在适用法律时，应当以社会主义核心价值观为指导，对法律条文进行准确解释。在解释过程中，要充分考虑法律条文所蕴含的价值取向，并与社会主义核心价值观进行对照和协调。例如，在对民法典中关于民事行为效力的规定进行解释时，要结合社会主义核心价值观中对公平、诚信等价值的要求，判断具体民事行为是否有效。对于显失公平或违背诚信原则的民事行为，应依据法律规定和社会主义核心价值观认定其效力。在对合同条款进行解释时，若条款存在歧义，以诚信价值观为

---

① 参见最高人民法院研究室编著：《〈全国法院贯彻实施民法典工作会议纪要〉条文及适用说明》，人民法院出版社 2021 年版，第 50 页。

② 参见王泽鉴：《民法思维：请求权基础理论体系》，北京大学出版社 2009 年版，第 8 页。

③ 参见《最高人民法院关于规范上下级人民法院审判业务关系的若干意见》（法发〔2010〕61 号）第 8 条规定。

④ 参见龙翼飞：《习近平法治思想引领下的〈民法典婚姻家庭编解释（二）〉解读》，载《中国应用法学》2025 年第 1 期。

导向，考量合同签订背景、当事人真实意图及交易习惯，确定合同条款真实含义，保障交易公平与安全，实现合同当事人之间的利益平衡。在适用民法典第466条解释合同条款、对第496条认定格式条款时，运用目的解释将诚信、公平原则具体化。例如，北京金融法院在理财纠纷中援引诚信原则否定金融机构的格式条款效力。

在存在多个法律规范可供选择适用的情况下，法官应当优先选择与社会主义核心价值观相符的法律规范。通过这种方式，确保裁判结果符合社会主流价值观念。例如，在处理侵权纠纷案件时，如果存在不同的归责原则可供选择，法官应根据案件具体情况，选择能够体现公平、公正等社会主义核心价值观的归责原则，使侵权责任的认定更加合理。

(二) 规范自由裁量权的行使

在民事审判中，法官享有一定的自由裁量权。为了确保自由裁量权的正确行使，法官应当以社会主义核心价值观为指引，秉持公正、公平的原则，在合理范围内对案件事实认定、法律适用以及程序问题进行分析判断。例如，在侵权损害赔偿案件中，在确定损害赔偿数额时，除依据法律规定的赔偿标准外，法官可以考虑公平、公正价值观，综合侵权行为的性质、情节、损害后果以及当事人的经济状况等因素，考虑当事人的过错程度、侵权行为的社会危害性以及社会主义核心价值观中对公平、正义的要求，合理确定赔偿数额，既保护受害人的合法权益，又对侵权人起到惩戒作用。

为增强自由裁量权行使的透明度和公信力，法官应当在裁判文书中公开自由裁量的依据和过程。说明其在行使自由裁量权时，如何考虑社会主义核心价值观以及其他相关因素，使当事人和社会公众能够理解和监督法官的裁判行为。例如，在抚养权纠纷的裁判文书中，法官可详细阐述依据社会主义核心价值观中对未成年人保护、家庭和谐等方面的考虑，并结合案件具体事实，最终确定抚养权归属的理由。

可能存在的挑战是，如何在法律框架内合理运用社会主义核心价值观，避免社会主义核心价值观过度泛化导致法律适用的不确定性。例如，法官在裁判时如何平衡法律条文与社会主义核心价值观，确保判决既合法又符合社会价值导向。当然，这里也涉及自由裁量权的进一步规范问题。例如，在家事审判中，贯彻和谐价值，创设离婚冷静期制度；上海法院在遗产纠纷中引入友善原则，对尽主要赡养义务的非继承人判决适当分得遗产。这些规则已经在相关法律和司法解释中被吸收及明确，人民法院也在具体案件中循此予以判决。①

同时，还需要大力加强案例指导和调解纠纷工作。及时发布体现社会主义核心价值观、对司法办案具有普遍指导意义的案例。通过典型案例弘扬社会主义核心价值观，维护社会道德底线，惩治失德、背德行为，鼓励道德高尚行为，向人民群众传递正确价值导向，引领良好社会风尚。② 也要在案件调解中发挥社会主义核心价值观的引导、教育等功能。调解是解决民事纠纷的重要方式，司法审判中调解应当具有合道德性，承担起维护共同体规范和社会善良风俗的功能，也就是调解不但要解决纠纷，而且要“明礼让以厚风俗”③，因而社会主义核心价值观在调解中能够发挥关键作用。在婚姻家庭纠纷调解中，以和谐、友善价值观为基础，引导当事人相互理解、包容，修复亲情关系，维护家庭和睦。在商事纠纷调解中，秉持诚信、公平价值观，促使双方达成互利共赢的调解方案，维护良好的商业秩序。

（三）填补法律漏洞

法律漏洞是法律体系当中违背计划的不圆满状态。任何法律体系，对于应予规范的社会生活，都难以覆盖得充分无遗。相反，那些应予规范而

---

① 参见民法典第1077条、第1131条，《最高人民法院关于适用〈中华人民共和国民法典〉继承编的解释（一）》第20条、第21条等规定；2025年4月10日中央新闻频道《法治在线》栏目报道的北京市通州区法院判决照顾植物人弟弟十余年的四姐妹与该植物人女儿平均分割遗产等案例。

② 2010年11月26日，最高人民法院颁布《最高人民法院关于案例指导工作的规定》，决定在我国建立案例指导制度，由最高人民法院确定并统一发布对全国法院审判、执行工作具有指导作用的指导性案例，这些案例在各级人民法院审判类似案件时应当参照，作为裁判理由进行引述，但不得作为裁判依据引用。

③ 廖永安等：《中国调解的理念创新与机制重塑》，中国人民大学出版社2019年版，第24-25页。

未规范，或者虽有规范，却不完全或者有矛盾，更或者有不妥当之处，就是法律漏洞。法律漏洞的出现，根源于人的认识能力的有限性。法律漏洞，意味着它所在的法域，无法可依。① 法谚有云："法院不得拒绝裁判。"这也是民法适用中一个至为重要的规则。② 作为法律的具体适用者，补充法律漏洞是其应有的权力，同时，法官补充法律漏洞的行为又具有义务的性质。③ 因此，当法律存在漏洞或者空白，无法直接适用现有法律规定时，法官可以通过寻找与待决案件类似的法律规定或案例进行类比推理，得出符合社会主义核心价值观的裁判结论。例如，面对新型知识产权纠纷案件，由于缺乏直接的法律规定，法官可参考相关类似知识产权案件的处理方式，并结合社会主义核心价值观中对创新、公平竞争等价值的倡导，对案件进行裁判。例如，广州市越秀区人民法院依据文明价值完善民法典第1254条高空抛物责任规则，在无法查明抛物者时判决物业公司承担补充责任，推动社会治理改进。

对于不确定概念和一般条款，法官需要进行价值补充。在这个过程中，社会主义核心价值观可以为法官提供价值判断标准。例如，民法典中的"公序良俗"条款属于不确定概念，法官在具体案件中判断某一行为是否违背公序良俗时，应当以社会主义核心价值观为指导，综合考虑社会的一般道德观念、文化传统以及案件的具体情况，作出合理的判断。价值位阶协调上，建立"合法性审查优先，合理性论证补充"的适用梯度，防止道德泛化。在合同纠纷上，秉持诚信原则充分运用缔约过失原则。例如，江苏省高级人民法院在房屋买卖"跳单"案中，综合考量诚信价值与市场自由，确立了中介服务报酬的认定标准。

（四）在裁判文书中强化释法说理

最高人民法院明确"人民法院应当探索建立强化运用社会主义核心价

---

① 参见张俊浩主编：《民法学原理（重排校订本）》，中国民主法制出版社2024年版，第47页。

② 参见屈茂辉：《民法引论》，商务印书馆2014年版，第504页。

③ 参见屈茂辉：《民法引论》，商务印书馆2014年版，第505页。

值观释法说理的案件识别机制”①。可以说，每一个需要运用社会主义核心价值观的司法案件的审理、裁判，法官都离不开运用社会主义核心价值观的精神适用法律、解释法律、定分止争。一份优秀的判决书，不仅是适用法律正确的判决书，也必然是对社会主义核心价值观的运用、阐释非常准确的判决书，释法说理恰当充分才能彰显裁判的权威性和公信力。人民法院应“进一步增强司法裁判的公信力和权威性，努力实现富强、民主、文明、和谐的价值目标，努力追求自由、平等、公正、法治的价值取向，努力践行爱国、敬业、诚信、友善的价值准则”②，因此，法官应当在裁判文书中加强以社会主义核心价值观为依据的分析说理工作。裁判文书是司法裁判的最终载体，法官应当通过在裁判文书中融入社会主义核心价值观，运用通俗易懂、生动形象的语言进行释法说理，说明其如何依据社会主义核心价值观对案件事实进行认定、对法律进行解释和适用，以及如何通过社会主义核心价值观实现裁判结果的公平正义，增强裁判文书的说服力和感染力。使当事人和社会公众不仅能够了解裁判结果，更能理解裁判所蕴含的价值导向，从而自觉接受和遵守裁判。例如，在涉及邻里纠纷的裁判文书中，法官可详细论述依据社会主义核心价值观中友善、和谐等价值理念，对双方当事人的行为进行评价，并最终确定责任分担的理由。还有，《最高人民法院关于深入推进社会主义核心价值观融入裁判文书释法说理的指导意见》第 4 条以“列举+兜底”的方式明确了六类融入社会主义核心价值观进行释法说理的情形，但实践中法官对“社会广泛关注”“可能引发社会道德评价”等的表述认识不够统一。从民事案件的审判来讲，具体案件的价值判断和利益衡量非常复杂，可以将以下几类案件融入社会主义核心价值观进行释法说理：一是情理法难以兼顾，而又有必要进行统一的案件；二是社会舆论广泛关注，裁判后会产生较大影响的案件；三是存

---

① 《最高人民法院关于深入推进社会主义核心价值观融入裁判文书释法说理的指导意见》第 11 条规定。

② 《最高人民法院关于深入推进社会主义核心价值观融入裁判文书释法说理的指导意见》的相关规定。

在较大争议，可能需要创设裁判规则的案件；四是具有传播意义，能够借以进行价值宣示的案件；五是涉及宗教信仰、民族团结、性别平等等敏感因素的案件；等等。① 在一些涉及道德争议的民事案件中，法官可以在裁判文书中引用相关的道德典故、名言警句，并结合社会主义核心价值观进行分析，使裁判文书更具人文关怀和教育意义。例如，山东“电梯劝烟猝死案”中二审判决书用三千余字阐释友善、文明价值，推翻一审补偿判决，确立司法对正当行为的支持导向。

（五）实践平衡与完善路径

民事审判中弘扬和践行社会主义核心价值观，还需要结合当下社会发展、科技进步、法官素能等进一步进行完善。具体有以下三方面。

一是着力做到技术性规范与价值观的融合。民法典中的技术性规范，如电子合同规则、虚拟财产保护等，需进一步体现社会主义核心价值观的要求。例如，个人信息保护条款需平衡自由与安全，网络虚拟财产规则需兼顾公平与创新。数字时代也在不断催生新型价值冲突，例如，杭州互联网法院在AI生成物著作权案中，运用敬业价值认定人类创造性劳动的核心地位。② 未来需在算法公平、数据伦理等领域深化价值指引机制建设。随着数字化时代的挑战应对，人工智能裁判辅助系统的应用，人民法院需要

---

① 参见陈晓东、樊思迪：《“看得见的公正”：社会主义核心价值观融入民事裁判文书的说理路径》，载最高人民法院民事审判第一庭编：《民事审判指导与参考》2023年第4辑（总第96辑），人民法院出版社2024年版，第28-29页。

② 2023年2月，原告李某错使用Stable Diffusion模型，通过在模型上输入数十个提示词，设置相关迭代步数、图片高度、提示词引导系数以及随机数种子等，生成了数张人像图片。随后，李某错将该图片发布在某社交平台上。2023年3月，某自媒体账号发布的文章使用了李某错制作的图片。李某错认为，对方未获得其许可就去掉了其在某社交平台发布图片的署名水印并进行发布，侵犯了其署名权及信息网络传播权，应当承担法律责任。2024年1月12日下午，首例AI生成图侵权案一审主审法官、北京互联网法院综合审判一庭副庭长朱阁做客中国法学交流基金会举办的公益讲座，就“人工智能生成图著作权相关问题”回应公众关切。朱阁称，判决考虑了对新兴产业的影响，鼓励用户使用AI大模型创作。“在本案中，在一定条件下给予AI生成内容作品一个（法律意义）上的身份，就是为了激励大家用新工具进行创作。我们认为，此案的判决是契合著作权法鼓励创作的目标的。”

探索如何将社会主义核心价值观转化为算法可识别的逻辑，防止技术工具削弱司法的人文关怀。最高人民法院张军院长指出，人工智能技术与审判工作深度融合已成为现实所需、大势所趋，既为推动审判工作高质量发展提供强劲动力，也不可避免带来多重风险挑战。要积极应对人工智能给司法审判工作带来的挑战，让人工智能更好地服务于维护社会公平正义。① 开发社会主义核心价值观价值识别法律规则检索、原则补充、价值指引的递进适用模型，建立类案价值标签数据库，辅助法官精准识别社会主义核心价值观适用场景。通过这种系统化、规范化的融合路径，使社会主义核心价值观从抽象理念转化为具体裁判规则，塑造具有中国特色的民事司法话语体系，为全球法治文明贡献东方智慧。

二是着力推进司法指导性案例库的体系化建设以及类案检索、宣传教育、引导制度。需构建覆盖不同领域的典型案例库，细化社会主义核心价值观在各类案件中的适用标准，避免“泛道德化”倾向。强化类案检索，建立裁判文书价值要素标注系统，确保社会主义核心价值观适用的准确率。强化社会主义核心价值观的宣传辐射效应，如举办社会主义核心价值观典型案例沙龙、新闻通报会等，充分发挥宣传媒体的展示作用，运用鲜活生动的案例传递核心价值，树立行为规则，引领社会风尚。② 培育和践行社会主义核心价值观，要注重全方位贯穿、深层次融入，在落细、落小、落实上下功夫，真正把社会主义核心价值观融入法治建设、融入社会发展、融入日常生活。坚持依法治国和以德治国相结合，把社会主义核心价值观的要求转化为具有刚性约束力的法律规定，用法律来推动核心价值观建设，教育引导全社会自觉遵守法律、遵循公序良俗。③

---

① 张军：《充分发挥司法职能作用 促推人工智能健康发展》，载《数字法治》2025 年第 1 期。

② 参见陈晓东、樊思迪：《“看得见的公正”：社会主义核心价值观融入民事裁判文书的说理路径》，载最高人民法院民事审判第一庭编：《民事审判指导与参考》2023 年第 4 辑（总第 96 辑），人民法院出版社 2024 年版，第 33 页。

③ 参见中共中央宣传部编：《习近平文化思想学习纲要》，学习出版社、人民出版社 2024 年版，第 61 页。

三是着力提升法官的核心价值观判断和适用能力。司法实践中，法官应不断提高自身的法律素养和价值判断能力，准确把握社会主义核心价值观的内涵和要求，将其有机融入民事审判的各个环节，为实现社会公平正义、促进社会和谐发展提供有力的司法保障。持续加强法官的政治和业务素能培训，通过培训强化法官对社会主义核心价值观与法律规范关系的理解，确保其在案件审理中有效归纳争议焦点、认定案件事实，采信证据材料，在法律框架内精准提炼、灵活运用社会主义核心价值观，而非机械援引。加大疑难复杂案件司法文书阅核工作力度，完善相关司法解释，明确核心价值观在审判中的适用标准；推动公众教育，增强社会对法律与社会主义核心价值观结合的认识。

四、结语

社会主义核心价值观融入民事审判是一项长期且系统的工程，对推进全面依法治国、构建和谐社会意义深远。通过在法律解释、自由裁量权行使和案件调解等方面的深度融合，能够让民事审判更好地回应社会关切，实现法律与道德的良性互动，未来需通过立法完善、司法实践与理论研究的三维互动，进一步实现社会主义核心价值观从“文本规范”向“行动准则”的转化，为社会发展提供坚实的司法保障，让公平正义在每一个民事案件中得以彰显，推动法治中国建设迈向更高水平。

（本文仅代表作者个人观点）

代位权直接清偿的正当性及其法理构造

荣学磊[*]

直接清偿规则是我国司法实践基于实现债权人债权清偿的目的，以司法解释的形式构建起来的代位权效力规则，其基本内涵为：代位权成立的，由次债务人直接向债权人清偿，该清偿不仅产生消灭次债权的效果，而且同时产生直接消灭本债权的效果。该规则最早并非由我国合同法立法明确表达，而是由最高人民法院从实践出发，以司法解释的形式加以明确。直接清偿规则最早见于《最高人民法院关于适用〈中华人民共和国合同法〉若干问题的解释》［以下简称《合同法司法解释（一）》，已废止］第20条规定，债权人向次债务人提起的代位权诉讼经人民法院审理后认定代位权成立的，由次债务人向债权人履行清偿义务，债权人与债务人、债务人与次债务人之间相应的债权债务关系即予消灭。该规定内容后被民法典立法化，民法典第537条规定，

* 上海市第二中级人民法院研究室（审管办）副主任，法学博士。

人民法院认定代位权成立的，由债务人的相对人向债权人履行义务，债权人接受履行后，债权人与债务人、债务人与相对人之间的权利义务终止。从比较法的视角来看，司法解释确立的直接清偿规则具有鲜明的原创特点，可谓独树一帜。在日本民法代位权理论和实践中，通说观点奉行的是入库理论，即代位权成立的，次债务人应向债务人履行，在债务人怠于收取债务的情况下，债权人仅得代位受领，且次债务人之履行，仅得消灭次债权债务关系，并不能直接导致本债权债务关系同时因清偿而消灭，债权人代为受领债务后尚须借助抵销制度，实现本债权的清偿。① 上述入库理论后被我国学者引入国内，② 并极大地影响了我国代位权知识体系的形成，甚至成为解释我国代位权效力规则时的理论前见。无论是在合同法及其司法解释、民法典及其合同编司法解释的制定过程中，还是在我国代位权的司法实践中，理论界对入库理论的坚持，以及由此而生的对我国代位权直接清偿规则的疑问和批评始终如影随形，对理论界和实务界都产生了不容小觑的影响。虽然在司法解释创设直接清偿规则后，已经有实务部门的同仁阐述过创设直接清偿规则的诸多现实考量，③ 民法典出台后权威立法资料也明确显示我国代位权的行使效果采纳了直接清偿规则，④ 但是在民法典实施过程中，理论上对直接清偿规则的诘问至今不断，⑤ 实务中对于代

---

① 参见［日］我妻荣：《新订债权总论》，王燚译，中国法制出版社2008年版，第151页。

② 参见崔建远、韩世远：《合同法中的债权人代位权制度》，载《中国法学》1999年第3期；韩世远：《合同法总论》（第2版），法律出版社2008年版，第297页。

③ 参见曹守晔等：《〈关于适用合同法若干问题的解释（一）〉的理解和适用》，载《人民司法》2000年第3期。

④ 参见石宏主编：《〈中华人民共和国民法典〉释解与适用·合同编》，人民法院出版社2020年版，第144页。

⑤ 参见俞彦韬：《债权人代位权的类型化构造》，载《法学研究》2024年第2期。该文认为，直接受偿说存在如下障碍：次债务人在履行时，并无为债务人清偿其债务的意思，债务人也从未有授权次债务人作为自己的履行辅助人向债权人清偿的意思，这意味着，次债务人对债权人的履行虽使其债权的给付结果达成，但该履行欠缺确定清偿目的的意思表示。

位权纠纷究竟应当采取入库规则还是直接清偿规则也存在较大争议。① 甚至关于直接清偿规则与入库规则的争议已经从民法领域外溢到了公司法领域，成为2023年公司法修订中主要的争议问题，② 实务部门对此同样存在认识分歧，③ 其中代位权直接清偿的正当性问题都是绕不开的话题。因此，无论理论上还是实践中，都有必要对直接清偿规则面临的正当性质疑予以正面回应，这不仅有助于推动形成符合中国代位权实践的自主的代位权知识体系，而且对推动民法典和2023年修订的公司法的实施都具有重要的现实意义。

一、直接清偿规则面临的理论疑问

司法解释确立的直接清偿规则从诞生之始就招致理论界入库理论的诸

---

① 由于我国代位权司法实践深受入库理论的影响，法官在代位权纠纷中对于要不要入库一直存在较多疑问，而对直接清偿则存在类似学界的误解。笔者以“代位权”和“入库规则”为关键词，在最高人民法院法答网进行检索，全国各地法官对此提出的疑难问题就多达73条，且见解不一。不仅如此，在具体的代位权纠纷案件中，有法官认为，应当按照入库规则进行裁判，例如，江苏省无锡市滨湖区人民法院（2020）苏0211民初3898、7405号民事判决书；还有法官在裁判说理时将直接清偿规则等同于优先受偿规则，例如，上海市闵行区人民法院（2022）沪0112民初10680号民事判决书、河南省许昌市中级人民法院（2024）豫10民终1467号民事判决书。

② 参见刘斌：《出资义务加速到期规则的解释论》，载《财经法学》2024年第3期。该文认为2023年修订的公司法第54条应解释为入库规则。类似观点还可参见李宇：《股东对债权人直接承担出资赔偿责任：司法解释之误区与新〈公司法〉之否弃》，载《西南政法大学学报》2024年第5期。与之相反的观点认为，2023年修订的公司法第54条应解释为直接清偿规则。参见王毓莹：《新公司法热点问题解析》，载《法律适用》2024年第12期。

③ 参见何睿：《新公司法第五十四条探究股东出资加速到期规则的理解与适用》，载《法人》2024年第9期。该文作者邀请北京、上海、浙江等地法官分别就2023年修订的公司法第54条规定如何理解发表观点，有法官认为，应当贯彻民法典第537条规定直接清偿规则，有的法官则认为，应按照入库理论来保障公平清偿。而在最高人民法院公布的法答网第九批精选答问中，再次回应了代位权直接清偿与入库规则的争议问题。参见《法答网精选答问（第九批）》，载《人民法院报》2024年8月29日。

多批评。其中代表性观点包括：如果认为代位权行使的结果不归属于债务人，直接归属于债权人，将无异于使债权人代位权转化为债务人债权的法定转移，债权人并非以自己的名义行使他人的权利，而是以自己的名义行使自己的权利，这显然有悖代位权制度的基本含义。① 《合同法司法解释（一）》第20条规定无疑意味着行使代位权可使一般债权在实现上获得一种优待。这种优待的实质是，债务人对次债务人所享有的债权，依据法院判决，由债务人处转移至债权人处。这种特殊债权让与的直接后果是，次债务人不依判决履行时，债权人可以申请强制执行，从而可不再向债务人提起债务不履行的诉讼。由此导致的后果可能是：谁的债权先到期，谁即享有优先受偿的权利；如两个以上的债权同时到期，谁的代位权先经法院认定成立，谁就享有优先受偿权。这种"成立在先权利优先、行使在先权利优先"的原则，不仅完全破除了债权平等性原则，而且严重违背了代位权的设立目的，使代位权不再属于一种仅能保全责任财产的权利，实质上变成了一种能使普通债权获得优先受偿效果的特权。代位权的异化向直接清偿规则的正当性提出了疑问。为了补救上述缺陷，解释论上，法院在代位权诉讼中应当通知同一债务人的其他债权人参加诉讼，立法论上，应当废除司法解释创设的直接清偿规则，使代位权行使的效果归属于债务人。②

在民法典编纂过程中，直接清偿规则也招致了理论界诸多批评，不少民法学者建议将之从民法典（草案）中删除。有学者认为：基于合同的相对性规则和债的平等性，撤销权的行使效果奉行入库规则，而代位权的效果是使行使代位权的债权人直接受偿，这种效力的差异本身缺乏理论依据。③ 还有学者认为，很难理解为何行使代位权的效果比行使撤销权更为有利。《合同法司法解释（一）》确立的代位权直接受偿规则，违背了债的平等性原则，背离比较法上通行的入库规则，损害了其他债权人的利

---

① 参见韩世远：《合同法总论》（第2版），法律出版社2008年版，第297页。

② 参见朱广新：《合同法总则研究》，中国人民大学出版社2018年版，第445-446页。

③ 参见王利明：《债权人代位权与撤销权同时行使之质疑》，载《法学评论》2019年第2期。

益。从法律史来看，法典化历来是法律改革的天赐良机，因此民法典（草案）合同编本应对上述规则进行纠偏，结束代位权与撤销权在效果上的差异甚至是倒挂。[①] 直接清偿规则内涵不清，法理构造不明，所谓直接受偿本质上只是直接受领，仍是借助抵销的间接受偿。[②] 需要特别说明的是，对直接清偿规则的质疑声主要来自民法理论界，司法实务部门并未采纳入库规则理论，而是按照直接清偿规则明确债权人有权请求债务人的相对人直接向自己清偿债务，[③] 尤其是在民法典第537条规定将直接清偿规则明文化之后，其后的《最高人民法院关于适用〈中华人民共和国民法典〉合同编通则若干问题的解释》（以下简称《民法典合同编通则解释》）已无必要再次重申直接清偿规则。鉴于理论界和实务部门对直接清偿规则持上述不同态度，本文是基于司法实践的立场，着重阐述并澄清我国民法理论对直接清偿规则的误解和误读，推动我国代位权理论跳出日本代位权理论的桎梏，形成符合我国实践认知的代位权话语体系。

二、直接清偿规则的正当性证成

入库理论对直接清偿规则的批评意见，概括起来，主要集中在两个方面：一是认为直接清偿规则为债权人创设了优先权，违背债权平等原则，由此违背了代位权责任财产保全的制度初衷；二是认为直接清偿规则内涵不清，法理构成不明，本质上仍是借助抵销才能实现的间接受偿。上述第二点批评意见，涉及直接清偿规则的内涵和法理构造问题，将在下文详述。在此先回应第一点批评意见。

（一）直接清偿规则无悖于债权平等原则

债权的平等性原则，可分别从债权设立和债权实现两个角度观察。从

---

① 参见石佳友：《我们需要一部什么样的合同法？——评“民法典合同编二审稿（草案）”》，载微信公众号“中国民商法律网”，2019年1月2日上传。

② 参见韩世远：《债权人代位权的解释论问题》，载《法律适用》2021年第1期。

③ 参见刘贵祥：《关于金融民商事审判工作中的理念、机制和法律适用问题》，载《法律适用》2023年第1期。

债权设立的角度，债的平等性原则系指针对同一债务人，甚至是指向同一标的物的多个债权，均可以有效设立，且无论设立先后，均具有同等效力。基于债权的相对性，债权并无排他的效力，就同一标的物，可以成立多个内容相同的债权，不论其发生先后，均以同等地位并存，此即债权的平等性。① 债权无排他性，数人对于同一债务，同时享有同一内容之债权，并不因其成立之先后而有优劣之分。② 从债权实现的角度看，通常而言，针对同一债务人的多个债权，债务人以其全部财产对全体债权人均负有清偿义务。在现代国家民法体系中，这种清偿义务其实是通过三种途径加以实现的：一是债的任意性清偿；二是针对债务人的强制执行程序；三是针对债务人的破产程序。而债的任意性清偿和强制清偿均受破产程序的限制，一旦债务人启动破产程序，则尚未完成的任意清偿和强制执行必须停止，已经完成清偿可能受到破产撤销权的限制，被有条件地溯及既往而归于无效。

关于债的任意清偿，在债务人自愿清偿的情况下，基于债的任意清偿规则，无论债务人选择哪个债权进行清偿，皆为有效清偿，未被清偿的债权人对在先清偿无权干涉。在代位权允许非诉行使的情况下，任何债权人均可向次债务人主张清偿。在这种情况下，次债务人对任何债权人的清偿均为有效清偿，如果债权人放弃行使代位权，直接向债务人主张清偿而又未获得清偿的情况下，显然后者不能认为代位权人违背了债的平等清偿原则。如果多个债权人均向次债务人主张清偿，次债务人的清偿仍然按照任意清偿规则进行，未被清偿者不得主张在先清偿者损害自己权益。即使否定直接清偿规则的观点也赞同上述观点：债权平等原则固然是一项原则，但同时存在一个实际履行的问题，如依债务人的任意履行而向代位债权人清偿，或者其他债权人没有及时主张债权，通常代位债权人就会实现债权，对此其他债权人自不得提出异议。③

---

① 参见王泽鉴：《债法原理》，北京大学出版社2013年版，第60页。
② 参见史尚宽：《债法总论》，中国政法大学出版社2000年版，第2页。
③ 参见韩世远：《合同法总论》（第2版），法律出版社2008年版，第298页。

关于债的强制清偿，对于强制执行程序中债权人的竞争清偿问题，有采取平等清偿原则的，也有采取优先原则的，但总体来看采用优先原则是发展趋势。按照优先原则，针对债务人的一项财产如债权，先采取强制执行措施的债权人优先获得清偿，对于其他债权人，纵使其债权发生在前，亦仅能就债务人剩余财产受偿。① 在债的强制清偿程序中，无论债权人是通过普通诉讼程序强制执行债务人的债权，还是债权人通过代位权强制次债务人向自己清偿，二者均是针对债务人债权的强制执行程序，同样都受到强制执行规则的约束，行使代位权的债权人或在先行使代位权的债权人，不因选择代位权救济程序而享有任何的优先权，这是强制执行程序的题中应有之义。

关于债的破产清偿，一旦破产程序启动，所有针对债务人的任意清偿或强制清偿均应停止，全体普通债权人按照平等原则获得比例清偿。同时各国民法均设有破产撤销权制度，对于破产程序开始前特定时间内的任意清偿和强制清偿，破产管理人可以行使破产撤销权，以贯彻破产平等清偿原则。除此以外，债权人在破产程序之外获得清偿的有利地位，均无害于债权的平等原则。在破产程序中，代位债权人和其他债权人遵守同样的规则，也不会因为选择代位权就可以获得任何优先受偿的法律地位，这是破产程序的题中应有之义。

概言之，债权平等性原则并不排斥债的任意性清偿，也不排斥个别债权通过强制执行获得事实上的优待清偿。在现有规范体系下，债务人财产不足以清偿全部债权时，保障债权平等原则的制度是破产制度或执行参与分配制度，除此之外并无民法制度可以从债权实现的角度保障全部债权都获得平等清偿，代位权制度亦不例外。当且仅当债务人被其他债权人拖入破产程序或执行参与分配程序的情况下，直接清偿规则的强制执行程序将让位于破产程序，此时自然也无违背平等原则的可能。不仅如此，若债务人并未陷入破产程序或参与分配程序，任何要求部分债权人获得的个别清

① 参见王泽鉴：《债法原理》（第2版），北京大学出版社2013年版，第60页。

偿必须遵从入库规则，这反而从根本上违背了债的平等性原则。债权平等性原则仅在债务人陷入破产或参与分配程序时，对债权的个别清偿产生约束力，代位权中的清偿规则与债的平等性原则并无关联，更无冲突。

（二）直接清偿规则下代位债权人无优先权

代位权直接清偿规则系由最高人民法院通过司法解释创设的，学界通常将其定性为优先受偿权。① 理论上对直接清偿规则的批评主要集中在该规则为代位权人设置了优先权，而该优先权却无相应的制定法依据，也违背了债的平等性原则。但将直接清偿规则认定为一项优先权，纯属张冠李戴，是强加给直接清偿规则的一个错误标签，应当予以澄清。直接清偿规则之下，债权人并不享有优先权。

除担保物权外，我国并未明确规定严格意义上的债权优先权制度。这点与法国、日本有所不同。法国民法典和日本民法典中均设置了专门的优先权制度，作为与担保物权相并列的制度设置，来保障特殊债权的清偿。法国民法典第2095条规定，优先权是指依据债权的性质，给予某一债权人先于其他债权人，甚至是先于抵押权人，受清偿的权利。优先权作为一种法定担保，只能由法律设置，而设置优先权的各项规定均应严格解释。② 日本民法典中的先取特权制度也与法国类似，分为一般先取特权、动产先取特权和不动产先取特权。③ 不少观点在讨论特殊债权人的优先权时，往往大而化之，泛泛而谈，缺少对该制度适用时空条件的介绍和考证，容易造成理论误用。作为一种法定担保权，优先权具有类似担保物权的属性，一般优先权指向债务人的一般财产，其中包括债权，动产优先权指向特定动产，不动产优先权指向特定不动产。由于代位权行使的客体是债务人对次债务人享有的债权，依其性质不可能属于动产优先权或不动产优先权，

① 参见王利明：《债法总则研究》（第2版），中国人民大学出版社2018年版，第44页。

② 参见《法国民法典》，罗结珍译，法律出版社2005年版，第1515-1516页。

③ 参见《日本民法典》（2017年大修改），刘士国等译，中国法制出版社2018年版，第60-65页。

只可能是指向债务人一般财产的一般优先权。一般优先权并不指向债务人的特定动产或不动产，而是指向其抽象的一般财产。

优先权具有恒定性，无论是在强制执行程序还是在破产程序中，优先权人都具有恒定优先于普通债权人的受偿权，这种先取特权不受债权人行使权利的向后顺位影响，针对债务人的强制执行程序和破产程序都必须保障先取特权人优先获得清偿，而不是按照先到先得原则或比例清偿原则进行债务人财产的分配。显然，我国直接清偿规则并不保障债权人恒定优先于其他债权人受偿。在强制执行程序中，代位权胜诉判决也属于给付判决，而给付判决本身并不能赋予代位权人任何清偿的优先性，代位权人与其他债权人一样要按照“先采取强制执行措施者先清偿”的原则进行债权清偿，决定清偿顺位的是债权人采取强制执行措施的先后，而非是否行使代位权。不仅如此，在破产程序中，代位权程序必须让位于破产程序，代位权人根本就不能获得代位权胜诉判决，更谈不上优先受偿。①

部分学者之所以认为直接清偿规则赋予代位权人优先受偿权，完全出于对直接清偿规则的错误理解，其错误在于将代位权成立视为债的法定转移，以至于代位权人直接取得了作为债务人财产的次债权，导致次债权脱离债务人的责任财产范围，从根本上排除了其他债权人对次债权主张权利的可能性，进而认为债权人通过代位权之诉取得了优先受偿权。例如，韩世远教授认为，“如果代位权行使的结果不归属于债务人，直接归属于债权人，将无异于使债权人代位权转化为债务人债权的法定转移，结果债权人并非以自己的名义行使他人的权利，而是以自己的名义行使自己的权利，显然有悖代位权制度的基本含义。”② 又如，朱广新教授认为：“代位权之行使可使一般债权在实现上获得一种优待。这种优待的实质是，债务人对次债务人所享债权，依据法院判决，由债务人处转移于债权人处。这种特殊债权让与的直接后果是，次债务人不依判决履行时，债权人可以申

① 参见荣学磊：《〈民法典〉代位权效力规则的司法适用——基于不同纠纷处理场景的类型化分析》，载《法律适用》2023年第2期。

② 韩世远：《合同法总论》（第2版），法律出版社2008年版，第297页。

请强制执行，而不可再向债务人提起债务不履行的诉讼。"① 但是从民法典第537条规定来看，代位权成立并不产生次债权法定转移的效力，债权人并不承担次债务人无力清偿的风险，而是只有债权人实际接受了次债务人的清偿后，本债权才归于消灭，因此，以"代位权成立、次债权法定转移于债权人"来论证债权人具有优先权，是缺乏逻辑前提的。不仅如此，司法实践中，针对同一次债权，多个债权人均可以依据直接清偿规则获得针对次债务人的胜诉判决。② 多个胜诉判决的履行顺序并不取决于哪个债权人先提起代位权诉讼或先取得胜诉判决，而是取决于哪个债权人先对次债权采取保全或强制执行措施。③ 参与《民法典合同编通则解释》起草的同志也在有关论述中重申了在现有规范框架下，代位权债权人的非优先性问题，并指出债权人提起代位权诉讼，不影响其他债权人直接起诉债务人，其他债权人仍然可以按照民事诉讼法的规定，对债务人的债权直接采取保全措施，待裁判文书生效后，可以执行债务人对相对人的债权。④

（三）直接清偿规则更契合中国法体系

入库理论是经由日本引入我国的，但是在学说继受的过程中，忽视了域外理论产生的特殊背景，存在"生搬硬套"的弊病。日本法上的入库理论与日本代位权构成要件特殊性、强制执行制度的特殊性存在密不可分的关联。一是入库规则与"债务人无资力"要件密不可分。日本民法理论主张，债权人行使代位权应当满足"债务人无资力"的要件，这一要件的内涵与破产程序所要求的"债务人具备破产原因"几乎雷同，如此一来，既然破产程序中收回的债务人财产必须入库由全体债权人平等分配，那么代

---

① 朱广新：《合同法总则研究》，中国人民大学出版社2018年版，第445-446页。

② 参见最高人民法院（2020）最高法民再231号民事判决书。最高人民法院在该案中明确指出，多个债权人针对同一次债权产生的判决履行问题，应当在执行程序中加以解决。

③ 参见荣学磊：《〈民法典〉代位权效力规则的司法适用——基于不同纠纷处理场景的类型化分析》，载《法律适用》2023年第2期。

④ 参见陈龙业：《代位权规则的细化完善与司法适用》，载《法律适用》2023年第12期。

位权程序中收回的债务人财产自然应坚持入库原则。不仅日本民法理论将代位权程序和破产程序的实质要件等同视之，其自身合理性存疑，而且我国代位权实际上不以“债务人无资力”为要件，① 代位权诉讼是破产程序之外的个别债权求偿程序，因此完全没有必要照搬日本做法，坚持所谓“先入库再平等受偿”。二是入库理论与日本强制执行法奉行平等原则密不可分。英美法和德国法强调对执行债权人的程序法保护，主张“时间上第一规则”，因而先执行者在分配顺序上处于优先地位；法国法和日本法则强调对债权人的实体法保护，认为程序法不能改变实体法上的债权平等地位，因而各债权人在分配时遵循比例平等原则，有担保权的债权人除外。而且日本强制执行法中的平等原则又与日本在民事实体法上设置大量的法定优先权密切相关。② 因此，如果债权人行使代位权不遵循入库规则，将剥夺其他债权人平等参与分配的权利，由此违背日本强制执行中奉行的平等原则。在日本民法典修改过程中，否定行使代位权的债权人可以借助“代位受领+抵销”获得“事实上的优先受偿”的，其理由也是承认债权人的“事实上的优先受偿”将与现行强制执行制度产生体系不协调的问题。③

但是与日本强制执行奉行平等原则不同，我国现有强制执行制度整体

① 笔者通过“法信”平台，可以检索到代位权纠纷案件 17611 件，其中提及“债务人无资力”的案件仅有 5 件，占比仅为 0.028%。通过对上述 5 份裁判文书的研读分析，“债务人无资力”均为附带提及，既不是案件的争议焦点，也无当事人举证质证，并且对案件裁判结果无任何影响。5 件裁判文书分别为：辽宁省沈阳市中级人民法院（2010）沈中民二终字第 1736 号民事判决书、安徽省安庆市中级人民法院（2017）皖 08 民终 838 号民事判决书、贵州省贵阳市中级人民法院（2017）黔 01 民终 6637 号民事判决书、浙江省绍兴市上虞区人民法院（2017）浙 0604 民初 4878 号民事判决书、北京市东城区人民法院东民（商）初字第 012667 号民事判决书。

② 参见肖建国：《我国强制执行优先原则的制度运行分析》，载《甘肃政法学院学报》1997 年第 1 期。

③ 参见石宏主编：《〈中华人民共和国民法典〉释解与适用·合同编》，人民法院出版社 2020 年版，第 142-143 页。

上偏向于优先原则，强调先采取强制执行措施的债权人先受偿。① 民事强制执行法（草案）更是彻底采取了优先原则。② 如此一来，决定债权人能否获得优先受偿的决定性因素在于债权人是否在时间顺序上对债务人的次债权采取强制执行措施，而与次债务人的清偿是否入库没有直接关联，因此我国代位权制度舍弃入库规则并不会产生日本法上所谓的体系不协调的问题。我国民法典直接清偿规则突破入库规则未必有害于民法的体系性。③ 相反，无视我国代位权、强制执行制度与日本法的巨大差异，照搬照抄日本法的入库理论，对我国民法和强制执行法体系的协调性而言，都是有害而无益的。不仅如此，从世界范围内强制执行制度的发展趋势来看，强制执行程序奉行优先原则而破产程序奉行平等原则，已是大势所趋，而日本和法国强制执行法中的平等原则也在被不断修正，日益向优先原则靠拢。在这样的背景下，更应当摒弃与强制执行平等原则相兼容的代位权入库理论，倡导直接清偿规则。

三、直接清偿规则的法理构造

民法学界对我国代位权直接清偿规则的法理构造存在三种不同见解：

---

① 对于我国强制执行采取何种原则，目前存在争议，争议的关键在于如何看待我国执行参与分配制度。我国强制执行制度是基于债务人性质的不同，区分法人和非法人，分别采取不同的执行原则，前者因存在破产制度兜底，因此完全采取优先原则，后者因不具备破产资格，而采取平等原则，但是我国针对非法人的平等原则，也仅是“特定债权人在特定时间跨度”的平等，在内涵上接近瑞士法上的“团体优先原则”，基于上述原因，本文认为我国强制执行整体偏向优先原则，而非平等原则。

② 时任最高人民法院院长的周强在十三届全国人大常委会第三十五次会议上所作的《关于〈中华人民共和国民事强制执行法（草案）〉的说明》中指出：“为增进本法与破产法的协调互补，突出执行效率理念，在破产法正在修订和自然人破产制度即将建立的背景下，规定分配程序适用于所有民事主体，普通民事债权按照查封先后顺序受偿。”

③ 参见申卫星、傅雪婷：《论债权人代位权的构成要件与法律效果》，载《吉林大学社会科学学报》2022年第4期。

一是直接清偿规则系法定的债权转移；二是直接清偿规则本质是入库规则之下借助抵销制度产生的间接清偿；三是直接清偿规则是收取授权和新债清偿的结合体。应该说，上述三种观点都存在明显缺陷，并不足取。具体论述如下。

（一）法定债权转移说与法律规定不等

这种观点主要存在于合同法时代，民法典出台后，这种观点几乎已经丧失解释力。《合同法司法解释（一）》第20条规定仅指明“经法院审理后认定代位权成立的，由次债务人向债权人履行清偿义务”，至于“债权人与债务人、债务人与次债务人之间相应的债权债务关系即予消灭”是否要求以次债务人实际履行清偿义务为条件，并不明确。因此，一种观点以法定债权转移为理论依据，将直接清偿规则解释为：代位权在某种意义上可以被理解为一种法定的债权让与。[①] 法院审理认定债权人代位权成立，就标志着债务人将其对次债务人的债权转移给了债权人。其实际结果是，债务人以向债权人让与其对次债务人的债权而替代债务履行，消灭了债权人与债务人之间的债权债务关系。[②] 上述观点将代位权成立的效力视为债的法定转移，并将次债务人不能清偿的风险完全转嫁给债权人，导致债权人行使代位权对债权的实现并无增益，因此违背了代位制度的立法初衷，并不可取。[③] 民法典在《合同法司法解释（一）》的基础上，增加规定了“债权人接受履行后”，即只有当“债权人接受履行后”，才发生本债权和次债权同时消灭的法律后果，这无疑否定了“代位权成立即发生次债权法定转移”的观点，有助于减少对民法典理解适用上的争议。

（二）实质间接清偿说无视我国和日本在代位权立法上的差异

这种观点以入库规则为理论依据，借助抵销制度实现本债权的间接清

---

① 参见赵廉慧：《债法总论要义》，中国法制出版社2009年版，第200页。

② 参见徐澜波：《合同债权人代位权行使的效力归属及相关规则辨析——兼论我国合同代位债权司法解释的完善》，载《法学》2011年第7期。

③ 参见茆荣华主编：《〈民法典〉适用与司法实务》，法律出版社2021年版，第369页。

偿。这种解释观点源自日本民法学说和判例，自合同法引入代位权制度以来，就一直作为主流观点存续至今。该观点本质上是对直接清偿规则的否定。这种观点认为：无论是《合同法司法解释（一）》第20条规定还是民法典第537条前段规定，其法理构成并未根本背离入库规则。而恰恰是在该规则基础上的修正，运用抵销制度可使以责任财产保全为基本出发点的代位权制度在现实中发挥简易的债权回收功能。民法典第537条规定的债权人代位权行使效果，正表明债权人只是直接受领，而不是直接受偿，只是借助于抵销实现的间接受偿。① 应该说，该观点是源自比较法上的舶来品，其更容易得到日本民法的相关规范支持，但缺乏我国民法规范体系的支持。这种观点解释逻辑是：法院认定代位权成立的，债权人在债务人怠于受领的情况下，被赋予了清偿受领权，此后演变为即使没有债务人怠于受领的情形下，债权人也被赋予了受领权。此时债权人享有的受领权并非因债务人的授权与同意而取得，而是立法者采取的一种决断，代位权人构成了日本民法典第478条所指的"依法令的规定被赋予受领权限的人"，其目的在于肯定或强化代位权的间接清偿功能。

这种解释路径是日本民法学说和判例的通说观点，也符合日本民法典第423条之三的规定，"债权人行使被代位权利的情形，被代位权利以金钱支付或动产交付为标的时，可以请求相对人向自己支付或者交付，在此情形，相对人向债权人支付或交付时，被代位权利因此消灭"。因为日本

---

① 参见韩世远：《债权人代位权的解释论问题》，载《法律适用》2021年第1期。持类似观点的学者还包括清华大学崔建远教授、复旦大学段匡教授等。参见崔建远：《论中国〈民法典〉上的债权人代位权》，载《社会科学》2020年第11期。该文认为：民法典第537条规定可以理解为是在既不存在债务人并未作出指令、其他共同债权人亦未主张权利的情形下，相对人履行其义务的路线图，而非对入库规则之否定。在没有抵销场合，则强制执行债务人的相对人的财产。参见段匡：《日本债权人代位权的运用》，载梁慧星主编：《民商法论丛》（总第16卷），金桥文化出版（香港）有限公司2000年版，第532-533页。该文认为："债权人直接接受次债务人清偿，乃是代债务人收取债权，债务人有权要求债权人返还，仅在金钱债权场合，债权人借助抵销制度，以其债权抵销对债务返还之债，由此可以保有次债务人之给付成果。"

立法者赋予债权人对债务人债权的受领权，此时，次债务人清偿是向有权受领者进行的清偿，因此发生如同向债务人本人直接清偿的同等效力。但是因为债权人的受领并非为本债权清偿而进行，因此并不能发生本债权清偿的法律后果，日本民法典第423条之三对于本债权是否清偿并未作出明确规定。但是法理上，债权人代债务人受领次债务人的给付后，对债务人负有返还受领所得的义务，基于此，日本民法学说和判例借助抵销权制度（此处抵销是法理以及法国法上的自动抵销，而非日本法上的意思表示抵销），承认债权人代债务人受领后，可以将其对债务人享有的债权与“对债务人所负的受领返还义务”相互抵销，进而确保其受领所得，本债权也同样归于消灭。由此构成学者们所言的“间接清偿”。“因为代位债权人代债务人受领第三债务人的支付之后，可以通过相互抵销的方法实现事实上的优先受偿。日本大审院判例所示之立场，事实上就是肯定债权人代位权具有直接满足代位债权人债权的功能。这一点在最高裁判所的判例中得到了进一步的确认。”①

这种解释路径离不开两点：一是需要立法者在代位制度中以决断的方式赋予债权人受领权；二是需要借助比较法和法理上存在的自动抵销制度，因为，债权人本无次债权的受领权，且日本民法对抵销采取的是意思表示主义而非自动抵销主义。正因如此，日本民法典第423条之三明确规定“次债务人向债权人给付，仅发生次债权的消灭”，而对于本债权是否消灭，立法者并未指明。根据“指明其一、排除其他”的解释规则，应当认为此时本债权并非当然消灭，是否消灭仍要依据债的清偿的一般规则进行，虽然日本学说和判例都承认债权人可以借助抵销制度获得清偿，但是否满足抵销要件仍然存在讨论空间，应交由裁判者根据案件具体情形决定本债权能否因抵销制度而消灭。在日本债法改革过程中，日本民法学界曾主张在代位权制度中明确否定债权人以代位受领后的抵销权形成事实上的

① ［中］韩世远、［日］下森定主编：《履行障碍法研究》，法律出版社2006年版，第151页。

优先受偿效果，理由在于避免与具有同样功能的强制执行制度不协调，但是上述建议遭到实务界强烈反对：认为如果否定债权人通过抵销达到事实上优先于其他债权人受偿的效果，将在实务中产生很多弊病，可以在具体案件中用“抵销权滥用”这一法理来衡量应否承认债权人事实上优先于其他债权人受偿的效果，而不是在法条中直接否定。①

与日本法上次债务人向债权人清偿仅发生次债权消灭后果不同，我国民法典第537条明确规定债权人接受次债务人履行后，同时发生本债权和次债权消灭的双重效力。就其文义而言，双重消灭的效力必然同时发生，并无“本债权是否消灭”的讨论空间。在这种情况下，如果我们继续借鉴日本法上的解释路径，则不可避免地出现结论冲突的问题。例如，一旦债权人和债务人在合同中明确约定本债权不得抵销，此时依抵销制度的结论是本债权不得因抵销而消灭，而依照民法典规定的代位权制度，本债权却又必须同时消灭，由此导致代位权制度与抵销制度的直接冲突。因此，简单照搬日本法上“立法赋予债权人受领权+抵销”来解释我国民法典直接清偿规则，是行不通的。事实上，上述解释路径有意忽视了我国民法典第537条规定的“本债权和次债权双重消灭”和日本民法典第423条之三规定的“仅次债权单独消灭”之间巨大的规范差异，违背了比较借鉴必须遵循的基本原则：解释本国规则的人可以引用一个“更高级”的外国解决办法，但是这种外国解决办法不能为了超过明确的本国规则而予以使用，因为在任何的法律制度中，对于明确的规定应当遵守的原则是不容侵犯的。②

（三）“收取授权+新债清偿”结合说与法理不通

对于直接清偿规则而言，次债务人的一次给付是如何实现本债权和次债权同时清偿的法律效果的，这是目前直接清偿规则面临的最大疑问，能否在法理上证成直接清偿规则的内部构造，很大程度上决定了这一规则能

---

① 参见石宏主编：《〈中华人民共和国民法典〉释解与适用·合同编》，人民法院出版社2020年版，第142-143页。

② 参见［德］康拉德·茨威格特、海因·克茨：《比较法的效用和目的》，潘汉典译，载《环球法律评论》1982年第1期。

否被称为“直接清偿规则”。从债的相对性原则来看，代位权成立，次债务人本应向债务人清偿，再由债务人向债权人清偿，但是为了进一步强化对债权人的保护，同时简化清偿程序，立法者要求次债务人在本债权与次债权相同限额内直接向债权人清偿。有观点认为：肯定直接清偿规则无须借助抵销制度即可在解释论上得到证成，其解释逻辑是基于德国法上收取授权和新债清偿制度和理论展开的，认为代位权成立，赋予债权人针对次债权的收取授权，而这种收取授权在债的履行层面构成了新债清偿，基于新债清偿的效力，次债务人的一次给付发生了双重清偿的效力，既消灭了次债权，也消灭了本债权。具体而言，民法典第 537 条第 1 句将债务人对债权人的债之消灭建立在“债权人接受履行后”之上。只有当相对人向债权人履行对债务人的债务时，债务人对债权人的相应债务才会消灭。一方面，代位债权人因债权收取授权获得了实现自己债权的“新的可能性”。另一方面，代位债权人并不因此承受相对人失去履行能力或履行意愿的风险。在代位债权人对相对人胜诉后，若相对人失去了履行能力，代位债权人仍有权要求债务人履行债务。这说明在债之履行层面，债权收取授权构成新债清偿。基于法定的债权收取授权，代位债权人获得了消灭旧债的新的机会，但此种新的机会并不当然消灭旧债，只有当新债以合目的方式实现履行后，相应的旧债才因清偿而消灭。新债清偿作为清偿的替代方式，仍属于清偿的范畴。相对人对债权人的履行同时构成债务人对债权人的履行，故债务人对债权人的债务亦因新债清偿而消灭。民法典第 537 条规定的双重债之消灭的原因均是清偿，即相对人对债权人的履行既可构成相对人对债务人的清偿，又可构成债务人对债权人的清偿。立法者将民法典第 537 条第 1 句称为直接清偿规则，可谓名实相符。①

上述解释论观点摆脱传统观点“不存在直接清偿、只有基于抵销制度的间接清偿”的思维束缚，以德国民法收取授权为参照，并借鉴新债清偿

---

① 参见金印：《债权人代位权行使的法律效果——以〈民法典〉第 537 条的体系适用为中心》，载《法学》2021 年第 7 期。

的部分法理，对直接清偿规则的法理构造进行了开创性的阐释，不失为一种有益的尝试。但在代位权制度的解释论中引入物权法上的收取授权制度和理论，在理论嫁接上存在难以跨越的制度体系鸿沟，以此为基础形成的解释论体系也不符合新债清偿的基本法理，因此在论证逻辑上存在多重法理障碍，不足以解释债权人到底是如何受偿的。

首先，德国民法上的收取授权，是专门针对无形权利（债权等）之上的用益物权和质权设置的一种物权性权利，以满足权利人针对他人之权利行使用益权能和变价权能的目的。① 以债权质权的收取授权为例，其本质上是将债权的变价权以收取方式赋予质权人，以收取作为变价方式是基于债权的特殊性而被赋予质权人的——收取本质上与有形财产（动产或不动产）的出卖一样，只是一种变价的方式。在被担保债权到期的情况下，质权人针对债务人的债权，被法律授权收取债权，债务人只能向质权人履行。随着该收取又产生了物上代位，债权人取得所有权，而质权人在收取之物上取得动产的质权或不动产的担保性抵押权。质权人可以通过出卖的方式变价质物，用于清偿自己的债权。如果债权人从债务人处收取了金钱，那么质权人的债权被视为已获清偿。基于质权的优先性原则，只有第一顺位的质权人享有单独的收取授权。被担保债权到期后，收取授权具有排他性或顺位性，出质人作为出质债权的债权人，丧失收取权，后顺位的质权人只有在前顺位的质权人丧失权利时，才享有收取权。此外，针对债权的收取授权是质权人享有的实体法权利，既可以在诉讼之外行使，也可以在强制执行程序中行使。收取授权在法律效果上仅服务于债权人变价质物，并取得优先受偿权，但不影响债权人在收取失败，即次债务人无力给付之时，继续向债务人主张债权的清偿。这点虽与直接清偿规则中次债务人清偿的效力类似，但收取授权是以债权人取得质权身份为前提条件的，不存在赋予纯粹普通债权人授权收取的情形，因此与其说法律授予债权人

① 参见［德］鲍尔、施蒂尔纳：《德国物权法》，申卫星、王洪亮译，法律出版社2006年版，第718页。

收取授权，不如说法律授予质权人收取授权——因为当且仅当债权人取得质权人法律地位时，法律才承认债权人享有收取授权。德国强制程序中的普通债权人，直至其根据法院扣押措施产生扣押质权后，方能够依据移交裁定取得针对债务人的收取授权，进而在次债务人拒绝支付的情况下，针对次债务人提起收取之诉，从而实现本债权的强制清偿。[1] 对于行使代位权的普通债权人而言，行使代位权本身并不赋予其任何物权性的权利，也不赋予其任何优先受偿的法律地位，因此以收取授权来解释我国代位权的直接清偿规则缺乏基本的逻辑前提。

其次，收取授权是物权法赋予用益物权人和担保物权人的一项物权权能，根据物权法定原则，这项物权权能必须以法律明文规定为前提。比较法上，德国和日本民法均明确规定在债权质权的情况下，质权人享有法定的收取授权，但是我国民法典并未赋予质权人类似的收取授权，因此在代位权制度中承认或赋予债权人享有这种物权权能，超出代位权作为债法制度的能力范围，势必引起物权法和债法价值理念上的冲突，具有明显的破坏性。笔者注意到，日本在针对债务人债权的强制执行程序中，以法院收取命令的形式赋予债权人收取授权，由于日本不承认查封质权，因此这种收取授权并非来自查封质权赋予债权人的实体权利。简言之，债权人在没有取得质权的情况下，也可以享有纯粹强制执行法意义上的收取授权，但是如果认为债权人在代位权诉讼程序中就可以提前享受强制执行程序中债权人才能取得的权利，显然又将违背强制执行程序的运行逻辑——只有已经取得执行根据，并对债务人债权采取了查封扣押措施的债权人，才应被赋予收取债务人债权的权利。更何况强制执行程序中收取授权并不以债权人享有的债权额度为限，而是必须以被查封扣押的债权为限。因此，在我国代位权诉讼程序中赋予债权人收取授权，要么与物权法定原则相违背，要么与强制执行制度的运行逻辑相违背，因此这种观点并不可取。

---

[1] 参见［德］鲍尔、施蒂尔纳：《德国物权法》，申卫星、王洪亮译，法律出版社2006年版，第741–745页。

最后，退一步讲，如果允许普通债权人通过代位权胜诉判决取得质权人才有的收取授权，那么无论是在债权人与债务人之间，还是在债务人与次债务人之间，都无法产生所谓的新债清偿法律关系。所谓的新债清偿乃是指“因清偿旧债务而对于债权人负担新债务者，除当事人另有意思表示外，若新债不履行时，其旧债务仍不消减”①。新债清偿的基本结构是债权债务主体不变，原债权债务内容也不变，在此基础上债权人和债务人达成新的债权债务关系，并认可新债一旦清偿，原债消灭。新债清偿是以债的主体不变为前提的，如果加入新的债务主体，则可能构成债的保证或加入，在三方主体关系之下，难以形成新债清偿关系，此时新债清偿将与债的加入、债的担保形成概念上的混同或混淆。

（四）“第三人清偿与向第三人清偿”结合说的倡导

代位权制度本质上是对合同相对性的一种打破，代位权使得债权人作为第三人，可以介入债务人和次债务人的关系之中，代位权效力是债权人介入他人法律关系后产生的新的三方权利义务格局。这种新的权利义务格局固然是立法者基于特定立法目的作出的一种决断，但是在解释论上，我们必须假定这种决断是被立法者以恰当文字表达，并以合目的性的方式置于整个规范体系形成的法秩序之下，而不是立法者随心所欲的创设。按照体系解释的要求，解释者应力图把单个的法律规范理解成一致的评价体系的组成部分，只有解释者尽最大努力去解释，还是不能排除评价矛盾时，经过冷静观察后才可以按照现行法直接承认其存在。② 我国民法典第537条文义是明确的，即“次债务人向债权人履行义务，债权人接受履行后，本债权和次债权同时消灭”，其强化对债权实现的保护力度的立法目的也被立法机关清晰呈现。在这种情况下，以债权法定转移来解释直接清偿规则的法理构造，不仅违背了文义，也直接违背了立法目的，显然并不妥

① 我国台湾地区“民法”第320条规定：“因清偿债务而对于债权人负担新债务者，除当事人另有意思表示外，若新债权不履行时，其旧债仍不消灭。”

② 参见［奥］恩斯特·A. 克莱默：《法律方法论》，周万里译，法律出版社2019年版，第125页。

当。若按“入库规则+自动抵销”来解释，则由于抵销适状并非总能发生，而本债权和次债权又必须同时消灭，因此这种解释方法也存在解释力不足的问题。而在债法领域引入的收取授权制度违背了物权法定原则，其关于新债清偿的观点也违背了新债清偿仅在原债权债务人之间发生的债法原理，违背了体系解释的基本要求。因此，我们需要尝试新的解释路径，来阐明直接清偿规则这种立法决断的可正当化理由。

关于债之清偿，原本应向债权人或其他有受领权者（债权人之代理人、债权收据之持有人）为之，才发生清偿的效力，向其他第三人所为之清偿，原则上不发生清偿的效力。在代位权诉讼中，债权人是次债权债务关系的第三人，而次债务人是本债权债务关系中的第三人，直接清偿规则中“次债务人向债权人履行”，对于债权人而言构成第三人清偿；对于债务人而言，构成向第三人清偿。对于债权人而言，依“债之清偿得由第三人为之”的法理，债权人接受次债务人履行后，因第三人清偿，债务人免其责，本债权因而消灭。对于债务人而言，次债务人向第三人履行原本不发生次债权消灭的法律后果，但是债务人因次债务人向第三人的清偿行为，而实现了本债务的消灭，也即债务人因向第三人清偿而受有利益，基于比较法上“向第三人为清偿，经其受领者，于债权人因而受利益之限度内，有清偿的效力”① 的法理，债务人享有次债权人因此发生的被清偿的效力。简言之，直接清偿规则中的本债权基于第三人（次债务人）清偿而消灭，次债权因次债务人向第三人清偿，使债务人获得利益而被同时清偿，上述清偿均无须借助抵销制度，即可依债的清偿法理达成，因此，直接清偿规则在债法体系内是完全可以得到证成的，是真正的直接清偿。

需要说明的是，我国民法典第 524 条仅规定了第三人清偿制度，并未设置对第三人清偿制度，但是后者是比较法上通行的制度，且与我国债法

① 日本民法典第 479 条（对受领权人以外的人的清偿）规定：“除前条的情形外，对受领权人以外的人所为的清偿，仅在债权人因此受有利益的限度内，有其效力。”法国民法典第 1239 条第 2 款规定：“向无权代替债权人受领清偿的人进行清偿，如债权人事后认可或者受到清偿之利益，清偿有效。”

体系完全兼容，解释论上值得借鉴。借助对第三人清偿制度不仅可以简化债权清偿程序，而且对债权人的权利保护并无任何减损。债权人虽未直接受领债务人的给付，但是第三人受领债务人给付而受有与本人受领相同的利益，因此其债权因目的达成而归于消灭。① 关于债务人向第三人清偿而使债权人受有利益，实践中并不限于债权人取得作为清偿而受领标的物的情形，只要作为清偿的受领与债权人利益间具有因果关系即可。②

既然次债务人向债权人履行，于债权人而言构成第三人清偿，若本债权和次债务为同种类债务，例如，两者均为金钱债权或者均为非给付请求权，次债务人向债权人的履行行为完全合乎本债权的目的，同时，该行为具有消灭次债务的合法利益，因此债权人不得拒绝接受次债务人的履行行为。

但是若本债权和次债权的种类不同，则有必要讨论“债权人是否有权拒绝接受债务人履行”的问题，具体而言存在两种情形：一是本债权为金钱债权，而次债权为非金钱债权，于此情形，次债务人之给付对债权人而言构成第三人代物清偿，依代物清偿的法理，债权人有权拒绝接受次债务人的履行。若债权人拒绝次债务人进行代物清偿，则次债务人应向债务人履行债务，债务人接受履行后，由债权人依强制执行程序向债务人主张清偿。若债权人同意次债务人代物清偿，则为避免次债务人之履行侵害债务人利益，例如，本债权价值小于次债权，应当对次债权进行公允估价，或者由债权人、债务人、次债务人三方就非金钱债权达成折价协议，债权人接受非金钱给付后，本债权和次债权在价值相等的限度内同时归于消灭，若本债权未能尽数清偿，则债权人有权向债务人另行主张，若干次债权价值超出本债权且为不可分割之物，则超出本债权价值的范围，债权人对债务人负有返还义务。二是本债权为非金钱债权，次债权为金钱债权，例如，债权人对债务人享有不动产转移登记请求权，而债务人对次债务人享

① 参见史尚宽：《债法总论》，中国政法大学出版社2000年版，第774-775页。

② 参见［日］我妻荣：《新订债法总论》，王燚译，中国法制出版社2008年版，第253页。

有货款给付请求权，于此情形，债务人怠于行使次债权并不会影响债权人实现债权，代位权行使要件不充分，应驳回债权人代位权诉讼请求。

四、结语

如何认识和理解我国代位权直接清偿规则，不仅要借鉴比较法上成熟理论，更要全面审视比较法理论赖以存续的制度体系，尤其是要将比较法理论置于我国法制度体系和实践中加以审视和取舍。源自比较法话语体系的代位权理论并非当然适合用于理解我国代位权实践，更不应该成为我国代位权实践必须遵守的所谓教义。代位权直接清偿规则是我国司法实践首创的代位权效力规则，该规则与源自日本代位权理论的入库规则存在本质不同。传统代位权理论对直接清偿规则正当性及其法理构造可行性存在重大误解。直接清偿规则无悖于债权平等原则，也并未赋予代位债权人优先受偿权。相较于入库规则，直接清偿规则更契合中国法体系。在解释论的法理构造上，直接清偿规则并非债权法定转移，也不同于入库规则之下借助抵销的间接清偿，更不是“收取授权+新债清偿”，其本债权和次债权同时消灭的法律上的效果可以借助“第三人清偿+向第三人清偿”的法理得到妥当解释。此外，笔者也清醒地意识到，无论是传统的入库规则，还是本文所捍卫的直接清偿规则，都仅是对代位权实体法规则的体系化阐释，都只是构建我国代位权知识体系的一部分。在直接清偿规则之下，代位权诉讼在诉讼法上面临的理论争议问题，并不会比入库规则更少，其诉讼标的的界定、债务人的诉讼地位等问题，都是非常复杂、宏大的诉讼法命题，需要民法和民事诉讼法领域的同仁共同努力去破题。

（本文仅代表作者个人观点）

【域外来风】

公共卫生事件保险纠纷解决的英美法经验及启示*

林　诚** 董　琦***

党的二十大报告指出，要加强公共卫生事件应急能力建设，深化金融体制改革，强化金融稳定保障体系，防范金融风险。《中共中央关于进一步全面深化改革 推进中国式现代化的决定》也提出，实施健康优先发展战略，健全公共卫生体系。近年来，世界各国发生了大量公共卫生事件保险纠纷，主要争议在于传统财产保险是否可以保障公共卫生事件所导致的投保人的营业中断损失。纵观历史长河可知，面对未来可能发生的各类公共卫生事件，如何为广大投保人提供充分有效的司法保障，是司法机关亟须重视的问题。我国于20世纪末才引

* 本文系国家社会科学基金青年项目“公共卫生事件保险保障机制研究”（项目编号：23CFX044）的阶段性研究成果。

** 福建师范大学法学院副教授、硕士生导师，法学博士。

*** 福建省高级人民法院涉台湾地区司法事务办公室副主任，法学博士，四级高级法官。

入营业中断保险产品，[①] 保险市场细分险种和扩展条款的发展尚不丰富，相关司法审判经验亦有待充实：实体裁判规则层面，我国既有案例对公共卫生事件是否构成“物质损失或损害”结论不一，对公共卫生事件与营业中断损失的因果关系认定标准尚待完善；审判模式程序层面，公共卫生事件保险纠纷具有受众广泛、案情同质化等特征，我国当前主要以个案审判模式审理公共卫生事件保险纠纷，尚未推广群体性金融纠纷示范判决机制的适用。对此，英美法系中的有益司法经验可供参考。营业中断保险在英美法系已有近两个世纪的历史，公共卫生事件在给英美法系带来巨大挑战的同时，也推动了英美保险法在实体与程序层面司法实践的长远发展。[②] 因此，本文旨在以比较法视角，从承保风险、除外责任、因果关系、损失补偿四个维度厘清公共卫生事件保险纠纷的实体裁判规则体系，并探讨群体性金融纠纷测试案例审判模式引入公共卫生事件保险案件的审判程序制度进路，以期为我国司法实践提供借鉴。

一、公共卫生事件保险承保风险的认定规则

（一）公共卫生事件是否构成“物质损失或损害”

传统财产保险通常保障保险标的所受之“物质损失或损害”（physical loss or damage，PLOD）风险。[③] 在此基础上，为契合从事经营活动的投保人之风险保障需求，传统商业保险通常将营业中断保险（business interruption insurance）作为附加险种，作为保障投保人因特定风险发生而遭受营业中断损失的重要金融产品。[④] 传统财产保险的基础承保条款通常约定，若投保人营业场所受到“物质损失或损害”，则保险人应赔偿投保人营业

---

① 参见陶存文、耿宇亭：《国外营业中断保险制度及其启示》，载《保险研究》2008年第4期。

② Robert Merkin, *Colinvaux's Law of Insurance*, Sweet & Maxwell, 2021, para. 24-50.

③ Ozlem Gurses, *The Insurance of Commercial Risks: Law and Practice*, Sweet & Maxwell, 2017, para. 15-008.

④ Harry Roberts, *Riley on Business Interruption Insurance*, Sweet & Maxwell, 2021, para. 1.1.

中断损失。美国保险业界通常以此为基础，约定“营业收入条款”“额外费用条款”“政府法令条款”等附加扩展条款（以下简称美式条款），这些条款的触发条件（coverage trigger）皆为投保人营业场所受到“物质损失或损害”。然而，包括美式条款在内的国内外大多数财产保险合同皆未界定“物质损失或损害”的具体含义。对于公共卫生事件是否构成“物质损失或损害”，实践中争议较大，具体如下。

投保人营业场所内未出现公共卫生事件病例的情形。投保人通常主张，即便未出现公共卫生事件病例，其营业场所也因公共卫生事件发生而停产、停业，丧失了使用价值，从而构成“物质损失”。对此，英美法判例多采用文义解释方法，通过探寻合同条款通常含义加以辨析。例如，在S. A. Palm Beach，L. L. C. v. Certain Underwriters at Lloyd's London 案①中，美国上诉法院第十一巡回法庭通过查阅《韦氏词典》（*Merriam-Webster Dictionary*）和《布莱克法律词典》（*Black's Law Dictionary*）等权威词典，明确了“物质损失或损害”的具体含义：（1）“物质”指有形、可感知、可触碰的存在；（2）“损失”指对财产形态或功能的削减；（3）“损害”指对财产的破坏、损毁或丧失占有；（4）即便依避免语义赘余规则②赋予“损失”和“损害”不同含义（前者外延大于后者），“物质”一词作为限定性形容词，也应同时涵摄“损失”和“损害”。在此基础上，英美法判例还倾向于采用上下文解释，以佐证“物质损失或损害”的含义。例如，在Santo's Italian Café，L. L. C. v. Acuity Ins. Co. 案③中，美国上诉法院第六巡回法庭指出，美式条款虽未定义“物质损失或损害”，但通常界定了“修缮期间”这一术语并以其作为营业中断损失计算期间：“修缮期间”是

① 32 F. 4th. 1347.

② 英美合同法避免语义赘余规则（anti-surplusage rule）要求法院在解释合同项下两个不同词语时，应尽量赋予其不同含义，避免将其认定为合同起草者语义赘余。See Kim Lewison L. J., *The Interpretation of Contracts*, Sweet & Maxwell, 2020, para. 7. 24-7. 36.

③ 15 F. 4th. 398.

指投保人营业场所进行修理、重建或替换所需时间。由此可推知，符合“物质损失”触发条件的营业中断损失必须是有形损失，公共卫生事件所致纯经济损失难以被归入其中。

投保人营业场所内出现公共卫生事件病例的情形。此种情形更具有争议，有少数判例认为，投保人营业场所出现病例，或病毒附着于营业场所表面，应认定为营业场所受到“物质损害”。① 然而，美国法院多数判例持相反观点，倾向于以类比推理法，梳理既往判例确认的“物质损害”和“非物质损害”情形。前者包括以下情形：房屋阳台坍塌；船舶引擎爆炸；污水处理系统停止工作；建筑因底层土壤松动滑向悬崖，从而不适宜居住；邻近房屋受到滚石撞击，投保人由于山体滑坡的现实威胁而搬离房屋；投保人由于飓风来袭而提前撤离房屋；房屋墙面受到天然气渗漏、石棉、山火烟尘、过浓二氧化碳等有害气体污染。② 后者包括以下情形：候车大厅天花板开裂但未掉落；珠宝在战争期间被敌军暂扣并存放于银行保险柜中，战后得以取出；房屋受潮长霉和滋生细菌；酒窖陈酿被掺入假酒，致使酒的价值丧失；电子数据丢失，但存储设备本身完好无损；工厂因停水而停产；③ 牛肉产品因禁运而无法出口。④ 有鉴于此，美国上诉法院第五巡回法庭在 Q. Clothier New Orleans, L. L. C. v. Twin City Fire Ins. Co. 案⑤中指出，在判定公共卫生事件是否构成“物质损失或损害”时须注意，该词语义表明，财产先前所处的完满状态（a satisfactory state）须在受到某种外界因素作用后，变为一种不完满状态（an unsatisfactory state），最典型的例子即汽车受撞击后保险杠部分发生形变。美国上诉法院第七巡回法庭在 Paradigm Care & Enrichment Ctr. L. L. C. v. West Bend Mut Ins.

---

① e. g., Studio 417 v. Cincinnati Ins. Co., 478 F. Supp. 3d. 794.

② Wakonda Club v. Selective Ins. Co. of Am., 973 N. W. 2d. 545.

③ Pentair, Inc. v. Am Guarantee & Liab Ins., 400 F. 3d. 613.

④ Oral Surgeons P. C. v. Cincinnati Ins. Co., 2 F. 4th. 1141.

⑤ 29 F. 4th. 252.

Co. 案①中亦归纳如下：（1）即便病毒具有高度传染性，其伤害的也是人体而非财产；（2）不同于辐射、化学物质、有毒气体、石棉等污染源，病毒不会改变营业场所的形貌、结构、色泽等物质形态；（3）病毒存活周期有限，可经消杀而清除。因此，即便投保人营业场所出现公共卫生事件病例，也难以认定为“物质损害”。

上述推理论证过程广泛见诸美国各州和联邦法院判决，体现了文本主义（textualism）和直译主义（literalism）在司法裁判中的重要作用：在已明确“物质损失或损害”通常含义，且已通过上下文解释和既有判例类比法加以佐证的前提下，则不宜适用不利合同起草者解释（contra proferentem）、合理期待（reasonable expectation）等其他解释方法，使解释结果背离合同条款通常含义。正如美国上诉法院第二巡回法庭在 10012 Holdings, Inc. v. Sentinel Ins Co. 案②中所言，“当合同条款清晰无疑义时，须依通常含义解释，法院应克制为当事人改写合同的司法冲动”。美国判例法对“物质损失或损害”的解释结论，亦为英国高等法院在 TKC London Limited v. Allianz Insurance Plc. 案③中采纳。

（二）公共卫生事件风险是否可以受到“非物质损失或损害”条款保障

在约定基础承保条款的同时，英国、爱尔兰、南非、澳大利亚等国家保险业界亦在传统财产保险合同中通过扩展条款方式，约定与“物质损失或损害”无关的承保风险（以下简称英式条款）：（1）疾病条款，保障在投保人营业场所及其周边 25 公里范围内出现公共卫生事件病例所导致的营业中断损失；（2）阻止进入条款，保障由于政府因可能危及生命财产安全的紧急情况而采取行动或提出建议，致使投保人因无法使用营业场所而遭受的营业中断损失；（3）混合条款，保障由于

---

① 33 F. 4th. 417.
② 21 F. 4th. 216.
③ （2020）EWHC 2710（Comm）.

政府因公共卫生事件而采取限制措施（restrictions），致使投保人因无法使用营业场所而遭受的营业中断损失。显然，相较于传统财产保险基础承保条款的“物质损失或损害”触发条件，上述“非物质损失或损害”扩展条款更有可能保障公共卫生事件损失。尽管如此，实践中仍然存在如下争议。

其一，疾病条款是否可保障全国性公共卫生事件风险。保险人通常主张，该条款保障的公共卫生事件当且仅当发生在投保人营业场所方圆25公里内，只要疾病暴发超出该范围就不予保障。对此，英国最高法院在 Financial Conduct Authority v Arch Insurance, Ltd. 案（以下简称 FCA v. Arch 案）① 中指出，公共卫生事件传播范围广、传播速度快，故依一般理性人通常理解，该条款客观目的并不要求公共卫生事件只能在投保人营业场所附近发生，而是旨在保障任何地区性、全国性乃至全球性公共卫生事件，只要在投保人营业场所 25 公里内出现一例该种疾病即可。

其二，阻止进入条款可否保障投保人部分营业中断损失。保险人通常主张，该条款只能保障投保人完全无法使用营业场所的损失，不能保障由于暂停堂食、实体门店销售等部分无法使用营业场所的损失。对此，英国最高法院在 FCA v. Arch 案中指出，如果投保人无法使用其营业场所开展其经营活动的一个可分割部分（a discrete part of the business activities），或无法使用其营业场所中的一个可分割部分（a discrete part of the premises）开展其经营活动，那么两种情况都应被认定为在该可分割部分内无法使用其营业场所。例如，餐厅堂食销售占该餐厅 80%营业额，外卖销售占该餐厅 20%营业额，那么在公共卫生事件期间暂停堂食但允许外卖销售的事实，不影响投保人就暂停堂食而损失的 80%营业额索赔；又如，投保人经营百货商店，在公共卫生事件期间关闭除非处

---

① （2021）UKSC 1.

方药销售窗口之外的其他窗口，投保人可就其部分无法使用这些窗口的损失索赔。

其三，混合条款可否保障暂不具有法律强制力的限制措施所致损失。2020年3月16日，时任英国首相鲍里斯·约翰逊以电视讲话的方式宣布了居家防疫、社交距离、禁止聚集、禁止门店零售与堂食等限制措施，但上述措施直到3月21日才以法律形式被议会通过。保险人主张，混合条款所称限制措施应仅指有法律强制力的措施，投保人只能就3月21日之后所受损失索赔。对此，英国最高法院指出，对客观理性投保人而言，一旦政府宣布某种措施，即应遵守执行，无须考虑该措施是否具有即时法律强制力；如要求投保人先行考虑该措施是否具有法律强制力，则会给具有社会责任感的投保人施加不合理且有损商业效率之重负，并将其置于比其他投保人更为不利之境地。

由上可见，相较于美国判例，英国最高法院在FCA v. Arch案中作出了对投保人较为友好的解释结论。应当指出，该案结果很大程度上是由英式条款不以“物质损失或损害”为触发条件、词句约定相对宽泛的特点决定的，否则法院亦难以作出超越合同约定范围的有利于投保人的解释。

二、公共卫生事件保险除外责任的认定规则

（一）公共卫生事件保险除外责任条款的制定历史

判断公共卫生事件风险是否属于传统商业财产保险保障范围，不仅取决于上述承保风险条款，还取决于除外责任条款。当前国际保险市场通行的相关条款包括污染除外责任条款和病毒除外责任条款。英国保险市场通常采用前者，约定保险人对因“有毒物质、环境污染、煤烟沉积、食品掺假、食物中毒、食品杂质、流行病与疾病”等事件所导致的损失不负赔偿责任。英国保险人据此辩称公共卫生事件是典型的“流行病与疾病”，但在FCA v. Arch案中，Hamblen勋爵和Leggatt勋爵

认为，“关于公共卫生事件风险的除外责任词句须以更为透明的方式表达，而非隐藏在一段关于有毒物质与环境污染的概括性文字中”，财产保险投保人通常是缺乏法律知识的中小企业业主，故在解释除外责任条款时应采一般理性人通常理解，而非“将合同条款置于一位迂腐学究的律师视角下进行细致入微的咬文嚼字”。

诚然，上述论断值得商榷，但污染除外责任条款本身对公共卫生事件缺乏明确约定的概括性表述，亦为英国最高法院作出有利于投保人解释提供了语义空间。事实上，该条款源于2001年因“9·11”恐怖袭击所产生的废墟烟尘而引发的大量营业中断保险索赔案件，当时国际保险市场显然未预见公共卫生事件风险发生情形。① 然而，2003年非典疫情后，美国保险服务办公室（Insurance Services Office）② 推出了病毒除外责任条款，并为当前美国保险市场约70%的财产保险合同所采用，约定保险人对“由于任何病毒、细菌或其他诱发或足以诱发身体机能紊乱、不适或疾病的微生物造成的损失或损害”不负赔偿责任。

（二）不利保险人解释、合理期待与监管禁反言原则的可适用性

相比之下，病毒除外责任条款显然约定更为细致，与公共卫生事件联系更为紧密，美国保险人往往依此拒赔，而投保人则试图排除该条款适用。

首先，投保人倾向于援引不利于保险人解释原则（contra proferentem doctrine），认为公共卫生事件是对全球影响深远的社会健康危机，故应有别于营业场所出现的病毒个例，当双方对“病毒”含义均有合理解释时，应认定该条款存在疑义，并采用不利于保险人的解释。但绝大多数判例认为该条款词句约定充分全面、没有疑义，足以涵盖公共卫

① Micaylee Uhls, “Business Interruption Insurance: The Future of Pandemic Exclusions,” *Southern Illinois University Law Journal* 131, No. 46 (2021), p. 141.

② 美国保险服务办公室是美国保险市场重要的行业组织，主要职能是为各保险公司研究并起草保险合同条款范本。

生事件风险。① 美国上诉法院第七巡回法庭在 Mashallah, Inc. v. West Bend Mut Ins. Co. 案②中指出，“不利保险人解释原则并不代表法院须曲解（distort）某个清楚无疑义的合同条款，进而创设不存在的疑义”，当合同条款清楚无疑义时，其效力应受肯定。

其次，投保人倾向于援引合理期待原则（reasonable expectation doctrine），主张营业中断保险通常是财产保险的附加险种，投保人既然支付了额外保费就理应获赔，更有部分美式合同未约定病毒除外责任条款，这本身暗示了保险人将公共卫生事件视为构成“物质损失或损害”的承保风险。上述主张得到了部分学者认可，③ 但实质上存在明显谬误：一方面，正如美国上诉法院第四巡回法庭在 Uncork & Create, L. L. C. v. Cincinnati Ins Co. 案④中所言，业界所称“一切险”实为用词不当，任何保险的保障范围都应受具体合同约定所拘束；另一方面，保险合同条款对风险的划分，不仅包括承保风险（insured risks）和除外风险（excluded risks），还包括既不属于承保风险也不属于除外责任的风险（uninsured but unexcluded risks），⑤ 即便合同未约定病毒除外责任条款，也不能推定公共卫生事件属于承保风险。

最后，投保人倾向于援引监管禁反言原则（regulatory estoppel doctrine）。该原则由宾夕法尼亚、新泽西等州判例所确立，并为美国上诉法院第三巡回法庭在 Hussey Copper Ltd. v. Arrowood Indem Co. 案⑥中确认，其要求保险人在理赔时对涉争议条款所持立场应与其在监管部门报

---

① e. g. , Rds Vending, L. lC v. Union Ins. Co. (ED Pa, No 20-3928, 13 May 2021).

② 20 F. 4th 311, 12 (Kocoras J).

③ Christopher French, “COVID-19 Business Interruption Insurance Losses: The Cases for and against Coverage,” *Connecticut Insurance Law Journal* 27, No. 1 (2020), pp. 1-5.

④ 27 F. 4th. 926.

⑤ Robert Merkin, *Colinvaux & Merkin's Insurance Contract Law*, Sweet & Maxwell, 2021, para. B-0452.

⑥ 391 F. App'x 207.

备该条款时所持立场一致，否则无权援引该条款拒赔。美国保险服务办公室在2006年向监管机构报送病毒除外责任条款时陈述如下："虽然财产保险初衷不在于赔偿致病媒介污染所致损失，保险人已注意到，全球流行病或其他罕见传染病将可能使保险人面临大量索赔，故保险人决定推出一项排除疾病、细菌或任何致病微生物风险的除外责任条款。"① 众多投保人认为，此陈述未明确提及公共卫生事件，故保险人无权援引该条款拒赔，但该主张迄今为止未得到任何判例支持。一方面，美国诸多州法皆未承认监管禁反言原则；另一方面，诸多法院认为，保险人依据病毒除外责任条款拒赔的立场与当初报备该条款的陈述立场完全一致，该原则没有任何适用空间。

根据前文所述，判断公共卫生事件风险能否由财产保险提供保障，首先，需要分析公共卫生事件是否符合承保范围的条件，其次，需要认定公共卫生事件风险是否不在除外责任条款覆盖范围内。这两个步骤的判断条件在逻辑上呈递进关系，只有相关案情符合前者条件，才需考虑案情是否符合后者条件。

三、公共卫生事件与营业中断损失因果关系的认定规则

（一）传统保险法理论若无法则的局限性

应当指出，即便公共卫生事件背景下的营业中断损失同时符合上述两个条件，欲确定投保人是否有权获赔，还需进一步判断公共卫生事件与营业中断损失之间的因果关系。对于近因判断，传统保险法采用若无法则（the "but for" test）：若事件Y不论事件X是否存在都会发生，则事件X就不是导致事件Y发生之近因。例如，在Orient-Express Hotels, Ltd. v. Assicurazioni Generali SPA案②中，投保人经营的酒店被飓风所

---

① Moody v. Hartford Fin Grp Inc. No. 20-2856, 14 January 2021.

② (2010) EWHC 1186 (Comm).

摧毁并关停数月，看似符合该案保险合同约定的“物质损失或损害”触发条件，但该案法官认为，依照若无法则，即便酒店未受损害，投保人也不会有任何营业收入，因为飓风摧毁了整个城市，也即导致损失的近因不是酒店所受损害，而是飓风对整个城市的损害。在 FCA v. Arch 案中，保险人据此主张，公共卫生事件背景下，即便投保人营业场所25公里内存在确诊病例，该病例也不构成导致损失的近因，因为在此范围外还有无数病例发生，全社会也同样会处于停产停业状态并导致损失发生。

对此，英国最高法院指出，若无法则具有明显局限性：若 X_1，X_2，X_3，X_4……一系列事件共同导致结果 Y 发生，且这些事件中的每一事件都足以单独导致结果 Y 发生，那么适用若无法则是正确的；但若 X_1，X_2，X_3，X_4……一系列事件共同导致结果 Y 发生，但这些事件中的任何一件既不必然也不足以导致结果 Y 发生，那么适用若无法则将得出这些事件皆未导致结果 Y 发生的荒谬结论。学界就此提出了两个经典情境：例如，20 人同时将大巴车推下悬崖，实际上大巴车只需要 13 人或 14 人就足够被推下悬崖，若适用若无法则，那么每个人都未导致该大巴车被推下悬崖，这显然不合常理。正确的解释方法应是，每个人既不必然也不足以导致大巴车被推下悬崖，但每个人的出力都是其近因之一；又如，公司董事会全票决定将某个瑕疵产品推向市场，该决定只需要三分之二票数即可通过，但不能就此认为每个董事都没有导致该决议通过。相反，应认为每个董事的投票都是导致决议通过的近因之一。①

（二）起始原因法则的构建及其在承保风险条款中的适用

为弥补若无法则的局限性，英国最高法院在 FCA v. Arch 案中创设了起始原因法则（the “originating cause” approach）：（1）实践中存在着

① Jane Stapleton, “Unnecessary Causes,” *Law Quarterly Review* 39, No. 129 (2013), pp. 39-65.

两个近因（concurrent causes）以同等效果共同作用导致损失的情形，如缺少其中一个近因，损失将不会发生。若两个近因分属于承保风险和未承保风险，则保险人应负赔偿责任，若两个近因分属于承保风险和除外责任风险，则保险人不负赔偿责任；① （2）公共卫生事件背景下，无数病毒个例作为整体，共同导致全社会停产停业，从而导致投保人营业中断损失，故应将每个病例都视为单独且效果相当的近因（individual and equal cause），再依据对风险的“三分法”，考察合同约定，判定投保人营业场所内外病例的法律性质；（3）具体而言，应将（a）投保人营业场所25公里范围内的病例（事件X_1）和（b）该范围外的病例（事件X_2，X_3，X_4……）都视为根植于公共卫生事件这个起始原因，二者共同作用导致投保人营业中断损失，只要保险合同约定（a）为承保风险且未约定（b）为除外责任风险，保险人就应负赔偿责任。英国最高法院援引IF P&C Insurance，Ltd. v. Silversea Cruises，Ltd. 案②进行说明，该案承保风险是政府关于潜在恐怖活动警告对投保人游轮业务的影响，而非恐怖活动本身的影响。“9·11”事件后，美国国务院发布警告，投保人业务订单大幅减少。该案审理法院认为，“9·11”事件本身及随后的政府警告共同导致了投保人损失，将公众对恐怖活动本身的恐惧与公众因政府警告而产生的恐惧剥离开来是不合理的，既然保险人未将恐怖活动本身列为除外责任，那么投保人就应获赔。

（三）起始原因法则在除外责任条款中的适用

英国最高法院强调，起始原因法则并非偏袒投保人的片面规则，该法则有助于确保合同公平履行。这在病毒除外责任条款中可得到充分印证：投保人主张是公共卫生事件引发的停产停业状态导致了营业中断损

① JJ Lloyd Instruments Ltd. v. Northern Star Insurance Co., Ltd. (Miss Jay Jay)(1987) 1 Lloyd's Rep 32; Wayne Tank and Pump Co., Ltd. v. Employers Liability Assurance Corpn Ltd. 1974) QB 57.

② (2003) EWHC 473 (Comm).

失。换言之，投保人希望通过证明损失近因是停产停业状态而非病毒本身，从而规避对该条款进行适用。对此，英美法判例倾向于融贯适用起始原因法则。例如，在 Mudpie Inc v. Travelers Casualty Insurance Co. of American 案①中，美国上诉法院第九巡回法庭指出，不应人为割裂病毒、停产停业状态和营业中断损失的因果关系链条，前两个因素“紧密联系”（inextricably connected），共同根植于公共卫生事件这个“首要根源”（primary root cause）和“初始风险”（initial perils），故该条款完全可适用于此类案件。此外，许多保险人还在病毒除外责任条款项下写入反共同近因条款（anti-concurrent causation clause），声明“保险人对因病毒直接或间接导致的物质损失或损害不负赔偿责任，不论是否有其他近因共同作用导致损失发生”，这更加阻碍了投保人排除适用病毒除外责任条款。②

（四）起始原因法则在营业中断损失赔偿数额认定中的适用

计算营业中断损失数额的基本方法是将事先约定的标准营业额（standard turnover）和标准毛利润（standard gross profit）与投保人营业中断后的实际营业额进行比较，即损失赔偿数额=（标准营业额-实际营业额）×（标准毛利润/标准营业额）。然而，由于季节性供求关系增减、气候变化、行业罢工、公关危机等与承保风险无关情形，实际营业额可能显著高于或低于标准营业额。为使赔偿金额尽可能符合损失补偿原则，保险人通常约定趋势条款（trends clause），声明不论在损失发生前后，保险人皆有权调整赔偿金额，使其得以反映影响投保人经营活动的特殊商业趋势或情形。在 FCA v. Arch 案中，保险人主张公共卫生事件构成此类情形，应据此调整赔偿金额，将投保人因停产停业无法使用营业场所的情形，与投保人被允许使用营业场所但其周围区域皆处于停

① 15 F. 4th. 885.

② e. g., N&S Restaurant, L. L. C. v. Cumberland Mutual Fire Insurance (D NJ, No 20-05289, 11 May 2020).

产停业状态的情形相比较。按此观点，赔偿金额将可能被调整为零，因为即便投保人营业场所未停产停业，但其周围区域也已受居家防疫、扩大社交距离等措施影响，这也将使投保人营业收入锐减。对此，英国最高法院指出，应融贯适用起始原因法则：除合同另有约定外，应将投保人实际营业状况与承保风险及与承保风险紧密联系的、根植于同一起始原因的其他风险未发生时的营业状况进行比较，而不应仅仅与承保风险未发生时的营业状况进行比较。

四、公共卫生事件保险纠纷案件的审判模式选择

（一）以英国、爱尔兰、澳大利亚为代表的测试集群案例审判模式

虽然上述英美法实体裁判规则具有较大共性，但不同国家对公共卫生事件保险纠纷案件的审判程序模式各有区别。英国司法机关自2015年起探索建立重大疑难金融案件测试集群案例制度（Financial Test Grouped Case Scheme，以下简称测试案例制度），FCA v. Arch案是该制度“第一案”，英国金融行为监管局在代表广大投保人起诉过程中，向社会公开征集并归纳梳理了三类资料：（1）当前英国金融市场通行的、与公共卫生事件相关的21份典型财产保险合同条款；（2）广大投保企业主要诉讼请求；（3）各诉讼请求项下主要事实与理由。一审法院作出有利于投保人判决后，将案件通过测试案例制度特有的快速处理程序（the “leap frog” procedure），直接移交英国最高法院审理，后者维持了一审判决大部分内容，及时有效地解决了社会广为关注的法律问题。

FCA v. Arch案终审判决生效后，测试案例制度进一步发挥其独特作用：一方面，该案不仅对被告八家保险公司有拘束力，更具有权威司法指导（authoritative judicial guidance）之效力，英国金融行为监管局以《告（保险公司）首席执行官书》（*Dear CEO Letters*）的形式，负责监督跟进所有保险公司理赔进程；另一方面，英国最高法院继续补充完善“涉公共卫生事件保险测试案例列表”（Pandemic-Related Insurance

Case List)，将该案未涉及的法律争议点纳入后续审理计划。爱尔兰和澳大利亚亦采用了类似的测试案例制度。英国最高法院还将金融案件测试案例制度拓展适用于意大利掉期金融交易纠纷（Italian Swap Cases）和俄罗斯飞机租赁纠纷（Russian Aircraft Leasing Claims）等重大典型金融案件。

（二）以美国为代表的个案审判模式

美国民事程序法素有跨区域诉讼的制度设计。[①] 美国国会于1968年设立美国跨地区诉讼司法小组（Judicial Panel on Multidistrict Litigation），由七名法官组成，负责决定在不同联邦地区起诉、包含相同法律争议的案件是否可被移送至一个联邦地区法院合并审理（consolidated action），以及合并审理的具体法院和法官人选等事宜。近年来，美国广大投保人希望以“跨区域诉讼”方式合并审理公共卫生事件保险法律争议，但美国跨地区诉讼司法小组以案件不具有相同合同条款、案件背景事实不同、案件保险人分属不同地区与行业为由，认为合并审理比个案审理将造成更大效率难题，从而拒绝了合并审理请求。[②] 这导致美国各州和联邦法院已审理近1200件公共卫生事件保险案件，案件基本事实、合同条款、主要争议和审判结论呈现高度同质化趋势，判决结果总体上明显倾向于驳回投保人诉讼请求，认定保险人不负赔偿责任（见表1）。[③]

---

① 28 U.S.C.S. § 1407.

② Judicial Panel on Multidistrict Litigation, *In re Covid-19 Business Interruption Protection Insurance Litigation*, 482 F. Supp. 3d. 1360.

③ University of Pennsylvania, *Covid Coverage Litigation Tracker*, September 4, 2023, accessed February 22, 2025, https://cclt.law.upenn.edu/judicial-rulings/.

表 1　美国公共卫生事件保险纠纷案件裁判结果与数量统计

	裁判内容	州法院（件）	联邦法院（件）
一审	准许保险人提出的驳回动议	179	673
	拒绝保险人提出的驳回动议	43	25
	准许保险人提出的简易判决动议	46	41
	拒绝保险人提出的简易判决动议	10	4
	作出支持保险人的实质判决	1	1
	作出支持投保人的实质判决	1	0
二审	驳回投保人上诉请求	55	100
	支持投保人上诉请求	12	0
合计	保险人不负赔偿责任	281	815
	保险人应负赔偿责任	66	29

（三）两种审判模式之利弊分析

法学界普遍认为，相较于测试案例模式，个案审判模式具有一定缺陷：[①] 其一，美国保险业界通过“舆论公关闪电战”（public relation blitz），在法律媒体和大众传媒上大肆宣传报道，声称传统财产保险从未旨在保障公共卫生事件风险，这很大程度上影响了司法独立性。相比之下，在测试案例模式下的司法机关则能确保相对独立公正的判案立场；其二，个案审理模式下，美国保险公司聘请的律师多为保险法领域专业律师，而以中小企业为主体的投保人在遭受营业中断损失的情况下，难以承担高额律师费，往往只得聘请初级律师或诸如侵权领域的跨专业律师匆忙起诉，诉讼质量大打折扣。而在 FCA v. Arch 案中，英国金融行为监管局使用机构资金，为广大投保人聘请了伦敦知名保险法律师团队，确保了投保人诉讼请

① Erik Knutsten and Jeffrey Stempel, “Infected Judgment: Problematic Rush to Conventional Wisdom and Insurance Coverage Denial in a Pandemic,” *Connecticut Insurance Law Journal* 186, No. 27 (2020), p. 227.

求得到充分论证;① 其三，在个案审理模式下，美国各州和联邦法院审案法官专业水平参差不齐，而 FCA v. Arch 案审判法官皆为英国最高法院在金融与保险法律领域资深法官；其四，个案审理模式下，大量案件在驳回动议（motion to dismiss）或简易判决动议（motion for summary judgment）②阶段即告终止，投保人缺乏进一步主张诉求的机会，法院亦无法触及公共卫生事件保险争议全貌，而在测试案例模式下，法院则倾向于按“承保风险→除外责任→因果关系→赔偿数额”的逻辑顺序，全面分析审理相关法律问题。③

在此背景下，美国法院大部分判决在逻辑结构、篇幅内容、说理深度等层面，皆与在测试案例模式下的判决存在较大差距，对当事人缺乏足够的说服力。有学者指出，个案审判模式是“低效、不确定、混乱且高成本的”，既不利于维护广大中小企业合法权益，又浪费了大量司法成本和当事人的时间精力财力。④

---

① 英国金融行为监管局在 FCA v. Arch 案中支出共计 750 万英镑的费用，聘请了 Herbert Smith Freehills 律师事务所代理诉讼。虽然律师费最终由投保人支付，但英国金融行为监管局先行垫付了这笔费用，从而为广大投保人缓解了经济压力。

② 美国民事程序法中的“驳回动议”，是指在诉讼开始阶段，被告以原告的诉讼请求缺乏法律依据为由，要求法院驳回原告起诉，避免使诉讼进入事实审理阶段。See US Federal Rules of Civil Procedure, s 41 (a). 美国民事程序法中的“简易判决动议”，是指在诉讼开始阶段，双方就事实问题没有异议，仅要求法院就法律问题进行审理。See US Federal Rules of Civil Procedure, s 56. 此两种程序系美国民事程序法中之特有程序。我国民事诉讼法第十三章“简易程序”虽在审判员人数、起诉方式、传唤当事人和证人方式、送达诉讼文书方式等方面对“事实清楚、权利义务关系明确、争议不大的简单的民事案件”的审理程序作出了规定，但即便在简易程序中，人民法院仍应当对案件事实与法律问题进行全面审理。

③ 例如，在 LCA Marrickville Pty Limited v Swiss Re International SE (2022) FCAFC 17 案中，即便投保人未能成功证明公共卫生事件构成该案承保风险，澳大利亚联邦法院仍在假定投保人可以证明此项内容的基础上，进一步审理因果关系问题，以便为社会各界提供全面的法律分析范例。

④ Daniel Schwarcz, “Redesigning Widespread Insurance Coverage Disputes: A Case Study of the British and American Approaches to Pandemic Business Interruption Coverage,” *DePaul Law Review* 427, No. 71 (2022), p. 428.

测试案例模式的成功引起了美国法学界反思。诚然，美国采用个案审理模式有其现实原因：美国各州保险法不尽相同，且美国保险监管权主要由各州的监管机构行使，后者的主要职能是监督保险公司偿付能力而非保护投保人的利益，亦缺乏推动测试案例制度所需的资金和人才。尽管如此，仍有学者呼吁，鉴于公共卫生事件保险案件的同质化趋势，美国亟须引入测试案例模式，由各州保险监管机构整理典型法律问题，汇总至本州首席检察官（attorney general），由其要求本州联邦法院对相关问题作出澄清意见（legal certification），由本州最高法院（state supreme court）决定是否采纳；一旦采纳，则澄清意见即成为州法一部分，不论诉讼在州法院或联邦法院提起，澄清意见皆具有拘束力。① 由此可见，测试案例模式应成为解决公共卫生事件保险案件的最优选择。

五、公共卫生事件保险纠纷解决的英美法经验对我国之启示

（一）我国公共卫生事件保险案件实体判决综述

不同判决对“物质损失或损害”解释结论不同。与英美相似，我国保险市场通行的财产保险合同亦多以“物质损失或损害”为损失触发条件。对于公共卫生事件是否构成“物质损失或损害”，认定不一。某财险公司济源支公司与某饭店财产保险纠纷案②中，投保人经营的饭店发生食物中毒，法院认为该情形构成“物质损失或损害”，但未进一步分析其具体含义；在同某盛业新荟城公司与某财险公司北京分公司财产保险纠纷案③中，投保人经营的购物商场未关停，但市政府要求暂时禁止群体性聚餐活动，法院认为，按通常理解，“物质损失”系指有形物质发生结构性、物理性变化而造成损失，基于公共卫生事件原因造成的投保人营业场所使用价值

① Mason Medeiros, “Physical Losses, Invisible Damages: Finding Coverage for Business Interruption Insurance Claims Sustained during the COVID-19 Pandemic,” *Minnesota Journal of Law, Science and Technology* 631, No. 23 (2022), p. 648.

② 参见河南省济源中级人民法院（2018）豫96民终232号民事判决书。

③ 参见北京金融法院（2021）京74民终484号民事判决书。

降低不能等同于“物质损失”。

部分判决对“非物质损失或损害”扩展条款适用范围的认定比较宽泛。近年来，部分保险公司推出的财产保险产品均在“物质损失或损害”承保条款的基础上增加了以“非物质损失或损害”为特征的关闭条款，约定“本保单扩展承保直接由于在投保人营业场所内被证实有任何人患有法定传染病，政府主管部门命令该营业场所全部封闭或隔离，由此导致的营业中断损失”。虽然关闭条款不以“物质损失或损害”为触发条件，但该条款包含了两个缺一不可的要素：（1）投保人营业场所出现病例；（2）政府要求营业场所关闭。司法实践中，大部分判决严格遵循了关闭条款的文义要素。例如，在扬州市开发区某经营部与某保险公司保险理赔纠纷案①中，投保人营业场所出现病例后，采取了封闭管理和消杀措施，法院依法判决该情形属于关闭条款保障范围。在某保财险公司北京分公司与瑞某食品公司保险纠纷案②中，投保人营业场所厕所被检出病毒后，按政府要求停产消杀，保险人以保险合同只保障人传人、不保障物传人为由拒赔，法院判决本案事实足以佐证投保人营业场所有人感染病毒，且公众已知悉病毒不仅可人传人，还可物传人，故该情形属于关闭条款保障范围。在博某汽车服务公司与某财险公司德宏支公司财产保险纠纷案③中，确诊患者坐过的车经过投保人营业场所，数名雇员成为密切接触者，营业场所停业消杀，法院认为，“确诊病例”不能扩大解释为“确诊病例密切接触者”，故该情形不属于关闭条款保障的范围。但部分法院对关闭条款似采用扩大解释方法，未严格遵循文义约定。例如，在王某某、于某某与某财险威海支公司财产损失保险纠纷案④中，投保人经营的培训机构未出现病例，但主管部门统一要求培训机构在假期停止线下培训，法院认为，公共卫生事件虽非在投保人营业场所内发生，但系全国范围突发之事件，故该情形属于

---

① 参见江苏省扬州市邗江区人民法院（2022）苏1003民初2066号民事判决书。

② 参见北京金融法院（2022）京74民终801号民事判决书。

③ 参见云南省瑞丽市人民法院（2022）云3102民初323号民事判决书。

④ 参见山东省荣成市人民法院（2022）鲁1082民初1028号民事判决书。

关闭条款保障范围；在某财险公司与卢某某服装店保险纠纷案①中，投保人营业场所未出现病例，但全市处于居家状态，限制人员流动，法院认为，全市所有营业场所营业中断，投保人购买保险目的系为减少停业损失，结合公共卫生事件传播性与危害性，应采有利于投保人解释，认定该情形属于关闭条款保障范围。

部分判决未区分承保范围条款与免除保险人责任条款。关闭条款显然属于承保范围条款，但部分判决存在逻辑冲突，将作为承保风险条款的关闭条款认定为免除保险人责任条款，既认定该条款不发生效力，又按有利于投保人解释原则，判定公共卫生事件属于该条款保障范围，保险人应予赔偿。例如，在某财险公司威海支公司与百某教育培训学校财产损失保险纠纷案②中，投保人经营的培训机构未出现病例，主管部门统一要求培训机构在假期停止线下培训，未触发关闭条款适用，法院则认为，关闭条款系免除保险人责任条款，保险人未提示与明确说明，该条款不发生效力，应按有利于投保人解释原则，保险人应予赔偿。

部分判决对因果关系的推理顺序不够明确。因果关系判断须遵循正确顺序，只有在确认公共卫生事件构成承保风险的前提下，才有必要认定其是否导致投保人损失。然而，部分判决在未认定公共卫生事件是否属于关闭条款保障范围的情况下，直接认定公共卫生事件导致了投保人营业中断损失。例如，在上述某财险公司威海支公司与百某教育培训学校财产损失保险纠纷案中，法院认为，“公共卫生事件虽非投保人营业场所内发生，但系全国范围内突发之事件，导致了投保人营业中断损失”，但未先行论证公共卫生事件是否属于关闭条款保障范围。

---

① 参见新疆维吾尔自治区喀什地区中级人民法院（2022）新31民终7号民事判决书。

② 参见山东省威海市中级人民法院（2021）鲁10民终2331号民事判决书。

（二）我国公共卫生事件保险案件审判程序综述

早先民事程序法理论认为，精雕细琢的个案审判模式方能保证司法正义。① 但随着沧海桑田的社会变迁，若一味坚持个案审判，可能产生“同案异判”和滥诉现象。有学者指出，“同案异判”和滥诉成因主要在于“因疑而错”“因新而惑”“因难而偏”，对金融领域创新性业务等新问题、新现象，裁判者往往“既无明确法律依据可循，亦不具备形成见解、找准立场的把握”。② 我国近年来探索建立的指导性案例和类案检索制度显著完善了我国司法规范体系，但仍有待进一步完善。一方面，“简案供过于求，繁案供不应求”。最高人民法院已发布的45批、256件指导性案例，“数量尚少、涉及领域尚不宽泛”，法官时常检索到不需参照的简单类案，而真正需要参照的疑难类案则无从检索。③ 另一方面，“类案裁判规则供给不足，参照案例充分说理难”。目前只有指导性案例以及最高人民法院公报案例包含较为权威的裁判要旨，其他一般性类案则难以提炼清晰确定的裁判规则，对待决案件参照意义有待强化。④

我国既有的公共卫生事件保险案例均采用个案审判方式。对于个案审判可否充分有效解决以公共卫生事件保险纠纷为典型的群体性金融纠纷，理论界与实务界已有关注。正如最高人民法院刘贵祥专委指出，当前金融民商事审判呈现出“一案多点”“一案多地”的案件群体性态势，金融产品具有同质化特点，受众虽广泛但分散，对具有同质化诉讼请求的类案，统一裁判尺度的任务更加紧迫，故应树立金融治理协同理念，加强司法与金融监管部门协同，加强重大案件、重大风险协同处理的示范模式效应，

① Elizabeth Burch, “Procedural Justice in Non-class Aggregation,” *Wake Forest Law Review* 1, No. 4 (2009), p. 1.

② 顾培东：《我国成文法体制下不同属性判例的功能定位》，载《中国法学》2021年第4期。

③ 参见孙海波：《类案检索在何种意义上有助于同案同判?》，载《清华法学》2021年第1期。

④ 参见孙海波：《指导性案例的参照难点及克服》，载《国家检察官学院学报》2022年第3期。

努力改变过去“一案一立”“分别审理”局面，实现案件审理集约化和诉讼经济，适用“示范判决+委托调解+司法确认”等机制，力求“判决一个，解决一片”。①

事实上，我国已有部分地方进行类似制度尝试。上海市高级人民法院于2021年发布《上海市高级人民法院关于群体性金融纠纷示范判决机制的规定》（沪高法〔2021〕111号）要求本市法院在处理群体性金融纠纷中，“选取具有共通事实和法律争点的案件先行审理、先行判决”，通过发挥示范案件引领作用，妥善化解平行案件纠纷。尽管上海试行的示范判决机制目前主要适用于债券违约、证券欺诈、存款兑付纠纷等领域，但该机制已明显发挥出规范类案审理程序、提高审理效率、节约司法成本的作用。未来，该制度能否在全国范围内推广并适用于公共卫生事件保险案件，值得关注。

（三）英美法系相关经验对我国之启示

如上文所述，关于公共卫生事件保险纠纷解决，英美法系在实体判决层面与审判程序层面均取得了有益经验，可供我国参考。

在实体判决层面，英美法系相关经验具有如下借鉴意义。

第一，应充分尊重合同约定，平衡双方当事人利益，避免扩大解释或任意解释。在对社会具有重大影响、涉及巨大金额的新型疑难金融争议案件中，双方皆有重要利益，不论判决结果支持何方，另一方皆可能蒙受重大经济损失。因此，尊重合同约定是最公平的解决方法。正如英国最高法院在Wood v. Capita Insurance Services, Ltd. 案②中所言，平义解释原则是英美合同法的合同解释首要原则：“晚近普通法合同解释规则的基调是稳定而延续的。法庭职责始终是探究合同条款的客观、通常的含义，概不考虑当事人主观意图。合同解释是归一的实践（a unitary exercise），法庭通

---

① 参见刘贵祥：《关于金融民商事审判工作中的理念、机制和法律适用问题》，载《法律适用》2023年第1期。

② （2017）UKSC 24, para. 10-21（Hodge LJ）.

过衡量双方立场，决定何种解释最符合商业常理。在此过程中，法庭须考虑合同条款制定质量：当事人可能在订约时同意了某项约定但事后反悔，某项约定亦可能是双方无法达成更细致条款的妥协结果。文本主义（textualism）和语境主义（contextualism）并不互斥，没有优先顺序之分，两者可同时用于探寻合同条款客观含义。”

第二，不利格式合同起草者解释原则只能用于消除解释疑义，不能用于人为创设疑惑或夸大疑义。① 英国最高法院在 Impact Funding Solutions, Ltd. v. AIG Europe Insurance Ltd. 案②中指出，该原则在晚近普通法发展历程中的重要性已然消弭，并被平义解释原则所取代：现代合同法中，不利格式合同起草者解释原则只能作为确有疑义时的最后救济规则，法庭应始终避免为当事人“重写、人为操纵或替换”合同条款。与此类似，合理期待原则亦日渐式微，美国法院同样倾向于将平义解释作为保险合同解释的核心要义。③

第三，应区分保险合同承保范围条款与除外责任条款的法律效果。英美法系相关判例均重视对“物质损失或损害”承保范围条款的解释，并将其与除外责任条款进行区分。我国保险法第 17 条、第 19 条、第 30 条规定以“订入控制——内容控制——不利解释”的进路对格式条款进行规制。④格式条款在学理上存在核心给付条款和附随义务条款的二分，前者是指承保条款等记载合同必不可缺内容之条款，后者是指不能左右合同成立、只有经当事人约定方构成合同一部分之条款，例如，“要求被保险人履行某一特定行为，且将其作为其获得保险保障前提的条款”⑤。前者具有较高合

① Cornish v. Accident Insurance Co., Ltd. (1889) 23 QBD 453, 456 (Lindley LJ).

② (2016) UKSC 57, para. 6 (Mance LJ).

③ Kenneth Abraham & Daniel Schwarcz, *Insurance Law and Regulation: Cases and Materials*, Foundation Press, 2020, p. 65.

④ 参见林诚：《出口信用保险合同理赔条款的效力与适用——以“伯尔尼协会”成员单位的商业实践为借鉴》，载《国际经济法学刊》2021 年第 1 期。

⑤ 王静：《我国〈保险法〉第 19 条司法适用研究——基于保险格式条款裁判的实证分析》，载《政治与法律》2014 年第 11 期。

意度与均衡度，不应认定为“免除保险人责任条款”，只要经受了订入控制规则检验，则无须适用内容控制规则。[①] 因此，应避免承保范围条款与除外责任条款在效力认定上的混同。[②]

第四，应批判性继承和发展传统保险法因果关系理论。英美法系相关判例均将起始原因法则作为公共卫生事件背景下判定承保风险、除外责任和损失补偿数额的衡量准绳。当然，只有公共卫生事件风险确实属于承保范围才需要考虑因果关系问题。正如北京金融法院在上述同某盛业新荟城公司与某财险公司北京分公司财产保险纠纷案中所论：“保险虽系射幸合同，具备一定损失填补功能，但并非万能之措施。保险公司赔付的前提系事故发生属于保险责任赔付范围，亦即损失最直接、最有效、起主导作用的原因应属保险责任范围。近因原则能在最大程度上保证赔偿责任认定准确性，减少理赔纠纷，促进理赔公平公正。若任何原因导致保险事故保险公司都要进行赔付，则其利益必然受损，不仅有违公平原则，亦会导致权利义务失衡。”

在审判程序层面，英美法系的相关经验亦具有重要参考意义。借鉴英美法系所采用的群体性金融纠纷测试案例模式，或将有助于进一步完善我国的指导性案例和类案检索制度。

首先，指导性案例和类案检索制度是针对已裁决生效案件的事后性、个案性总结，已裁决案件往往难以充分反映社会争议全貌，而测试案例模式则是针对社会发展过程中典型疑难争议进行事先性探索，由法院综合归纳梳理案件事实、合同条款与诉讼主张，进行全面审理。

其次，最高人民法院通常不是指导性案例判决作出者，且各级人民法院普遍面临“案多人少”、法官类案检索压力大、法官习惯成文法系演绎

① 参见解亘：《格式条款内容规制的规范体系》，载《法学研究》2013 年第 2 期。

② 参见林诚、潘嘉玲：《出口信用保险融资纠纷解决机制冲突的协调进路研究——以合同联立理论为视角》，载《保险研究》2024 年第 11 期。

推理但不擅长判例法系类比推理等问题，① 而测试案例模式则可“集中力量办大事”，由最高人民法院甄选相关领域法官组成合议庭，作出专业权威、论证充分、说理清晰的判决。

最后，群体性金融纠纷双方地位往往不对等，金融机构具有专业知识、律师团队等先天优势，金融消费者处于弱势地位，而测试案例模式重在法院与金融监管机构的联动，由具有超然地位的后者代表消费者汇集诉求甚至聘请律师。

因此，我国司法机关可以将公共卫生事件保险纠纷案件作为试点与抓手，在全国范围内探索建立面向重大复杂疑难案件的群体性金融纠纷测试案例审判模式。具体制度可作如下设计：（1）测试案例可由最高人民法院统一审理或指定管辖；（2）测试案例适用范围不应局限于同一金融机构或产品，而应包括因类似金融机构、金融产品引发的群体性纠纷；（3）应更充分发挥金融监管机构职能，推动国家金融监督管理总局在归纳基本案情、收集合同条款、梳理法律争点、协助消费者参与诉讼等方面发挥更大作用；（4）应将测试案例裁判文书作为指导性案例发布，使其具有各级人民法院审理类案时应当参照的“约束性法源”作用；（5）应建立测试案例后续供应机制，以案例充实裁判规则的供给，充分挖掘与每个测试案例相关的后续法律问题，提升测试案例发布速度和数量，形成案例集群规模效应。

六、结论

公共卫生事件保险保障机制作为公共卫生法治的重要议题，近年来已引起我国理论与实务界的高度关注。通说认为，应构建纵横交织的公共卫生法治体系，强化以裁判功能为中心的司法保障模式。② 英美法系有益立

---

① 参见刘磊：《通过类案比较实现“类案同判”——以司法场域分析为视角》，载《地方立法研究》2022年第2期。

② 参见李广德：《我国公共卫生法治的理论坐标与制度构建》，载《中国法学》2020年第5期。

法司法实践无疑为我国提供了丰富可参考的经验借鉴：应尊重合同约定，以具体条款是否包含“物质损失或损害”触发条件和相应除外责任为标准，合理判定公共卫生事件是否属于财产保险保障范围；应批判性继承和发展传统保险法因果关系理论，将起始原因法则融贯适用于对承保风险、除外责任和损失补偿数额的认定过程；还应探索建立司法与监管机构协作互动的群体性金融纠纷测试集群案例模式，将测试案例有机融入指导性案例和类案检索制度，形成裁判规则供应的规模效应，避免“同案异判”和滥诉现象。

（本文仅代表作者个人观点）

——编辑后语——

法义如炬，薪传于判例学林之间。《判解研究》承袭实务与理论交相辉映之学术品格，以司法实践为经，以规范分析为纬，从诉讼费用负担原则的实践纠偏到代位权法理构造的正当性证成，从合同解除权行使的诉讼化延展到资产管理人信义义务的规则反思，每一篇文章皆以问题意识为锚点，探寻制度优化的可能路径。

程序法与实体法的共生关系，在本辑多篇文章中得以呈现。王聪教授以诉讼费用分配机制为切口，揭示了程序规则对实体权利实现的杠杆效应。其文章指出现行“败诉者负担”的诉讼费用承担原则在特殊诉讼形态中的适用困境，主张通过比例负担等弹性规则的构建，实现诉讼成本分配的实质公平。荣学磊法官通过对代位权行使中“入库理论”的批判性反思，论证直接清偿模式在债权人利益保护与程序效率之间的衡平价值。由是观之，程序制度的设计已超越单纯的技术性安排，成为承载实体法价值目标的规范性载体。

面对社会关系的复杂流变，传统法律概念与制度的现代阐释成为本辑研究的另一主线。龙翼飞教授与陈佳举博士阐述了当前情势变更制度面临的现实困境，通过对公平原则的解构，提出法律条款应从肯定保护当事人合意、进行利益调整两方面着手进行设计。类似的研究方法亦体现在狄行思博士对资产管理人信义义务的研究中。该研究针对法律移植导致立法冗余与解释难题，以及原则性规范难以适配科技革新与司法实践的问题，通过解构英美法系的判例细化标准以及以行政监管强化透明度等比较法举措，提出构建“原则+规则”体系为核心的本土化规则构造方案，并结合传统信义义务内涵与"数字经济+人工智能"的新挑战，提出规范路径与实践反思，展现了比较法研究的语境化转换智慧。

在权利意识勃兴的时代背景下，本期研究对公共卫生风险、建设工程价款优先受偿等领域的关注，凸显了法学研究的前瞻性品格。林诚教授、董琦法官对英美公共卫生事件保险纠纷解决机制进行了比较法观察，阐明英美法系通过判例法逐步构建了涵盖承保风险认定、除外责任解释、因果关系分析与审判模式选择的系统性规则框架，为突发公共卫生事件中的权益保障提供了实体与程序的启示。我国可借鉴比较法经验，在实体上恪守合同文义解释原则，在程序上探索构建群体性金融纠纷示范判决机制，为公共卫生事件保险纠纷提供高效、公平的法治保障。杨劭禹法官亦以民法典第 807 条为中心，通过规范解释与体系融贯性分析，提出建设工程价款优先受偿权应定性为法定担保物权，通过理论澄清与实务问题回应，为统一建设工程价款优先受偿权纠纷案件的司法裁判标准提供逻辑支撑，推动建设工程审判中生存权保护与市场交易安全的平衡。

站在民法典时代的历史坐标上，法学研究正面临着前所未有的范式革新机遇。数字技术的深度嵌入不仅催生出智能合约、数据权属等新型法律关系，更在探索借助区块链存证、人工智能裁判等技术手段重塑法律实施的底层逻辑。与此同时，全球治理格局的重构推动着涉外法治体系的加速构建。这些变化都给传统法教义学体系带来挑战，既要在法典稳定性与司法解释弹性之间维系动态平衡，保障市场主体对法律秩序的可预期性，又需通过解释论创新突破概念法学的路径依赖，构建能够同步回应技术迭代与制度变迁的规范供给机制。这要求法学研究既要守护法典化时代的体系理性，通过教义学方法维系规范系统的内在融贯，又要培育具有问题解决能力的规范智慧，推动法学与数智化、人工智能等跨学科方法的深度融合，为中国特色社会主义法治体系的完善注入持续的理论活力。

——征稿启事——

《判解研究》系由教育部人文社会科学重点研究基地——中国人民大学民商事法律科学研究中心主办、《判解研究》编辑部编辑、人民法院出版社出版，面向海内外公开发行的全国性法律专业连续性出版物，连续十年入选中文社会科学引文索引（CSSCI）来源集刊，已成为法学理论与实务交流的主要平台。本丛书秉持“加强判解研究，推进司法改革”的宗旨，以裁判实践以及相关法律、司法解释的研究为基本关注，设有法学专论、司法解释之窗、法官论坛、判例评析、公报案例评析、焦点笔谈、调查与研究、海外判例选介等多个栏目，力图多视角、全方位地追踪和展示中国的案例、司法解释及相关研究之全貌，总结司法经验，探求法治精神，积极推动国家法制建设与法学研究的发展。

本丛书恪守求实、严谨、公正的理念，弘扬兼容并蓄的学术传统，诚邀法学理论及实务工作者惠赐佳作。来稿要求：

1. 来稿应属未以任何形式公开发表过的作品。本丛书不接受一稿多投，因此类行为给本丛书造成不良影响和损失的，将予以严肃追究。

2. 本丛书对来稿的篇幅原则上不作限定，但对于全文低于八千字或超过二万字（含注释部分文字）的稿件，适用更为谨慎的编审程序。

3. 来稿应遵守本丛书注释体例，注释以必要和合理为原则，不使用尾注；标点符号、数字的使用应遵守国家有关规定。

4. 案件评析的稿件应包含案情概要、裁判要旨以及学理评析三部分，且前两部分所占篇幅应限制在全文的五分之一以内；所评须为真实案例，并附注裁判文书文号。

5. 本丛书用稿实行匿名评审制度，请作者将姓名、出生年月、性别、工作单位、职称、学位、职务、通信地址、联系电话、电子邮箱等个人信息，单独放在首页，稿件正文不要体现上述信息。

6. 本丛书不退来稿，稿件采用后，编辑部会及时与作者联系；稿件寄出后两个月未收到用稿通知的，作者可另作处理。

7. 凡本丛书所发表的文章，自发表之日起一年内，由本丛书享有专有版权和使用权，任何转载、摘登、翻译或结集出版等事宜，均须事先得到本丛书编辑部的书面许可。

8. 来稿请寄：北京市海淀区中关村大街59号中国人民大学明德法学楼1015室《判解研究》编辑部（100872），或发送邮箱：panjieyanjiu@163.com。

《判解研究》编辑部

附：《判解研究》注释体例

1. 无摘要、关键词及相应英文；标题为黑体加粗，三号；正文为宋体，小四号，行间距为固定值20磅；作者信息的标注方式为：一作者＊，二作者＊＊。

2. 文中注释一律采用页下脚注，每页独立注码，引注符号使用带圆圈的阿拉伯数字；如文章受到基金资助，以脚注形式标注于文章标题后。

3. 引注符号的位置。对全句的引用，引注符号置于句号、问号等标点之后。对句子部分内容的引用，引注符号置于该部分之后；对句中字词的直接引用，引注符号应当紧接引号，置于其他标点之前。例如：

在《行政诉讼法》起草过程中，关于受案范围问题曾有热烈的讨论。① 尽管多数学者主张概括规定法院应当受理的案件范围，以使受案范围尽量宽泛，② 立法最终采取了逐项列举的方式。比起此前各个单行法，《行政诉讼法》规定的受案范围“有所扩大”③ 但与概括规定的主张还相距很远。

4. 引领词使用，非直接引用原文时，注释前使用“参见”引领；直接引用原文时，不加“参见”及任何引领词；引用非原始资料时，即并未找到原初文献并予以核实，只是转引他人的，请注明“转引自”；文章来源于期刊、报纸、网络以及来源于独立作品组成的文集，文献来源前标注“载”。

5. 请规范数字用法，包括正文在内非直接引用法条的序号用阿拉伯数字。

6. 鉴于网络信息易失效、来源真实性不易查证等特点，建议慎重引用网络资料。

7. 注释及参考文献范例

（1）专著

中文示例1：《马克思恩格斯选集》（第4卷），人民出版社1972年版，第 24 页。

中文示例 2：龙卫球：《网络信息法：基础与前沿问题》，中国法制出版社 2022 年版，第 3–4 页。

英文示例：Lon L. Fuller, *The Morality of Law*, (New York: Yale University Press, 1969), p. 143.

（2）编著作品

中文示例 1：佟柔主编：《中国民法》，法律出版社 1990 年版，第 67 页。

中文示例 2：王利明主编：《民法》（第 8 版上册），中国人民大学出版社 2020 年版，第 20 页。

英文示例：Robert J. Beck, Anthony Clark Arend and Robert D. Vander Lugt (eds.), *International Rules: Approaches from International Law and International Relations* (New York: Oxford University Press, 1996).

（3）期刊

中文示例：王利明：《数据的民法保护》，载《数字法治》2023 年第 1 期。

英文示例：Charles A. Reich, "The New Property," *Yale Law Journal* 733, No. 73 (1964): 737–738.

（4）章、节或者文集中的文章

中文示例：龚祥瑞：《比较宪法学的研究方法》，载《比较宪法研究论文集》第 1 集，南京大学出版社 1993 年版，第 3 页。

英文示例：Glenn Gould, "Streisand as Schwarzkopf," in *The Glenn Gould Reader*, ed. Tim Page (New York: Vintage, 1984), p. 310.

（5）译作

中文示例 1：［古希腊］亚里士多德：《政治学》，吴寿彭译，商务印书馆 1983 年版，第 54 页。

中文示例 2：［英］科林·斯科特：《规制、治理与法律：前沿问题研究》，安永康译，宋华琳校，清华大学出版社 2018 年版，第 79–80 页。

英文示例：Richmond Lattimore trans/eds., *The Iliad of Homer* (Chicago: University of Chicago Press, 1951).

（6）报纸和大众杂志中的文章

中文示例：龙飞：《大数据时代纠纷解决模式之变革》，载《人民法院报》2016年11月2日第8版。

英文示例：Daniel Mendelsohn，“But Enough about Me,” *New Yorker*，January 25，2010，p. 68.

（7）数字出版物、网页文章等

中文示例1：郑成思：《“入世”、知识产权保护与民商法的现代化》，载中国法学网，http://www.iolaw.org.cn/showNews.asp?id=243，访问日期：2017年4月29日。

中文示例2：任容庆：《借名买房执行异议诉讼中的价值衡量与规范选择》，载微信公众号“判解研究编辑部”，2021年2月27日上传。

英文示例：Stephen McDonell, “When China Began Streaming Trials Online,” *BBC NEWS*, September 30, 2016, accessed February 2, 2020, https://www.bbc.com./news/blogs-china-blog-37515399.

（8）学位论文

中文示例：徐周鹏：《论无权代理人对相对人赔偿责任的范围》，博士学位论文，吉林大学法学院，2023，第13页。

英文示例：Mihwa Choi, “Contesting Imaginaires in Death Rituals during the Northern Song Dynasty” (PhD diss., University of Chicago, 2008).

（9）会议论文

中文示例：姜明安：《新时代中国行政法学的转型与使命》，中国法学会行政法学研究会2018年年会论文，西安，第16页。

英文示例：Rachel Adelman, “‘Such Stuff as Dreams Are Made On’: God's Footstool in the Aramaic Targumim and Midrashic Tradition” (paper presented at the annual meeting for the Society of Biblical Literature, New Orleans, Louisiana, November 21-24, 2009).

（10）英文以外的外文文种

西文体例比照英文，日文体例比照中文。